Hans Hielscher (Hrsg.) · Ina Dormann-Baumgarten
Hermine Kölln-Atencio · Heidrun und Werner Krull
Antje Seehausen · Elke und Waldemar Stange
Silke Stein · Dieter Tiemann

Sozialerziehung Konkret

Spiele, Texte und Praxishilfen für eine systematische soziale und emotionale Erziehung im Kindergarten, in der Schuleingangsstufe, im Elternhaus sowie in Beratung und Therapie

Band 1 Grundlegung des Programms
Grundlagen der Sozialerziehung
Kinder lösen Konflikte
Entwicklung flexibler Geschlechtsrollen
244 Spiele

Zugleich Handbuch für Erzieher

2., durchgesehene Auflage

1792
Ehe wags Dann wags

HERMANN SCHROEDEL VERLAG KG
Hannover · Dortmund · Darmstadt · Berlin

CIP-Kurztitelaufnahme der Deutschen Bibliothek

Sozialerziehung Konkret: Spiele, Texte u. Praxishilfen für e. system. soziale u. emotionale Erziehung im Kindergarten, in d. Schuleingangsstufe, im Elternhaus sowie in Beratung u. Therapie. / Hans Hielscher (Hrsg.) — Hannover, Dortmund, Darmstadt, Berlin: Schroedel.

NE: Hielscher, Hans [Hrsg.].

Bd. 1. Grundlegung des Programms; Grundlagen der Sozialerziehung; Kinder lösen Konflikte; Entwicklung flexibler Geschlechtsrollen; 244 Spiele. — 2., durchges. Aufl. — 1978.

(Praxis-Handbuch)
ISBN 3-507-62050-2

ISBN 3-507-**62050**-2

2. Auflage 1978
Umschlagentwurf: Gunter Heike · Illustrationen: Karin Simoneit
Fotos: Rolf B. Kalkstein, Dieter Tiemann, Ingeborg Ullrich
Satz und Druck: poppdruck Langenhagen 788

SOZIALERZIEHUNG KONKRET

besteht aus mehreren Einheiten, von denen in diesem Band 1 die folgenden beschrieben werden:

Grundlagen der Sozialerziehung
Kinder lösen Konflikte
Entwicklung flexibler Geschlechtsrollen

Die zu jeder Einheit gehörenden Materialien sind separat lieferbar. Bereits erschienen sind die Spiele und Materialien, Spielblätter, Elternbriefe zu „Grundlagen der Sozialerziehung". (siehe „Übersicht".) Die Lieferungen zu den übrigen Einheiten erscheinen in kurzer Folge und werden frühzeitig angekündigt.

Übersicht

SOZIALERZIEHUNG KONKRET
Handbuch Band 1: Best.-Nr.: 62050

	Grundlagen der Sozialerziehung	Kinder lösen Konflikte	Entwicklung flexibler Geschlechtsrollen
Spiele und Materialien für die Gruppe	62 051	62 054	62 057
Mappe mit Spielblättern für jedes Kind	62 052	62 055	62 058
Elternbriefe*	62 053	62 056	62 059

* Die Elternbriefe werden nur in Verpackungseinheiten zu je 2mal 30 Stück geliefert. Je 1 Muster liegt jedoch dem Spiele- und Materialkasten bei.

Inhalt

Vorwort zur 2. Auflage

Wenn ein Buch innerhalb von einundeinhalb Jahren zum zweiten Male aufgelegt werden kann, so ist das für die Verfasser ein willkommener Anlaß, Dank zu sagen

- den Kolleginnen und Kollegen in Kindergärten, Schulkindergärten, an Grund- und Sonderschulen, die dieses Buch für ihre Praxis „angenommen" haben,
- den Kolleginnen und Kollegen an Fach-, Fachhochschulen und Fortbildungseinrichtungen, die es benutzt und weiterempfohlen haben,
- dem Verlag, der durch Werbung, Beratung und Fortbildung für einen hohen Bekanntheitsgrad unseres Konzepts gesorgt hat.

Zugleich gibt eine Neuauflage aber auch Gelegenheit, aufgetretene Mißverständnisse zu klären und die eigene Position noch einmal zu verdeutlichen.

Gespräche „vor Ort" haben manchmal Befürchtungen erkennen lassen, daß Kinder und Erzieher, durch ein *Programm,* das überdies noch *systematisch* aufgebaut ist, in ihren Handlungsmöglichkeiten eingeschränkt werden könnten. Eine solche Sorge mag angesichts der Wahl der von uns verwendeten Begriffe naheliegen, stellt aber eine mißverstandene Auffassung des von uns entwickelten Ansatzes dar: Sozialerziehung Konkret ist kein geschlossenes Lernangebot, das unterschiedslos über alle Kinder gestülpt werden kann und dann „automatisch" die erwünschten Wirkungen hervorbringt. Im Gegenteil: Die unterschiedlichen Erfahrungen der Kinder und Erzieher bilden in jedem Falle das Interaktions- und Lernfeld der Gruppe. Unser „Programm" knüpft an diese individuellen Bedingungen an, erleichtert Übergänge zu strukturierten Lernprozessen durch ausgewählte Spiele und didaktische Materialien, bietet Hilfestellungen an bei auftretenden Schwierigkeiten und gestattet es dem Erzieher, die je besonderen Nachholbedürfnisse einzelner Kinder oder ganzer Gruppen gezielt auszugleichen. Dies kann – sofern der Erzieher es wünscht – „systematisch" geschehen: durch sinnvoll aufeinander bezogene Spiele und Übungen, durch sorgfältige Abstimmung der Ziele und durch einen lerntheoretisch begründeten Aufbau komplexer Lernerfahrungen aus einfacheren Lernsets.

Daraus folgt: Vom Ansatz her kann Sozialerziehung Konkret nicht *die* Sozialerziehung schlechthin darstellen, kann also nicht die bisherigen Bemühungen um eine angemessene soziale Erziehung der Kinder ersetzen oder gar ablösen. Unser Konzept stellt lediglich eine – wie wir meinen – sinnvolle und notwendige Ergänzung dar zu dem, was schon immer an sozialer Erziehungsarbeit geleistet wurde; insofern ist die allgemeine pädagogische Kompetenz des Erziehers Voraussetzung für ein Gelingen aller Bemühungen.

Sozialerziehung Konkret ist den Richtzielen Freiheit, Gerechtigkeit und Solidarität verpflichtet. Diese Richtziele schließen selbstverständlich auch die sogenannten „Grundwerte" ein: es ist nicht vorstellbar, daß z. B. Wahrhaftigkeit, Toleranz, Achtung, Verantwortung, Engagement *nicht* notwendige Teile der genannten Ziele sein könnten. Die enge Verschränkung unseres Konzepts mit wesentlichen

Teilen des 1977 erschienenen „Zielfelderplans für den Katholischen Religionsunterricht in der Grundschule"* weist einmal mehr darauf hin, daß religiöse und soziale Erziehung weite Überschneidungsbereiche besitzen. Hier wie dort gilt, daß ohne die persönliche Glaubwürdigkeit des Erziehers der gewünschte Lernerfolg ausbleiben wird: wer meint, nur über die Vermittlung von „Techniken" werthaltige Einstellungen erreichen zu können, wird scheitern. Nur dann, wenn die ehrliche Bereitschaft des Erziehers besteht, sich als Mensch für die Kinder und für die erstrebenswerten Ziele zu engagieren, werden entscheidende erzieherische Anstöße von ihm ausgehen können. Dabei kommt es nicht auf „Vollkommenheit" an, wohl aber auf ehrliche Bemühung.

Trotz dieser eher „unpolitisch" klingenden Feststellungen halten die Autoren daran fest, daß Sozialerziehung Konkret — im weitesten Sinne — auch ein „politisches" Konzept enthält. Mündigkeit, Vernunft, Konfliktfähigkeit und Rollenflexibilität sind ebenso notwendige Voraussetzungen für eine produktive Weiterentwicklung unserer Gesellschaft wie z. B. ein positives Selbstkonzept, ein „menschlicher" Umgang mit eigenen und fremden Gefühlen sowie Ausdrucks- und Kommunikationsfähigkeit. Diese Ziele können jedoch erst dann für die Erhaltung und weitere Entwicklung einer menschenwürdigen Gesellschaft wirksam werden, wenn sie sich in Fertigkeiten, Fähigkeiten und Gewohnheiten manifestieren. Dies wiederum wird nur dann gelingen, wenn bereits in der Kindheit versucht wird, entsprechende Lernprozesse *anzubahnen.*

Bonn
Im August 1978

Für die Autoren
Hans Hielscher (Hrsg.)

Vorbemerkung (1977)

Wie es zu „Sozialerziehung Konkret" gekommen ist, was für Leute die Autoren sind, was sie geschrieben haben und was sie wollen

Wären die Autoren dieses Sozialerziehungs-Programms Biologen, so würden sie es vielleicht mit einem „Nesthocker" vergleichen: denn es hat nicht weniger als sieben Jahre gedauert, bis aus einigen kühnen Gedanken ein Produkt entstanden ist, das sich — wie wir meinen — nicht nur äußerlich sehen lassen kann, sondern das sich bereits mit seiner Vorstellung in der Öffentlichkeit als ausgereift und voll funktionstüchtig erweisen wird.

Wenn wir im Bild des Nesthockers bleiben, so könnte man sagen:

---

* Der Zielfelderplan ist zu beziehen über den Deutschen Katecheten-Verein e. V., Preysingstraße 83 c, 8 München 80.

– Dieses Programm hat viele geistige Väter: Die im Jahre 1968 einsetzenden Bemühungen um eine Demokratisierung der Hochschulen, die Diskussion um die Bedingungen und Faktoren politischer Sozialisation, die Begeisterung und Enttäuschung um die Möglichkeiten kompensatorischer Erziehung, den Streit um wissenschaftlich begründete Didaktik-Modelle, die Bemühung um eine möglichst fundierte Vorschulerziehung.

– Dieses Programm hatte optimale Entwicklungsbedingungen: In der Anfangsphase hitzige politische Diskussionen, ein heute kaum noch nachzuvollziehendes gesellschaftliches und pädagogisches Engagement; in der Beruhigungsphase Reflexion, didaktische Fundierung, Suchen nach Kompromissen; in seiner „didaktischen" Phase wissenschaftlich begleitete Versuche, eigene Erprobungen, intensive themenbezogene Diskussionen mit Erziehern und Lehrern, ständige Reflexionen innerhalb der Projektgruppe.

– Dieses Programm hatte schließlich sehr sachverständige „Geburtshelfer": Die Mitarbeiter der Redaktion „Vorschulerziehung" des Schroedel Verlages, die uns jahrelang unermüdlich auf Längen des Programms hingewiesen haben, die stets konstruktive Kritiker waren und uns technischen Dilettanten in der Schlußphase gezeigt haben, was eine professionell arbeitende Redaktion in Verbindung mit einem leistungsfähigen Verlag alles bewerkstelligen kann.

War zuvor von den „geistigen" Vätern dieses Programms die Rede, so sollen seine tatsächlichen „Eltern" nicht zu kurz kommen. Es sei mir, dem Herausgeber dieses Programms, gestattet, eine andere als die sonst übliche alphabetische Reihenfolge der Mitarbeiter zu benutzen:

Waldemar Stange und Dieter Tiemann sind Mitdenker und -arbeiter „der ersten Stunde". Zufällig trafen wir uns im Jahr 1969 in Seminaren, die ich an der Pädagogischen Hochschule in Kiel durchführte. Ohne ihre respektlosen, engagierten und sachverständigen Diskussionsbeiträge wäre dieses Programm nie zustande gekommen. Etwas später kamen Hermine Kölln und Elke Stange dazu. Wir fünf führten zusammen viele Fortbildungsveranstaltungen mit Erziehern und Lehrern durch – Veranstaltungen, die als Workshops konzipiert waren und die uns viele wertvolle Impulse für die Weiterarbeit brachten. Im Rahmen von Hochschulveranstaltungen zur Sozialerziehung arbeiteten in den Jahren 1969–1975 viele Studierende und Lehrer an dem in der Entwicklung befindlichen Sozialerziehungskonzept mit. Es gab endlose Diskussionen, Zerwürfnisse, Enttäuschungen. Einige Mitarbeiter standen diese nervenzehrende Zeit durch: Ina Dormann, Heidrun und Werner Krull, Antje Seehausen und Silke Stein. Sie haben mehr Zeit, Engagement und Sachverstand in dieses Programm investiert als auf den ersten Blick zu erkennen ist.

Trotz vielfältiger Absprachen und inhaltlicher Abstimmungen tragen die einzelnen Mitarbeiter die persönliche Verantwortung für ihre Beiträge selbst. Die Einheitlichkeit der Konzeption wird dadurch deutlich gemacht, daß, mit Ausnahme der Kapitelüberschriften, im Text darauf verzichtet wird, die einzelne Autorenschaft gesondert auszuweisen; um jedoch die einzelnen Arbeitsergebnisse der Mitarbeiter zu dokumentieren und um einen Bezug zu ihren anderen Arbeiten herzustellen, seien an dieser Stelle die Verfasser der einzelnen Abschnitte genannt:

Abschnitt / Autoren	Kap. I	Kap. II	Kap. III	Kap. IV
Atencio-Kölln		2, 3, 4, 10		1–5
Dormann-Baumgarten				
H. u. W. Krull		3, 7, 9, 10		
Seehausen				
Hielscher	1–6			
E. Stange		3, 4, 6, 9	1–7	
W. Stange		1, 3, 5, 6, 7, 8, 9, 11, 12, 13, 14, 15	1–7	
Stein				1–5
Tiemann		3, 9		1–5

Für mich selbst stellt die Mitarbeit an diesem Programm ein gutes Stück wissenschaftlicher Lebens- und Lerngeschichte dar. Ich hatte zu Beginn meiner Hochschullehrerlaufbahn das Glück, mit Menschen zusammenarbeiten zu können, die sich – trotz unterschiedlicher Auffassungen hinsichtlich des Ziels und des Inhalts gesellschaftlicher Prozesse – immer verantwortlich gefühlt haben

– für die Kinder, denen geholfen werden sollte, angstfrei, engagiert und menschlich zu leben;

– für unsere Gesellschaftsordnung, deren Werte bewahrt werden sollen, deren Strukturen jedoch ständig daraufhin befragt werden müssen, ob sie Freiheit, Gerechtigkeit und Solidarität in bestmöglicher Weise ermöglichen;

– für eine Wissenschaft, die Theorie und Praxis als ihre notwendigen Bestandteile ansieht und deren erkenntnisleitendes Interesse auf die Annäherung an die Richtziele Freiheit, Gerechtigkeit und Solidarität gerichtet ist;

– für die Kolleginnen und Kollegen in der Praxis, denen wohlformulierte Ziele am ehesten dann etwas nützen, wenn auch gesagt wird, auf welche Weise und mit welchen Mitteln sie zu verwirklichen sind.

Die Ziele unseres Programms – Freiheit, Gerechtigkeit und Solidarität – waren zugleich die Richtschnur des gemeinsamen Handelns, das seine Qualität durch Kooperation, Kommunikation, Kreativität und gegenseitige Kritik gewann.

Wir wünschen uns, in diesem Sinne die Maximen des Handelns unserer Leser zu beeinflussen.

Bonn
Im März 1977

Hans Hielscher

I. Grundlegung des Programms Sozialerziehung Konkret

H. Hielscher

1. Was heißt Sozialerziehung, wann ist sie systematisch und wann konkret?

„Sozial" ist ein schillernder Begriff, weil er sowohl *vor*schreibend ist (man *sollte* immer sozial sein) als auch *be*schreibend (der Mensch ist ein soziales Wesen und lernt immer in sozialen Bezügen, d. h. von anderen Menschen). Diese Ungenauigkeit des Begriffes „sozial" bringt es mit sich, daß auch „Sozialerziehung" höchst vielfältig gedeutet werden kann: als Erziehung zur Gruppenfähigkeit, zur Sozialisierung, als „soziales Lernen". Wenn in diesem Buch von Sozialerziehung die Rede ist, dann ist folgendes gemeint: Jungen Menschen soll geholfen werden, ihre Außenbeziehungen kompetent zu handhaben. Unter Außenbeziehungen werden alle Interaktionen mit Menschen oder Menschengruppen verstanden, die für das Leben der zu Erziehenden bedeutsam sind. Die Außenbeziehungen werden dann kompetent gehandhabt, wenn die jungen Menschen nach Abwägung verschiedener Verhaltensmöglichkeiten selbständig eine Handlungsentscheidung treffen und sie situationsangemessen verwirklichen können.

Nicht zu trennen von der Sozialerziehung ist die Individualerziehung. Ihr Ziel ist es, jungen Menschen bei der Identitätsfindung zu helfen und zum Aufbau eines stabilen Persönlichkeitsbildes beizutragen. Nur wenn Kinder und Jugendliche ihr Selbst als Wert erfahren und wenn es gelingt, ihr Denken, Fühlen und Wollen zu integrieren, wird die doppelte Zielsetzung der Sozialerziehung erreichbar sein: das flexible Einordnen in vorgegebene Ordnungsformen und die Erkenntnis, daß diese Formen möglicherweise zu verändern sind. Grundlage dieser doppelten Zielsetzung ist die Überlegung, daß Sozialerziehung nicht nur als Anpassungsprozeß des einzelnen an die Erfordernisse bestehender Gruppen angesehen werden darf, sondern daß der einzelne auch die Möglichkeit erhalten muß, Gruppen und Gruppierungen im Sinne individueller oder allgemeiner Bedürfnisse zu verändern.

In diesem Programm wird davon ausgegangen, daß der Aufbau von sozialen Verhaltensweisen auf Lernprozessen beruht, daß Entwicklungs- und Reifungsprozesse zwar notwendige, jedoch nicht hinreichende Bedingungen zur Herausbildung sozialen Verhaltens sind. Will man diese Lernprozesse *systematisch anlegen**, so heißt das:

---

* Lernen *innerhalb* pädagogischer Einrichtungen sollte sich von anderen Lernsituationen dadurch unterscheiden, daß pädagogisch ausgebildetes Personal die Lernprozesse der Kinder vorsichtig lenken und sinnvoll aufeinander beziehen – d. h. systematisch anlegen – kann.

- Es müssen Ziele formuliert werden und es muß überlegt werden, welche Lernschritte zu diesen Zielen hinführen, welche Abfolge der Lernschritte sinnvoll und dem kindlichen Lernen angemessen ist.
- Es müssen Inhalte und Vermittlungsformen gefunden werden, die den Kindern die Übertragung des Gelernten in andere Situationen gestatten.
- Die Umwelt der Kinder muß so gestaltet werden, daß sie das erwünschte Sozialverhalten „nebenbei" erlernen können, daß soziale Lernprozesse herausgefordert und sinnvoll zur Lösung anstehender Probleme eingesetzt werden können.

Mit anderen Worten: Systematische soziale Erziehung heißt, den Aufbau des Sozialverhaltens nicht dem Zufall zu überlassen, sondern die erforderlichen Lernprozesse langfristig zu planen und zu strukturieren.

Die Verwirklichung dieses Vorhabens setzt zunächst einmal voraus, daß Sozialerziehung als *Prinzip* des gesamten Lebens und Lernens in der Bildungseinrichtung gesehen wird. Das heißt zum Beispiel:

- Das Verhalten der Erzieher[1] sollte so eingerichtet werden, daß über Modell- und Bekräftigungslernen der Erwerb erwünschter Verhaltensweisen ermöglicht wird. Der Erzieher praktiziert die angestrebten sozialen Verhaltensweisen gegenüber den Kindern und seinen Kollegen. Als Bekräftigungsinstanz achtet er vor allem darauf, daß Lob und – falls es notwendig sein sollte – auch Tadel partiell vermittelt werden, sich also immer auf einzelne Verhaltensweisen des Kindes richten, nicht auf dessen Gesamtverhalten.
- Gruppenprozesse bedürfen der sorgfältigen Beachtung und der vorsichtigen Lenkung, da die Kinder voneinander lernen sollen und andererseits auch untereinander leiden können. Insbesondere muß versucht werden, gemeinsames Spielen und Tun anzuregen und Kinder, die zu Außenseitern zu werden drohen, in das Gruppenleben einzubeziehen.
- Einzelne Kinder bedürfen häufig der besonderen Zuwendung, der Ermutigung und Bestätigung.
- Der Gruppenraum sollte so eingerichtet werden, daß die Kinder die Möglichkeit besitzen, sich allein zurückziehen zu können, in kleinen Gruppen miteinander spielen zu können und selbständig zwischen verschiedenen Lernangeboten auswählen zu können.
- Die didaktischen Materialien sollten zum Miteinanderspielen und -sprechen anregen.
- Die Gruppenatmosphäre sollte durch Freundlichkeit, gegenseitiges Wohlwollen und Verständnis gekennzeichnet sein. Streß und Eile können auf Kinder beängstigend wirken. Dem gemeinsamen Frühstück als einer Möglichkeit einer „entspannten Kommunikation" kommt besondere Bedeutung zu.

---

1 Hier wie auch im folgenden sprechen wir von Erziehern, meinen damit aber auch alle Pädagogen in Kindergärten, Eltern-Kind-Gruppen, Vorklassen, Schulkindergärten und Schuleingangsklassen.

Sozialerziehung als Prinzip ist zum Aufbau eines mündigen Sozialverhaltens zwar unbedingt erforderlich, reicht jedoch allein nicht aus. Dafür sprechen insbesondere zwei Argumente:

1. Wird im Bereich der Sozialerziehung das Lernen nicht in gleicher Weise organisiert wie in anderen Lernbereichen, dann besteht die Gefahr, daß immer wieder dieselben Verhaltensweisen in immer wieder gleichen Situationen angesprochen werden. Insbesondere könnte es sein, daß unbeabsichtigt nur solche sozialen Verhaltensweisen gefördert werden, die auf Einordnung und Unterordnung gerichtet sind.
2. Wenn davon ausgegangen wird, daß soziales Verhalten erlernbar ist, dann müssen, wie bei allen anderen erlernbaren Verhaltensweisen, Lernvoraussetzungen, Ziele, Inhalte, Vermittlungsformen und Lernmaterialien sorgfältig aufeinander bezogen werden, muß vom Grundlegenden zum Komplexen vorgegangen werden, müssen die Lernschritte nach Abfolge und Größe überlegt eingerichtet werden.

Dieses Programm bietet den Erziehern konkrete Hilfen an zur Verwirklichung dieser notwendigen Forderungen. Es ist auch in der Weise konkret, daß es sich auf das tatsächliche Handeln der Kinder bezieht, daß es die Lebenswelt von Kindern trifft und daß es das Spiel der Kinder so ernst nimmt, daß Spielen und Lernen weitgehend als deckungsgleich angesehen werden. Denn es gibt für Kinder keine konkretere Art der Umwelterfassung und -bewältigung als das Spiel.[1a]

2. Ziele, Inhalte und Aufbau

Alle Mitarbeiter an diesem Programm sind sich einig darüber, daß die Werte Freiheit, Gerechtigkeit und Solidarität Grundwerte einer humanen Gesellschaft darstellen und daß diese nur in einer demokratisch organisierten Gesellschaft in balancierter Weise verwirklicht werden können. Sie gehen davon aus, daß Freiheit und Gerechtigkeit keine Gegensätze sein dürfen, die jeweils nur auf Kosten des anderen zu haben sind. Im Gegenteil: Freiheit und Gerechtigkeit werden als Zielsetzungen gesehen, die einander stützen, wenn sie getragen werden vom Gedanken der gemeinsamen Verantwortung aller für alle (=Solidarität).[2]

Demokratie als das notwendige Umfeld dieser Grundwerte heißt, die Menschen in die Lage zu versetzen, am Zustandekommen von Entscheidungen mitzuwirken,

---

1a Weitere Ausführungen bei Flitner, A.: Spielen – Lernen, München 1972, S. 119 ff.

2 Vgl. Eppler, E.: Ende oder Wende, Stuttgart 1975, S. 46 ff.

von denen sie selber betroffen werden. Demokratie darf nicht nur ein Ziel, sondern muß auch ein Mittel des Lernens sein. Sie muß sich ständig selbst hervorbringen und muß in jedem Lernprozeß, der auf sie hinführen will, enthalten und erkennbar sein.[3] Es genügt demnach nicht, Freiheit, Gerechtigkeit und Solidarität als wünschenswerte Ziele des Lernens hinzustellen; nur wenn dafür Sorge getragen wird, daß die Kinder auf dem Weg zu diesen Zielen auch freiheitlich, gerecht und solidarisch handeln dürfen, beinhaltet das den Fortbestand der Demokratie und – im günstigsten Falle – ihre produktive Weiterentwicklung.

Eben an diesem Punkt der Überlegungen setzen auch die Zielvorstellungen unseres Programms an. Die Autoren sind der Meinung, daß Demokratie nicht ausschließlich die isolierte Sachkompetenz zur Voraussetzung haben kann, sondern daß sie vor allem durch den Verbund von Sach-, Selbst- und Sozialkompetenz verwirklicht werden kann.[4] Auf den Aufbau dieser Kompetenzen verweisen die folgenden Grobziele[5]: Die Kinder sollen

– sich selber als Person wahrnehmen und einschätzen können,
– mit eigenen und fremden Gefühlen umgehen können,
– sich in andere einfühlen können,
– ihre Rolle in der Gruppe erkennen können,
– die eigene Gruppe beobachten können,
– ihre eigene Geschlechtlichkeit erkennen können,
– Enttäuschungen und Versagungen realitätsgerecht verarbeiten können,
– Uneindeutigkeiten ertragen können,
– Bedürfnisbefriedigung aufschieben können,
– mit der Zeit umgehen können,
– wichtige Regeln des Zusammenlebens kennen und beachten können,
– nach der Notwendigkeit von Regeln fragen können,
– mit anderen Kontakt aufnehmen können,
– mit anderen zusammenarbeiten können,
– neue Rollen übernehmen und sprachlich ausfüllen können,
– zwischen wünschenswerten und nicht wünschenswerten Konfliktlösemöglichkeiten unterscheiden können,

---

3 Vgl. v. Hentig, H.: Demokratisch leben, in: Neue Sammlung, Heft 4/1970.

4 Zur Definition dieser Begriffe vgl. Roth, H.: Pädagogische Anthropologie, Band 2, Hannover 1971, S. 180.

5 Hielscher, H.: Ziele und Inhalte einer systematischen Sozialerziehung im Kindesalter, in: Hielscher, H. (Hrsg.): Materialien zur sozialen Erziehung im Kindesalter, Heidelberg 1976, 2. Auflage, S. 23 f.

– wünschenswerte Konfliktlösemöglichkeiten anwenden können,
– Vorurteile als solche erkennen und nach ihrer Berechtigung fragen können,
– anderen Menschen wohlwollend gegenüberstehen können,
– ihr Verhältnis zu anderen Menschen nach „moralischen" Grundsätzen regeln können,
– Manipulationen als solche erkennen und einige ihrer Auswirkungen verstehen können,
– über den Arbeitsplatz ihrer Eltern Bescheid wissen,
– die Rollenverteilung in der Familie kennen und hinterfragen können.

Diese erstmals im Jahre 1972 von uns formulierten Ziele können sich nur an entsprechenden Inhalten anbahnen und üben lassen. In den von den Autoren dieses Programms verfaßten „Materialien zur sozialen Erziehung im Kindesalter"[6] wurden diesen Zielen u. a. folgende inhaltliche Bedeutungen zugeordnet: Selbstfindung, Einfühlung in andere, Umgang mit Regeln, Umgang mit der Zeit, Zusammenarbeit, Konfliktlösung, Gruppenerfahrung, Vorurteile, Geschlechtserziehung, Erkennen von Täuschungsversuchen, Rollentraining. Zum einen zeigt es sich, daß diese Inhalte nicht nur nebengeordnet sein dürfen, sondern daß sie gemeinsame Elemente haben, die für ihre Verwirklichung grundlegend sind; zum anderen wurde deutlich, daß die einzelnen Themen in den Kindergruppen nur dann sinnvoll verarbeitet und besprochen werden können, wenn den Inhalten Spiele und vor allem auch dingliche Materialien unmittelbar zugeordnet werden.

Diese aus der Praxis erwachsenen Erfahrungen bestimmen den Aufbau unseres Programms, dessen erster Material-Teil, Grundlagen der Sozialerziehung, jetzt vorliegt, dessen weitere Teile später veröffentlicht werden sollen.

Soziales Verhalten jeglicher Art hat gemeinsame Grundlagen. Es sind dies notwendige Fundamente, die gelegt werden müssen, wenn ein später errichtetes kompliziertes und differenziertes Bauwerk Haltbarkeit und Bestand haben soll. In den „Grundlagen der Sozialerziehung" werden diese Fundamente im einzelnen begründet, es werden dazu Ziele formuliert, und es wird gezeigt, welche Spiele und Materialien zur Anbahnung dieser Ziele beitragen können. In diesen „Grundlagen" geht es insbesondere um den Aufbau der folgenden grundlegenden sozialen Qualifikationen: Individuelle Befähigung zum sozialen Handeln (Lockerung, Entwicklung eines positiven Selbstkonzepts, Erlernen von autonomem Verhalten), Aufbau notwendiger personaler Fähigkeiten (Sensibilisierung der Eigen- und Fremdwahrnehmung, Verbesserung der sprachlichen und nichtsprachlichen Ausdrucksmöglichkeit, Erlernen von Frustrationstoleranz, Befähigung zum Ertragen von Uneindeutigkeiten, Ermöglichung von Bedürfnisaufschub), Erlernen notwendiger

6 Hielscher, H. (Hrsg.): Materialien zur sozialen Erziehung im Kindesalter, Heidelberg 1976, 2. Auflage.

sozialer Techniken (kooperatives Handeln, Metakommunikation[7], Formulieren von Rückmeldungen, Äußerung von Verhaltenswünschen, bekräftigen und zuhören können).

Auf diesen grundlegenden Fähigkeiten bauen einzelne thematische Bereiche sozialen Handelns auf. Für diesen ersten Band des Programms haben wir neben den „Grundlagen der Sozialerziehung" folgende Themen gewählt:

- Kinder lösen Konflikte
- Entwicklung flexibler Geschlechtsrollen.

Diese thematischen Angebote konkretisieren die „Grundlagen" an speziellen Fällen und beziehen die erwünschten sozialen Verhaltensweisen auf Inhalte, die wir – unter Berücksichtigung der vorangegangenen Überlegungen über die Ziele – für exemplarisch halten: Denn an einem vernünftigen und menschlichen Konfliktlöseverhalten kann aufgezeigt werden, wie Gerechtigkeit sich im Einzelfall verwirklichen läßt; der Abbau starrer Rollenvorstellungen kann aufweisen, wie Freiheit in unserer Gesellschaft verstanden werden muß. Beide Themen machen auch beispielhaft deutlich, daß Solidarität (hier mit den Schwächeren, den Benachteiligten) zum entscheidenden Brückenschlag zur Erreichung der beiden anderen Grundwerte werden kann.

Die Autoren bereiten gegenwärtig noch Materialien zu anderen thematischen Bereichen vor, die in einem 2. Band dargestellt werden sollen:

Umgang mit der Angst; Zusammenarbeit mit anderen; Integration von Außenseitern; Abbau von Vorurteilen.

Diese Bereiche, die den zuvor formulierten Zielen ebenfalls zentral entgegenkommen, wurden zunächst von der Veröffentlichung zurückgestellt, da die Materialien und Spiele gegenwärtig in der Praxis erprobt werden. Denn dies ist eine Besonderheit der drei jetzt vorgestellten Bereiche „Grundlagen", „Konfliktlösung", „Geschlechtsrollen": Alle aufgeführten Spiele und Materialien wurden zusammen mit Kindern, und das nicht nur von den Autoren selbst, erprobt. Es ist kein Vorschlag darunter, der nur am „grünen Tisch" entworfen wurde. Daß dies so sein kann, hängt mit der langen Entwicklungsdauer des Programms zusammen (Vorteile eines „Nesthockers"!) und mit dem erziehungswissenschaftlichen Verständnis der Mitarbeiter (Theorie muß ihre Richtigkeit in der Praxis erweisen).

Während der Erprobung der vorliegenden Materialien und Spiele wurde vieles verworfen, anderes verändert, neue Möglichkeiten hereingenommen. Inzwischen hat „Sozialerziehung Konkret" sich in der Praxis bewährt. Das zeigt nicht zuletzt die Tatsache, daß innerhalb von einundeinhalb Jahren diese Neuauflage notwendig wurde.

---

7 Gespräch über Kommunikation.

3. Didaktische und lerntheoretische Grundlagen

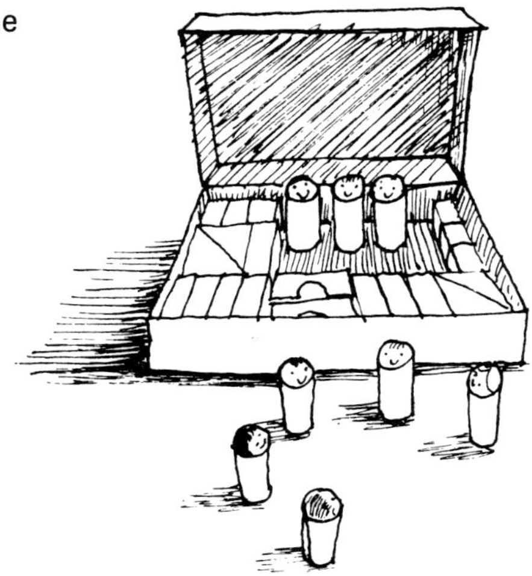

Bisher war die Rede davon, *daß* Kinder etwas lernen sollten, *was* sie lernen sollten und *warum* dies besonders wichtig ist. Die Frage, *wie* sie am besten lernen sollten, wurde bisher bewußt ausgespart. Davon wird in diesem Abschnitt die Rede sein.

3.1 Didaktische Grundlagen

Kinder lernen anders als Erwachsene. Erwachsene besitzen bereits strukturierte Vorstellungen, können abstrakte Gedankengänge auf konkrete Sachverhalte beziehen und sind daran gewöhnt worden, sich zu konzentrieren. Sie sind deshalb in der Lage, „durch Lehren zu lernen", d. h. sie können die vorhandenen Vorstellungen, ihr Abstraktionsvermögen und ihre Konzentrationsfähigkeit einsetzen, wenn es gilt, einen Vortrag zu verstehen, die Folgen aus einem Lehrgespräch zu ziehen oder einen gelesenen Text zu interpretieren.

Kinder lernen jedoch überwiegend durch das Vorbild anderer und durch das Spiel. Ersteres wird im Abschnitt 3.2 begründet, letzteres soll im folgenden dargestellt werden.

Unter Spielen werden Handlungen verstanden, deren Zweck nicht in der Herstellung gesellschaftlich verwertbarer Produkte liegt, sondern in ihrem eigenen Vollzug, Handlungen, die nichtsprachliche Verhaltensweisen als wesentliche Elemente enthalten, die nicht auf die Befriedigung von „Primärbedürfnissen" ausgerichtet sind und die freiwillig erfolgen.[8] Der Zusammenhang zwischen Spielen und Lernen kann zunächst einmal negativ beschrieben werden. Alle Ergebnisse der Lernforschung deuten darauf hin, daß äußerer Zwang, Bedürfnis und Gefühlserdrückung, Repression und Angst vor Sanktionen dem geplanten Lernen abträglich sind. Der Wert des Spielens kann jedoch auch „positiv" begründet werden.[9]

---

8 Vgl. Borowski/Hielscher/Schwab: Unterricht – Prinzipien und Modelle, Heidelberg 1976, S. 40.

9 Zu den folgenden Ausführungen vgl. Borowski/Hielscher/Schwab (1976), S. 41 ff.

Denn Spielen erlaubt einerseits die dynamische Aufarbeitung von Erfahrungen und das Erlernen von Strukturen und Strategien; andererseits ermöglicht es ein kognitives, handlungsbezogenes[10] und emotionales Lernen.

- Als überwiegend kognitiv werden Lernprozesse angesehen, die der Differenzierung der Wahrnehmungsfähigkeit, der Bildung und Verknüpfung von Begriffen, dem Erwerb von Problemlösestrategien, der Entwicklung kreativen Denkens und dem Gebrauch der Sprache dienen. Es kann als nachgewiesen angesehen werden, daß Spielen in dieser Hinsicht lernwirksam ist.
- Wird das Spiel überwiegend unter handlungsbezogenem Aspekt betrachtet, so sind vor allem die Verhaltensweisen im sozialen Bereich betroffen. Spielen erfordert durchgehend das Ertragen uneindeutiger Situationen, die Einfühlung in den Partner, das realitätsgerechte Handeln auch nach Versagungen; es verbessert die soziale Sensibilität der Spielenden, stellt eine ständige Aufforderung zur Einigung dar, fördert die Fähigkeit zur Veränderung vorgegebener Handlungsbedingungen und trägt dazu bei, starre Rollenverteilungen zu verhindern bzw. aufzulockern.
- In emotionaler Hinsicht können durch Spielen bedrückende gefühlsmäßige Zustände oder hohe Erregungen abgebaut werden; die im Spiel möglichen vorhersehbaren Erfolge können dazu beitragen, überdauernde Gefühle der Entmutigung und des Mißerfolgs abzubauen.

Als besonders positiv für dieses Programm sollte noch hervorgehoben werden, daß fast alle Spiele *Wettbewerbssituationen vermeiden.* Wir waren der Meinung, daß der Verzicht auf Leistungskonkurrenz und Wettspiele in besonderer Weise dazu beitragen könnte, ein solidarisches soziales Verhalten aufzubauen.

Der Zusammenhang des Spielens mit anderen didaktischen Gesichtspunkten stellt sich in folgender Weise dar:

Betrachtet man es unter dem Aspekt *Lernzielorientierung*, so kann es als nachgewiesen gelten, daß über das Spiel folgende Ziele besonders wirksam angestrebt werden können[11]:

- Minderung einer zu starken Abhängigkeit des Kindes von Bezugspersonen im Kindergarten oder in der Schule,
- Abbau kindlicher Ängste,
- Aufbau der Bindungsfähigkeit,

---

[10] Genauer als „handlungsbezogenes Lernen" träfe der Begriff „konatives Lernen" das Gemeinte. Dieser in der Vorurteilsforschung heimische Begriff bezeichnet Lernvorgänge, die sich in leicht aktualisierbaren Verhaltensdispositionen äußern. Anders ausgedrückt: Während kognitive und emotionale Lernprozesse zu „Bewußtsein" führen, leitet konatives Lernen zu „Handlungen".

[11] Vgl. Hielscher, H.: Spielen und Lernen in der Grundschule, in: Ehrenwirth Grundschulmagazin, Heft 3/1976, S. 7 f.

– Fähigkeit, Rollenzuweisungen beweglich zu gestalten,
– Anregung kooperativen Handelns,
– Umgang mit Konfliktsituationen,
– Erweiterung der Toleranz gegenüber Mißerfolgserlebnissen,
– Verminderung des Affektstaus,
– Ermutigung zum experimentierenden Handeln.

Einen hohen Stellenwert besitzt Spielen auch unter den didaktischen Aspekten „Selbstorganisation von Lernprozessen", „Individualisierung und Differenzierung" und „Problemorientiertheit". Nähere Ausführungen hierzu können an anderer Stelle nachgelesen werden.[12]

3.2 Lerntheoretische Grundlagen

Die Frage nach den geeigneten Vermittlungsformen sozialen Verhaltens erfordert zwingend die Frage nach der lerntheoretischen Fundierung. Es gibt unterschiedliche Modelle zur Erklärung und Vorhersage des kindlichen Lernens. Ohne Anspruch auf Vollständigkeit soll davon berichtet werden, an welchen Lerntheorien sich die Verfasser orientiert haben und welche methodischen Schlüsse sie daraus gezogen haben.

Unserer Ansicht nach rechtfertigt es der gegenwärtige Stand der erziehungswissenschaftlichen Forschung nicht, nur *eine* Lerntheorie zur Begründung und Erklärung kindlichen Lernens heranzuziehen. Deshalb gründet sich dieses Programm auf Lerntheorien wie Bekräftigungslernen, Modell-Lernen, lineares Lernen sowie auf strukturorientierte und interaktionistische Theorien. Diese unterschiedlichen Theorien sollen im Hinblick auf ihre didaktischen Konsequenzen im folgenden kurz skizziert werden.

Bekräftigungslernen, Modell-Lernen und lineares Lernen gehen davon aus, daß der Lernprozeß aus Beobachtungen des gegenwärtigen Verhaltens der Lernenden und aus ihrem Verhalten in späteren, ähnlich gelagerten Situationen erschlossen werden kann.[13] Durch Aussagen über die Eigenart des Lernprozesses wird versucht, den Zusammenhang der Beobachtungen zu erklären. Solche Aussagen ergeben in zusammengefaßter Form dann eine „Lerntheorie".

Einige Theorien, die wir der Einfachheit halber unter dem Begriff „Bekräftigungslernen" zusammenfassen, erklären dauerhafte Verhaltensänderungen insbesondere dadurch, daß der Mensch ständig mit den Folgen seiner Handlungen konfrontiert wird. Sind die Folgen für den Menschen günstig, so verfestigt sich die entsprechende Handlungsweise; sind sie eher ungünstig, so wird die vorhergehende

---

12 Vgl. Borowski/Hielscher/Schwab (1976), S. 45 ff.

13 Vgl. Huber, G. L.: Lernen, München 1975, S. 119.

Handlungsweise verändert.[14] Der Erzieher, der das Verhalten der Kinder beeinflussen will, muß sie also nicht nur zu den erwünschten Handlungsweisen anregen, sondern muß zugleich dafür sorgen, daß die Kinder diese Handlungen als erfolgreich und angenehm ansehen bzw. erleben.

Die Theorie des „Modell-Lernens" geht davon aus, daß Kinder durch Beobachtung und Nachahmung anderer Personen lernen. Modell-Lernen gelingt am ehesten dann, wenn die Kinder merken, daß es „sich lohnt", den anderen nachzuahmen. Das ist immer dann der Fall, wenn die Kinder eine positive Beziehung zu dem Modell haben oder wenn sie hoffen können, durch die Nachahmung des Verhaltens ähnlich viel Ansehen zu genießen, wie das Modell es schon hat.[15]

Für den Erzieher ergibt sich daraus die Folgerung, für eine warme, akzeptierende Atmosphäre in der Gruppe zu sorgen und die eigene sachliche Autorität soweit zu verdeutlichen, daß die Kinder den Wunsch haben, ihm ähnlich zu werden. Daß diese Lernart im Schulalter allmählich zurücktreten muß, um die Schüler zu eigenen unabhängigen Handlungsweisen und Entscheidungen zu führen, sollte zur Vermeidung von Mißverständnissen noch angemerkt werden.[16]

Die Theorie des „linearen" (oder „hierarchischen") Lernens geht davon aus, daß jedes zu erlernende Verhalten sich aus Lernarten zusammensetzt, die aufeinander aufbauen. Nach dieser Theorie gibt es Lernerfahrungen, die nur dann gemacht werden können, wenn zuvor andere, grundlegendere Erfahrungen gemacht wurden. Die jeweils höhere Lernart setzt voraus, daß zuvor einfachere Lernerfahrungen gemacht wurden.[17] Der Erzieher hat also darauf zu achten, daß er von den Kindern nicht als erstes sehr komplizierte, vielschichtige Verhaltensweisen verlangt (im sozialen Bereich z. B. Konfliktlöseverhalten oder ein flexibles Geschlechtsrollenverhalten), sondern daß er mit den Kindern zunächst grundlegende soziale Verhaltensweisen einübt. Die Folge eben dieser lerntheoretischen Überlegungen ist das in diesem Programm angewandte Konzept des *Verhaltensvoraufbaus.* Einzelne Verhaltensweisen, die in der Regel in Komplexen zusammenhängend auftreten (z. B. das Äußern von Verhaltenswünschen in Konfliktsituationen) werden in konfliktfreien, emotional entspannten Situationen eingeübt, um später in Ernstsituationen aktualisiert werden zu können.

---

14 Vgl. die entsprechenden Darstellungen bei Huber (1975) und bei Ruch/Zimbardo: Lehrbuch der Psychologie, Berlin 1975.

15 Vgl. zur weiteren Ausführung dieser Lerntheorie Schade, B.: Psychologie des sozialen Lernens, in: Wiederhold, K. A. (Hrsg.): Soziales Lernen in der Grundschule, Ratingen 1976.

16 Weitere Ausführungen zu dieser wichtigen Einschränkung bei Hielscher, H.: Das Lehrerverhalten als Lernbarriere für Unterprivilegierte, in: Hielscher, H. (Hrsg.): Die Schule als Ort sozialer Selektion, Heidelberg 1972, S. 106 ff.

17 Zur weiteren Ausführung dieser Theorie vgl. Borowski/Hielscher/Schwab (1976), S. 99 ff.

Strukturorientierte Theorien gehen davon aus, daß Einzelwissen nicht unverbunden nebeneinander stehen darf, wenn es zur Problemlösung tauglich gemacht werden soll. Es muß vielmehr sinnvoll aufeinander bezogen werden.[18] Kinder lernen nur dann, wenn die neuen Verhaltensweisen sinnvoll strukturiert werden und wenn sie das neu zu lernende auf ihre bereits erworbenen Fähigkeiten und Fertigkeiten beziehen können. Damit wird die Übertragung des Gelernten auf neue Situationen ermöglicht. Erzieher haben nach dieser Theorie vor allem die Aufgabe, das neu zu lernende in sinnvolle Zusammenhänge einzubetten, indem sie das, was die Kinder schon wissen oder können, als „Ankergrund" für die neuen Verhaltensweisen benutzen. Besonders wichtig ist es, daß die Kinder an Probleme herangeführt werden, die so geartet sind, daß sie Lösungen mit Hilfe ihrer Vorerfahrungen und der neuen Informationen selber finden können. Wird es den Kindern dann noch ermöglicht, die neue Problemlösungsweise in strukturell ähnlichen, inhaltlich aber unterschiedlichen Situationen zu üben, so wird dadurch sichergestellt, daß sie das Gelernte später auch selbständig übertragen können.

Interaktionistische Theorien gehen davon aus, daß die Qualität der Interaktionen in einer Gruppe das Verhalten der Gruppenmitglieder maßgeblich und nachhaltig beeinflußt.[19] Lernen wird dadurch in Gang gesetzt, daß die wechselseitigen Beziehungen in der Gruppe den einzelnen Gruppenmitgliedern einen „Perspektiven-Wechsel" erlauben, d. h. daß flexibles Rollenhandeln ermöglicht wird. Lernfördernd erweisen sich didaktische Modelle, die soziale Sensibilität herausfordern und ermöglichen, die es zulassen, vorgegebene Handlungsbedingungen zu verändern, die vielfältige Kommunikationen anregen. Diese Voraussetzungen werden eingelöst durch Spielen, durch gemeinsames Arbeiten an Projekten und durch situationsorientiertes Handeln.

---

18 Zur weiteren Ausführung vgl. Borowski/Hielscher/Schwab (1976), S. 104 ff.

19 Zur weiteren Ausführung vgl. Keller, M.: Kognitive Entwicklung und soziale Kompetenz, Stuttgart 1976.

4. Methodische Konsequenzen

Die bisherigen Überlegungen haben folgende Ergebnisse gebracht:

1. Soziale Verhaltensweisen können am ehesten durch Spielen vermittelt werden.
2. Soziale Verhaltensweisen können dadurch beeinflußt werden, daß die Kinder damit „Erfolge" erringen.
3. Die Übernahme erwünschter Verhaltensweisen kann durch die Nachahmung des Erziehers erleichtert werden.
4. Da soziale Verhaltensweisen häufig sehr vielschichtig sind, muß dafür Sorge getragen werden, daß die Kinder auch die „elementaren" grundlegenden sozialen Techniken lernen können.
5. Neue soziale Verhaltensweisen werden am ehesten dann übernommen, wenn sie einen Zusammenhang zu den bisher üblichen Handlungsmustern besitzen, wenn die Struktur der neuen Verhaltensweisen verdeutlicht wird und wenn inhaltlich unterschiedliche, strukturell aber ähnliche Anwendungsmöglichkeiten angeboten werden.
6. Flexible Interaktionen erleichtern den Kindern den Erwerb sozialer Kompetenz.

Diese Ergebnisse legen folgende methodische Konsequenzen nahe:

1. Soweit es möglich ist, sollten Lernprozesse im Spiel stattfinden.
2. Neben *gezielten, gelenkten* oder *geregelten* Spielangeboten sollte dem *freien* Spiel als Lernfeld für soziale Verhaltensweisen ein breiter Raum gewidmet werden.

3. Um die im Spiel ablaufenden Lernprozesse bewerten und damit für das Kind als erfolgreich kennzeichnen zu können, benötigt der Erzieher Kriterien zur Beurteilung des sozialen Verhaltens im Spiel.
4. Die Abfolge von Lerneinheiten („Sequenzen") muß lerntheoretisch fundiert werden.
5. Die Lerneinheiten sollten in sich sachlogisch und lerntheoretisch begründet aufgebaut werden.

Die Punkte eins und zwei werden in den einzelnen Abschnitten dieses Programms in einer Vielzahl von Beispielen und Anregungen ausgeführt. Die Punkte drei bis fünf sollen im folgenden *beispielhaft* erläutert werden.

4.1 Zur Planung von Spiel- und Lernsequenzen

Die Frage, nach welchen Gesichtspunkten der Erzieher erfolgreiches Verhalten von Kindern feststellen und bewerten soll, läßt sich einerseits von den Zielen des Programms her beantworten, andererseits von den inneren Gesetzmäßigkeiten des jeweiligen Spiels.

Denkbar wären z. B. folgende Kriterien[20]:

- Ist das Verhalten des Kindes eher gelöst oder gehemmt?
- Tendiert das Kind mehr zum Gruppen- oder zum Einzelspiel?
- Sind die Ausdrucksformen des Kindes überwiegend sprachlicher oder nichtsprachlicher Art?
- Reagiert es ausschließlich gefühlsmäßig oder auch schon überlegt?
- Kann es sich über seine Spielerfahrungen schon äußern (Metakommunikation)?
- Werden die Spielregeln vom Kind eingehalten, mißachtet, verändert, abgelehnt?
- Wie reagiert das Kind bei auftretenden Konflikten?
- Bricht es das Spiel ab (weicht es aus, resigniert es, zieht es sich zurück)?
- Ist es gegenüber seinen Mitspielern aggressiv (lacht es sie aus, droht es, beschimpft es, unterdrückt es, schlägt es)?
- Wie geht es mit den Spielsachen um (achtlos, liebevoll, zerstörerisch, sachbezogen)?
- Ist das Kind kompromissbereit (gibt es Fehler zu, zeigt es Verständnis, stellt es eigene Interessen zurück, macht es Vorschläge)?

---

20 Wir beziehen uns hier auf Gedanken und Formulierungen Hermine Köllns in einem unveröffentlichten Arbeitspapier.

Diese und andere Beobachtungen können den Erzieher zum Handeln herausfordern. In die Spielsituation selber sollte er nur eingreifen, wenn diese festgefahren ist, wenn das Spiel durch aggressives oder impulsives Verhalten einzelner gestört wird oder wenn es gilt, die vereinbarten Regeln noch einmal klarzustellen oder zu besprechen.

Ängstliche oder gehemmte Kinder wird er ermutigen und ihre Teilerfolge loben. Er wird ihnen helfen, Spielaufgaben zu übernehmen, die ihnen gemäß sind.

Voraussetzung für die Erfüllung dieser Aufgaben ist, daß die Lernsequenzen „offen" organisiert werden, d. h., daß sie situationsbezogen, kindorientiert und flexibel angelegt werden.[21] Das bedeutet jedoch nicht, daß Lernen dem Zufall überlassen werden soll. Im Gegenteil: auch offene Lernsituationen erfordern eine deutliche und erkennbare Zielausrichtung; die Lernziele werden lediglich komplexer verstanden, Spontaneität und Planung werden in einer engen Wechselwirkung begriffen. Planung ist damit auf der einen Seite Voraussetzung für die Herausforderung spontaner Aktivitäten, da sich der Erzieher vorher genau überlegen sollte, wie es am besten bewerkstelligt werden könnte, Kind und Lerngegenstand so miteinander in Kontakt zu bringen, daß die Kinder das Lernen als „ihre Sache" ansehen; auf der anderen Seite darf Planung nicht kurzschrittig und starr angelegt werden, um den Kindern einen Freiraum für selbstbestimmtes Handeln zu ermöglichen.[22]

Diese Feststellungen sind von besonderer Wichtigkeit, weil die mit diesem Programm vorgelegten Spiel- und Lernvorschläge leicht zu Mißverständnissen führen können: Weil eine Fülle von Spielvorschlägen mit festen Regeln und fertigem didaktischen Material (Kärtchen, Fotos, Bildkarten, Spielpläne usw.) vorgelegt werden, könnte leicht der Eindruck entstehen, es handele sich hier um ein *geschlossenes Lernangebot* (Curriculum), das sozusagen ein *fertiges Rezept* darstellt, das nicht mehr geändert werden kann.

In diesem Sinne ist „Sozialerziehung Konkret" aber auf gar keinen Fall zu verstehen. Wir möchten vor einer Verwendung in diesem Sinne warnen und die vorgelegten Spiel- und Materialsammlungen folgendermaßen verstanden wissen:

In den Vorschlägen werden Spielideen als *Beispiele* dafür gegeben, wie sie unter bestimmten Bedingungen einmal angewandt worden sind.

Man kann sie – wenn die Bedingungen der eigenen Gruppe dieses nahelegen – durchaus direkt übernehmen. Man kann die Spielideen und Materialien aber auch abwandeln und ganz anders einsetzen. Wir sind sicher, daß so in der pädagogischen Praxis eine Fülle neuer, abweichender, phantasievoller, z. T. sehr unterschiedlicher Formen des Umgangs mit unserem Material zu beobachten sein wird.

---

21 Vgl. Hielscher, H.: Offene Lernsituationen – warum und wie? In: Halbfas/Maurer/Popp (Hrsg.): Spielen, Handeln, Lernen. Stuttgart 1976.

22 Vgl. Calliess, E.: Offene und geschlossene Lernsituationen, in: Die Grundschule, Heft 2/1974, S. 75.

Die folgenden „Phasen" sind deshalb nur als Vorschlag zu verstehen, der je nach den Lernvoraussetzungen der Kinder, ihren Bedürfnissen und den angestrebten Zielen verändert werden kann.[23]

1. Freispiel:	Spielen ohne Einflußnahme der Erzieher zum Abbau des Affektstaus und zur Feststellung von Problemen, Bedürfnissen, Defiziten.
2. Lockerung:	Bewegungs- und Entspannungsspiele zur Herstellung einer angstfreien Spielatmosphäre.
3. Sensibilisierung:	Sensibilisierungsspiele und -übungen zur Förderung der sinnlichen Wahrnehmung und Beobachtungsfähigkeit.
4. Kommunikation:	Spiele und spielerische Übungen mit Sprache, Lauten, Geräuschen, Gesten, Körperhaltungen zur Verbesserung der Ausdrucks- und Kontaktfähigkeit.
5. Anwendung:	Spiele und spielerische Übungen zu einzelnen, in den thematischen Kapiteln näher ausgeführten sozialen Einzelfähigkeiten.
6. Reflexion:	Verarbeitung der Spielerfahrungen im Gespräch, Bezug zu den Lebenserfahrungen der Kinder, Suchen und Erproben von Handlungsalternativen, Übergang zu Projekten.

Wie die vorgeschlagene Abfolge der Phasen sich in der konkreten Planung auswirken könnte, soll das folgende Beispiel zum Aufbau einer Spielstunde zeigen:

Thema: Befähigung zum kooperativen Handeln (siehe Kap. II, 10)

Ziele: Die Kinder sollen lernen,

- daß Zusammenarbeit nützlich ist und Spaß machen kann,
- daß bei der Zusammenarbeit die Partner akzeptiert und ihre Bedürfnisse in das eigene Handeln einbezogen werden müssen,
- daß die Verantwortung für die Gruppe häufig die Zurückstellung eigener Bedürfnisse und Interessen zugunsten der Gruppeninteressen erfordert,
- daß Zusammenarbeit sozialer Techniken bedarf.

---

23 Wir beziehen uns im folgenden auf Gedanken und Formulierungen Hermine Köllns in einem unveröffentlichten Arbeitspapier.

Verlauf der Stunde:

Lockerung:	Gruppierungsformen (Spiel Nr. 2) Mäusehaus (Nr. 16) Paarlauf (Nr. 22)
Sensibilisierung:	Blindenführen (Nr. 47) Spiegelpantomime (Nr. 42)
Kooperationsspiel: (Anwendung)	Türme bauen (Nr. 164)
Reflexion und Lernübertragung:	Gruppengespräch und „Wir bauen eine Stadt" (Nr. 166)

Leitendes Prinzip des Erziehers sollte es sein, in jeder Phase die Spielfreude zu wecken und zu erhalten. Voraussetzung dafür ist zunächst einmal die Motivierung der Kinder. Schon in der Art der Darstellung eines neuen Spiels liegt eine wesentliche Möglichkeit, die Kinder zu motivieren, sie anzuregen. Nach der Motivationstheorie kann dies durch Diskrepanzerlebnisse wie Einbringen von Überraschungen, Auslösen von Unsicherheit, Verfremdung von Bekanntem, Einkleidung in Abenteuer u. ä. geschehen.

5. Zum Gebrauch des Programms

5.1 Allgemeine Hinweise

Die vorausgegangenen Überlegungen sollten deutlich gemacht haben, daß die Verfasser von differenzierten anthropologischen, politischen, didaktischen und lerntheoretischen Grundannahmen ausgegangen sind. Würde man eine der genannten Annahmen isolieren, so würde man das ganze Programm verfälschen und möglicherweise die kostbare Lernzeit der Kinder nutzlos vertun.

Ein zielgerechter und vertretbarer Einsatz der Spiele dieses Programms ist deshalb nur dann möglich, wenn nicht nur die den einzelnen Material- und Spielkästen (Übersicht S. 3) beiliegenden knappen Spielanweisungen gelesen werden, sondern wenn auch der Zusammenhang verstanden wird, in dem die Spiele stehen. Da dieser größere Zusammenhang aus den einzelnen Spielen und Spielanweisungen nicht hervorgehen kann, halten wir es für unerläßlich, daß die Erzieher vor dem Einsatz von Spielen dieses Programms die entsprechenden Abschnitte des Handbuches gelesen haben. Denn wenn man nicht weiß, wohin man will, könnte man leicht dort landen, wohin man gar nicht wollte![24]

Haben die Erzieher die jeweiligen Spielanleitungen gelesen, dann sind sie in der Lage, die Spiele auf die besondere Situation *ihrer* Kindergruppe zu beziehen. Dabei wäre z. B. folgendes zu bedenken:

- Wie alt sind die Kinder? Welche Vorerfahrungen haben sie? Welcher Erziehungsstil wird im Elternhaus praktiziert?
- Wie groß ist die Gruppe? Handelt es sich um eine altersgemischte Gruppe? Wie lange besteht die Gruppe schon? Wie ist der Gruppenzusammenhalt? Gibt es Außenseiter? Sind die Kinder an selbständiges Arbeiten gewöhnt? Gibt es „Problemkinder" in der Gruppe?
- In welchem Ortsviertel liegt die Einrichtung? Welche sozialen Kontakte ermöglicht dieses Viertel? In welchen Berufen sind die Eltern tätig? Wie ist das Verhältnis zwischen Eltern und Kindern?

Diese und andere Überlegungen ermöglichen es dem Erzieher, die Spiele in *Situationen* einzubetten, die den Kindern vertraut sind und in denen ihnen die jeweiligen sozialen Verhaltensweisen sinnvoll und verständlich erscheinen.

Um diese notwendige und sinnvolle Anpassung unseres Programms an die jeweils besondere Situation einer Gruppe zu erleichtern, haben wir darauf verzichtet, Altersangaben zu machen und nennen in der Regel auch keine genauen Gruppengrößen. Der Erzieher ist deshalb ständig mit Fragen nach dem didaktischen Ort der Spiele konfrontiert: Was können die Kinder schon? Wie groß darf unter diesen Umständen die Gruppe sein? Wie können die Spiele in diesem Fall durchgeführt werden? Wie ist die Regel gegebenenfalls zu verändern? usw. Auf diese Weise können nach unseren Erfahrungen z. T. sehr unterschiedliche Entscheidungen fallen: In manchen Kindergärten sind in einigen Gruppen verschiedene Spiele noch nicht möglich, in anderen durchaus. Oder: eine Reihe von Spielen unseres Programms, die einen größeren Schwierigkeitsgrad aufweisen und nach unserer Meinung nur mit älteren Kindern gespielt werden sollten, sind hin und wieder auch schon mit jüngeren Kindern gespielt worden. Die Angaben über die Zeitdauer der Spiele sind nur als Richtwerte anzusehen, die den Erziehern eine grobe Orientierung ermöglichen. Je nach der besonderen Gruppensituation werden Abweichungen von diesen Durchschnittswerten auftreten.

Für die Abfolge der Spiele geben wir folgende Empfehlung: Erzieher, die in der Handhabung des Programms noch unsicher sind, können nichts falsch machen, wenn sie mit den „Grundlagen der Sozialerziehung" (S. 33) beginnen und die dort vorgeschlagene Reihenfolge einhalten. Etwa nach dem 9. Abschnitt (S. 132)

---

24 Formulierungen nach Mager, R. F.: Lernziele und Programmierter Unterricht, Weinheim 1965, Einleitung S. XVII.

können die thematischen Bereiche „Kinder lösen Konflikte" (s. S. 207) und/oder „Entwicklung flexibler Geschlechtsrollen" (s. S. 245) eingeschoben werden. Die Abschnitte 1–9 der „Grundlagen" sind nach dem Grundsatz „Vom Einfachen zum Schweren" aufgebaut, während die weiteren Kapitel in gleicher Weise anspruchsvoll und deshalb in der Reihenfolge austauschbar sind. Die beiden thematischen Bereiche „Konflikte" und „Geschlechtsrollen" sollten – je nach Bedarf und Bedürfnis – erst bearbeitet werden, wenn zuvor einige Grundlagen sozialen Verhaltens gelegt worden sind. Sie können dann aber auch parallel zu den „Grundlagen" eingesetzt werden. Beide Bereiche sind in sich wiederum logisch aufgebaut und gelingen am sichersten, wenn sie in der von den Autoren vorgeschlagenen Reihenfolge gespielt werden.

Diese Empfehlungen sind jedoch nicht zwingend, sondern können je nach der besonderen Gruppensituation abgewandelt werden.

Denn fest steht:
Erst wenn der Erzieher in der Lage ist, eine große Vielfalt von Spielen in einem Lernbereich anbieten zu können, die je nach Stimmung, Situation, Konzentration und Spielbereitschaft der Kinder ausgesucht werden können, ist es möglich, die intendierten Lernziele anzustreben.

„Es ist ein Paradox: Man kann den Erfolg der Spielstunden nicht vorausplanen, doch man muß planen, wenn man über den Augenblick hinaus handlungsfähig bleiben will. So unerläßlich die Flexibilität ist, ohne Planung wird sie orientierungslos."[25]
Um Enttäuschungen zu vermeiden bzw. um möglichen Einwänden bereits vorher zu begegnen, soll noch einmal ausdrücklich betont werden, daß die in diesem Programm formulierten anspruchsvoll klingenden Ziele in jedem Fall nur *angebahnt*, nie aber erreicht werden können. Sozialerziehung ist ein lebenslanger Prozeß, der jedoch dann am besten gelingen wird, wenn bereits in der Kindheit begonnen wurde, auf die wesentlichen Ziele planvoll und systematisch hinzuarbeiten.

5.2 Zusammenarbeit mit den Eltern

Das soziale Verhalten der Kinder ist vom Elternhaus, von den dort herrschenden Werten, Normen, Interaktionen und Erziehungsstilen bestimmt. *Gegen* das Elternhaus würde soziale Erziehung – wenn überhaupt – nur auf Kosten des seelischen Gleichgewichts der Kinder erfolgen können. *Ohne* die Zustimmung und Mitarbeit der Eltern wären die Kinder ebenfalls die Leidtragenden der gut ge-

---

25 Vgl. Daublebsky, B.: Spiele in der Schule, Stuttgart 1973, S. 150.

meinten erzieherischen Bemühungen. Nur dann, wenn die Eltern die Ziele der Sozialerziehung und die praktizierten Methoden zumindest *tolerieren*, ergeben sich Chancen für verantwortbare Veränderungen des Sozialverhaltens. Optimal können die Ziele nur dann angestrebt werden, wenn die Eltern die sozialerzieherische Arbeit mittragen und *unterstützen.*

Die Zusammenarbeit mit den Eltern ist daher eine zentrale Bedingung einer erfolgreichen Sozialerziehung. Diese Zusammenarbeit kann in dreifacher Weise verwirklicht werden,

- durch *Elternarbeit* mit dem Ziel, die Erziehungsaufgabe der Einrichtung zu unterstützen;
- durch *Elternbildung* mit dem Ziel, Eltern in allgemeiner Weise pädagogisch zu qualifizieren;
- durch *Elternmitbestimmung* mit dem Ziel, Eltern an der Planung und Durchführung der pädagogischen Arbeit zu beteiligen.[26]

Eltern werden in jeder Bildungseinrichtung also als Partner, Lernende und Entscheidende gefordert. Diese drei Komponenten durchdringen einander ständig. Im Hinblick auf die soziale Erziehung können sie in folgender Weise konkretisiert werden:

- Als *Partner* tragen die Eltern dazu bei, einen Bruch zwischen Elternhaus und Bildungseinrichtung (Kindergarten, Grundschule, Hort) zu vermeiden;
- als *Lernende* verändern sie ihr eigenes Sozialverhalten und ihren Erziehungsstil;
- als *Entscheidende* sind sie ihren Kindern ein Modell für mündiges Sozialverhalten und tragen zugleich dazu bei, die erzieherisch bedeutsame Umwelt im Sinne der Ziele der Sozialerziehung zu beeinflussen: Eltern, die es gelernt haben, im pädagogischen Raum Entscheidungen zu treffen und mitzutragen, werden auch in anderen Bereichen nicht ohne weiteres zu übergehen sein.

In den einzelnen Kapiteln dieses Buches finden sich *spezielle* Hinweise zu einer auf das jeweilige Thema gerichteten Zusammenarbeit mit den Eltern, insbesondere genaue Vorschläge für Elternbriefe und Elternabende. Die folgenden Hinweise haben deshalb nur den Charakter einer groben Orientierung.[27]

1. *Hausbesuche* dienen dazu, genauere Informationen über das häusliche Erziehungsmilieu zu erhalten, die Lernvoraussetzungen eines Kindes kennenzu-

---

26 Vgl. Hielscher, H.: Elternarbeit – Elternbildung – Elternmitbestimmung, in: Blätter des Pestalozzi-Fröbel-Verbandes, Heft 1/1975, S. 2.

27 Wir richten uns im folgenden wesentlich nach der Systematik von Stange, W. in: Hielscher, H. (Hrsg.): Materialien zur sozialen Erziehung im Kindesalter. Heidelberg, 2. Auflage, 1976, S. 170 ff.

lernen und die Eltern individuell zu beraten. Sie sind ein wirksames Mittel, die Eltern zur Beteiligung an anderen Maßnahmen der Elternarbeit zu motivieren und tragen dazu bei, die Einstellungen der Eltern gegenüber dem Erzieher und der Bildungseinrichtung positiv zu beeinflussen.

2. *Elternabende* vermitteln den Eltern allgemeine Informationen, dienen dem Erfahrungsaustausch, initiieren, aktivieren und verstärken Veränderungen des elterlichen Erziehungsstils.

3. *Elternbriefe* dienen der thematischen Information, der Vorbereitung anderer elternpädagogischer Maßnahmen und der Begleitung der auf die Kinder gerichteten erzieherischen Bemühungen der Bildungseinrichtung.

4. *Besuche der Eltern in der Einrichtung* eröffnen Einsichten in die Organisation von Lernprozessen, wecken Verständnis für die eigenen Kinder und können den Eltern dazu verhelfen, durch Imitation des erzieherischen Verhaltens der pädagogischen Fachkräfte das eigene erzieherische Verhalten zu verbessern.

5. *Elternberatung* wird sich in der Regel auf Lern- und Verhaltensschwierigkeiten der Kinder beziehen.

6. *Elternbildungskurse* dienen dem Training angemessener erzieherischer Verhaltensweisen und vermitteln Grundlagenwissen.

7. *Elternbibliotheken und Spielzeugsammlungen* stellen den Eltern mediale Hilfen zur Verbesserung der eigenen erzieherischen Praxis bereit.

Die Maßnahmen zur Qualifizierung der Eltern sollten nach denselben Kriterien erfolgen wie die Maßnahmen zur sozialen Qualifizierung der Kinder, da pädagogische Prinzipien unteilbar sind. Das heißt insbesondere[28]:

- Sie sollten so angelegt werden, daß der Erwerb von Selbst-, Sach- und Sozialkompetenz in ausgewogener Weise gefördert wird;
- sie sollten ein Höchstmaß an Lernmotivierung entfalten;
- sie sollten differenziert angeboten werden;
- sie sollten offene Kommunikation ermöglichen und
- sie sollten für die Erzieher eine ständige Herausforderung darstellen, die eigene Qualifikation zu verbessern.

---

28 Vgl. zu den folgenden Prinzipien Hielscher, H.: Elternarbeit – Elternbildung – Elternmitbestimmung, in: Blätter des Pestalozzi-Fröbel-Verbandes, Heft 1/1975, S. 4 ff.

6. Schlußbemerkung

In den sieben Jahren seiner Entwicklung hat dieses Programm allen Mitarbeitern stets mehr Fragen gestellt als Antworten gegeben. Fragen

- nach den besten gesellschaftlichen Bedingungen für ein emanzipiertes und menschliches Sozialverhalten,
- nach den Beziehungen zwischen Gesellschaftsordnung und sozialem Verhalten,
- nach den Möglichkeiten der Veränderung ungünstiger gesellschaftlicher Bedingungen (z. B. ständiger Konkurrenzkampf, Verabsolutierung eines einseitigen Leistungsprinzips, Allgegenwärtigkeit von „Auslese der besten"),
- nach dem Verhältnis von sozialer und politischer Erziehung,
- nach der wissenschaftstheoretischen Fundierung des Programms,
- nach dem Verhältnis von Kindergarten und Schule, dem Verhältnis von Sozial- und Schulpädagogik,
- nach der Ausbildung der Erzieher und Lehrer,
- nach der Qualität und der Berechtigung der eigenen Praxis.

Die Antwort auf diese Fragen ist einerseits vielleicht zu einfach und sicherlich unzureichend, andererseits kaum widerlegbar: Wir wagen einen Versuch, der den Kindern nicht schadet, die Gesellschaft nicht zurückwirft, die Wissenschaft nicht aus den Angeln hebt. Trotz dieser Selbstbeschränkung bleibt es unsere Hoffnung,

- den Kindern zur Selbstverwirklichung zu verhelfen,
- unsere Gesellschaft noch ein bißchen freiheitlicher, gerechter und solidarischer zu gestalten,
- der Erziehungswissenschaft den einen oder anderen produktiven Anstoß zu geben,
- den Erziehern neue Möglichkeiten einer sinnvollen pädagogischen Praxis aufzuzeigen.

Literatur

Borowski, G./Hielscher, H./Schwab, M.: Unterricht — Prinzipien und Modelle, Heidelberg 1976 (Quelle & Meyer).

Calliess, E.: Offene und geschlossene Lernsituationen, in: Die Grundschule, Heft 2/1974, S. 73-79.

Daublebsky, B.: Spielen in der Schule, Stuttgart 1973 (Klett).

Eppler, E.: Ende oder Wende, Stuttgart 1975, 3. Auflage (Kohlhammer).

Flitner, A.: Spielen — Lernen, München 1972 (Piper).

v. Hentig, H.: Demokratisch leben, in: Neue Sammlung, Heft 4/1970, S. 355–370.

v. Hentig, H.: Die Wiederherstellung der Politik, Stuttgart 1973 (Klett und Kösel).

Hielscher, H.: Die Schule als Ort sozialer Selektion, Heidelberg 1972 (Quelle & Meyer).

Hielscher, H.: Elternarbeit – Elternbildung – Elternmitbestimmung, in: Blätter der Pestalozzi-Fröbel-Verbandes, Heft 1/1975, S. 1–11.

Hielscher, H. (Hrsg.): Materialien zur sozialen Erziehung im Kindesalter, Heidelberg, 2. Auflage 1976 (Quelle & Meyer).

Hielscher, H.: Offene Lernsituationen – warum und wie? In: Halbfas, H./Maurer, F./Popp, W. (Hrsg.): Spielen, Handeln und Lernen, Stuttgart 1976 (Klett).

Hielscher, H.: Spielen und Lernen in der Grundschule, in: Ehrenwirth Grundschulmagazin, Heft 3/1976, S. 7–10.

Hielscher, H. (Hrsg.): Früherziehung in Kindergärten, Vorklassen und Familien, Hannover 1978 (Schroedel).

Huber, G. L.: Lernen, München 1975 (Bayrischer Schulbuch-Verlag).

Keller, M.: Kognitive Entwicklung und soziale Kompetenz, Stuttgart 1976 (Klett).

Küchenhoff, W. u. a.: Der niedersächsische Modellversuch zur Sozialerziehung in Kindergärten, Hannover 1976 (Schroedel).

Kultusministerium des Landes Schleswig-Holstein (Hrsg.): Lehrplan Grundschule und Vorklasse in Schleswig-Holstein, Kiel 1975 (Schmidt & Klaunig).

MacMillan, D. L.: Verhaltensmodifikation, München 1975 (Kösel).

Mager, R. F.: Lernziele und Programmierter Unterricht, Weinheim 1965 (Beltz).

Roth, H.: Pädagogische Anthropologie, Band 2, Hannover 1971 (Schroedel).

Ruch, F. L./Zimbardo, P. G.: Lehrbuch der Psychologie, Berlin 1975, 2. Auflage (Springer).

Schade, B.: Psychologie des sozialen Lernens, in: Wiederhold, K. A. (Hrsg.): Soziales Lernen in der Grundschule, Ratingen 1976 (Henn).

Stange, W.: Elternarbeit und Sozialerziehung, in: Hielscher, H. (Hrsg.): Materialien zur sozialen Erziehung im Kindesalter, Heidelberg, 2. Auflage 1976 (Quelle & Meyer).

Stange, W.: Sozialerziehung im Elementarbereich, Frankfurt 1976 (Paritätisches Bildungswerk).

Ulich, D.: Pädagogische Interaktion, Weinheim 1976 (Beltz).

II. Grundlagen der Sozialerziehung

W. Stange, I. Dormann-Baumgarten, H. Kölln-Atencio, H. Krull, W. Krull, A. Seehausen, E. Stange, D. Tiemann

1. Einführung

Die im Kapitel I dieses Buches aufgeführten Ziele schließen eine „programmierte" Sozialerziehung aus, legen es dagegen nahe, den Kindern durch sorgfältig ausgewählte Spiele zunächst grundlegende, sinnliche, körperliche und soziale Erfahrungen zu vermitteln. Dadurch sollen elementare Fähigkeiten aufgebaut werden, die es den Kindern erleichtern, angstfrei und ohne Hemmungen zu handeln, Kontakte aufzunehmen und ihre Bedürfnisse angemessen auszudrücken.

Die in diesem Kapitel zusammengestellten Spiel- und Lernvorschläge bieten den Kindern Hilfen zur Bewältigung von Lebenssituationen, wenngleich – oder gerade weil – sie nicht unmittelbar aus Lebenssituationen abgeleitet sind, sondern eher von allgemeineren psychischen Funktionen, z. B. soziale Wahrnehmungsfähigkeit, sprachliche und nichtsprachliche Ausdrucksfähigkeit, Umgang mit eigenen und fremden Gefühlen usw. bestimmt werden. Der Aufbau dieser und anderer Grundlagen sozialen Handelns steht im Mittelpunkt des folgenden Kapitels. Die einzelnen Abschnitte bauen sich durchgehend so auf, daß zunächst die betreffende grundlegende Fähigkeit erklärt, ihre Bedeutsamkeit begründet wird, dann entsprechende Groblernziele aufgeführt werden und – als Hauptteil – Spiel- und Lernvorschläge folgen, die auf die formulierten Ziele bezogen sind. Soweit es möglich war, schließen weitergehende Anregungen und Materialvorschläge den jeweiligen Abschnitt ab.

Das Material bietet darüber hinaus die Möglichkeit, neue Spiele zu erfinden und zu erproben.

Soweit nicht anders angegeben ist das für die einzelnen Spiele benötigte Spielmaterial als Inhalt des Spiele- und Materialkastens zu „Grundlagen der Sozialerziehung" beim Schroedel-Verlag unter der Bestellnummer 62051 erhältlich.

Die Spielblätter können unter der Bestellnummer 62052 ebenfalls vom Schroedel Verlag bezogen werden. Eine Übersicht ist auf Seite 3 abgedruckt.

2. Entspannen und Lockern

2.1 Begründung und Lernziele

Der Praktiker wird es bestätigen: Der Versuch, ein Rollenspiel in Gang zu setzen, will oft nicht so recht klappen. Die Kinder sind verspannt und ungelenk. Sie zeigen Hemmungen, haben Angst, können sich nicht offen, direkt, spontan und

phantasievoll ausdrücken. Körperliche Kontaktaufnahme (anfassen, streicheln) fällt schwer.

Dieser im pädagogischen Alltag immer wieder zu beobachtende Zustand legt die praktische Konsequenz nahe, zur *Entkrampfung* von Spielsituationen (z. B. vor Rollenspielen) *Lockerungsübungen* durchzuführen. Anschließende Spiele und Übungen verlaufen erfahrungsgemäß spontaner, phantasievoller und offener.

Die Forderung, einen eigenständigen Bereich „Lockerung" einzuführen, läßt sich nicht nur begründen aus den aktuellen Schwierigkeiten in der Anfangsphase von Spielsituationen, vielmehr hat ein Teil der Probleme eine allgemeinere Ursache, die auch sonst auftritt. Viele Menschen — Erwachsene, Jugendliche und Kinder im Vorschulalter — zeigen grundsätzlich, d. h. auch in anderen Situationen, gehemmtes, nicht gelockertes Verhalten, das sich in motorischen Verkrampfungen, Sprachschwierigkeiten, „Einigelungen", Unsicherheit in den Handlungen, unzweckmäßigen und unökonomischen Bewegungen und ähnlichem äußert.

Die Ursachen liegen in den unverarbeiteten psychischen und letztlich auch gesellschaftlich bedingten Sozialkonflikten und Ängsten. Die Auflockerungsspiele richten sich nicht gegen die Ursachen dieser Hemmungen — dazu bedarf es weitaus zielgerichteterer sozialer bzw. politischer Veränderungen; die Spiele können aber immerhin dazu beitragen, daß die Kinder sich zunächst einmal angstfrei bewegen und emotionale Sicherheit in der Gruppe gewinnen, entscheidende Voraussetzungen, um soziale Kontakte zu knüpfen und gemeinsam die Ursachen ihrer Probleme zu erkennen und zu verändern.

Eine weitere wichtige Funktion dieser Spiele liegt in der Motivation. Da die Grundform dieser Spiele die Bewegung ist, kommen sie den stark ausgeprägten motorischen Bedürfnissen der Kinder entgegen und bilden somit die Basis für die Freude an allen weiteren Spielen. Deshalb werden in diesem Bereich abwechslungsreiche und kurze Spiele bevorzugt, die die Bewegungsfreude erhalten, aber gleichzeitig bewirken, daß die Kinder allmählich ihre Bewegungen zielgerichteter und konzentrierter einsetzen und sich so an ungewohnte Spielsituationen

und Spielregeln gewöhnen können. Aus diesem Grunde sollten die Auflockerungsspiele zu Beginn jeder Spielsequenz (siehe auch Abschnitt I, 4.1) ihren festen Platz haben.

Die Spiele gliedern sich in Übungen, die die motorischen und sensomotorischen Fähigkeiten der Kinder (Orientierungsfähigkeit im Raum, Gleichgewichtsfähigkeit) fördern (Beispiele: Nr. 2, 12), sowie in Übungen, die Voraussetzungen für die Interaktionsfähigkeit schaffen. (Öffnung und Gewöhnung an Partner, Gruppe, Erzieher; Beispiele: Nr. 16, 23).

Lernziele

1. Motorische und sensomotorische Fähigkeiten kennenlernen und entfalten können.
2. Bewegungen kontrollieren und zielgerichtet einsetzen können.
3. Ohne Hemmungen an der Spielsituation (Raum, Gruppe, Regeln) teilnehmen können (körperliche und psychische Entkrampfung).
4. Freude am gemeinsamen Spiel zeigen und für weitere Spiele motiviert werden.
5. Ungezwungene Kontakte zum Spielpartner, zur Gruppe und zum Erzieher (Spielleiter) knüpfen können.

2.2 Spiel- und Lernvorschläge

① *Gangartenspiel*

Material: ohne

Spieler: Großgruppe

Spieldauer: 5–10 Minuten

Spielanleitung:
Die Kinder bewegen sich nach den Anweisungen des Erziehers durch den Raum:

– durch den Raum gehen ohne einander anzustoßen oder zu berühren (ganz schnell, langsam, stampfend, schleichend, müde, munter usw.),
– mit ganzem Fuß, auf Zehenspitzen, auf allen Vieren laufen,
– mit wackligen Knien, schiefen Hüften laufen usw.

Lernziele: 1–5

② *Gruppierungsformen*

Material: Tambourin

Spieler: Großgruppe

Spieldauer: etwa 5 Minuten

Spielanleitung:
Die Kinder bewegen sich frei im Raum (hüpfend, springend, schleichend). Auf ein Signal (Tambourin) des Erziehers sollen die Kinder zu einer bestimmten Raum- oder Gruppierungsform kommen:

– einen Kreis, eine Reihe, eine Acht, eine Phantasieform bilden,
– sich gleichmäßig in alle vier Ecken des Raumes verteilen,
– sich wie Zahlen auf einem Würfel hinstellen: Zweien, Dreien, Vieren usw. bilden.

Lernziele: 1–5

③ *Begrüßung*

Material: ohne

Spieler: Großgruppe

Spieldauer: etwa 3 Minuten

Foto: Ingeborg Ullrich

Spielanleitung:
Die Kinder laufen im Raum umher. Der Erzieher ruft:

- schüttelt so viele Hände wie möglich,
- begrüßt euch mit der Nase, mit den Füßen, mit dem kleinen Finger usw.,
- denkt euch weitere Arten der Begrüßung aus.

Lernziele: 1–5

(4) *Unterbrecher*

Material: Schallplatte/Tonbandkassette, ein rotes und ein grünes Tuch

Spieler: Großgruppe

Spieldauer: etwa 5 Minuten

Spielanleitung:
Nach Musik laufen (gehen) die Kinder durch den Raum. Wenn die Musik aufhört, wird die Bewegung sofort unterbrochen. Fortgefahren wird erst, wenn die Musik wieder einsetzt.

Das Signal zum Anhalten kann auch durch ein rotes Tuch, das Signal zum Wiederbeginn durch ein grünes Tuch gegeben werden.

Lernziele: 1–5

(5) *Umschalten*

Material: Tambourin/Rassel

Spieler: Großgruppe

Spieldauer: etwa 5 Minuten

Spielanleitung:
Die Kinder bewegen sich frei im Raum und reagieren auf verschiedene musikalisch gegebene Tempi: gehend, laufend, hüpfend, rutschend usw.

Die Kinder bewegen sich laut, leise nach einem Tambourinsignal oder einer Rassel.

Die Kinder bewegen sich vorwärts bzw. rückwärts. Auf „Hopp" wird die Richtung geändert.

Lernziele: 1—5

(6) *Haltestellen*

Material: Tambourin oder Tonbandkassette/Schallplatte

Spieler: Großgruppe

Spieldauer: etwa 5 Minuten

Spielanleitung:
Die Kinder laufen nach einer Begleitmusik im Raum umher. Wenn die Musik aufhört, bleiben sie stehen und merken sich ihren Halteplatz. Dann geht die Fahrt weiter bis die Musik ein zweites Mal aufhört; die Kinder merken sich ihren zweiten Halteplatz. Die Fahrt läßt sich beliebig oft fortsetzen (maximal bis zu fünf Haltestellen).

Anschließend wird die Rückfahrt angetreten, wobei die Kinder zu ihren verschiedenen Haltestellen zurückkehren.

Lernziele: 1—5

(7) *Luftballonspiel*

Material: Luftballons, Tonbandkassette/Schallplatte

Spieler: Großgruppe

Spieldauer: 5—10 Minuten

Spielanleitung:
Die Kinder bewegen sich frei nach Musik und spielen mit den Luftballons, die im Raum herumschweben. Die Ballons dürfen den Boden nicht berühren.

Lernziele: 1—5

(8) *Lindwurm*[1]

Material: ohne

Spieler: Großgruppe

Spieldauer: 5–10 Minuten

Spielanleitung:
Die Kinder bilden eine lange Bewegungskette durch den Raum. Das Kind am Anfang beginnt eine Bewegung (Gangart) und wechselt sie ständig. Die übrigen Kinder folgen in gleicher Weise. Anführerwechsel.

Lernziele: 1–5

(9) *Hindernislauf*[2]

Material: Stühle, Tische, Kreide, Schnur

Spieler: Großgruppe

Spieldauer: 5–10 Minuten

Spielanleitung:
Verschiedene Hindernisse aus Stühlen, Tischen, Kreidestrichen und Schnüren werden im Raum aufgebaut. Dann laufen die Kinder die Strecke ab, wobei alle Hindernisse überwunden werden müssen.

(10) *Zeitungslauf*[3]

Material: Zeitungen

Spieler: Großgruppe

Spieldauer: etwa 10 Minuten

Spielanleitung:
Jedes Kind bekommt einen Bogen Zeitungspapier. An einer vorgegebenen Linie stellen sich alle auf ihren Bogen Zeitungspapier und sollen so schnell wie möglich darauf das Spielfeld bis zu einer zweiten Linie überqueren, ohne auf den Boden zu steigen und ohne das Zeitungspapier zu zerreißen.

Lernziele: 1–5

---

1 Vgl. Leetz, M. u. a.: Korbacher Interaktionsspiel- und Übungskatalog, in: Der Spielkreis, Beiheft Nr. 2, 1972, S. 12.

2 Vgl. Nemetschek, P./van Lessen, S. (Hrsg.): Ene mene miste Rappelkiste, Weinheim/Basel 1975, S. 52.

3 Vgl. Daublebsky, B.: Spielen in der Schule, Stuttgart 1973, S. 64.

⑪ *Entspannungsspiel*

Material: Schallplatte/Tonbandkassette

Spieler: Großgruppe

Spieldauer: 5–10 Minuten

Spielanleitung:
Die Kinder legen sich auf den Rücken, schließen die Augen und ruhen einige Minuten aus. Der Erzieher spricht mit ruhiger Stimme: „Denkt an gar nichts" und legt eine Schallplatte mit ruhiger Musik auf. Ist die Platte abgelaufen, werden alle Kinder langsam wach.

Lernziele: 1–5

⑫ *Rette sich wer kann*

Material: ohne

Spieler: Großgruppe

Spieldauer: 5–10 Minuten

Spielanleitung:
Alle Kinder laufen im Raum umher. Mit einem bestimmten Zeichen (Klatschen oder Pfeifen) nennt der Erzieher die Bewegung, mit der man sich vom untergehenden Schiff retten kann:
hinken, auf einem Bein stehen, alle anfassen, kriechen, rollen, kreiseln usw.

Lernziele: 1–5

⑬ *Hampelmann*

Material: ohne

Spieler: Großgruppe

Spieldauer: etwa 5 Minuten

Spielanleitung:
Ein Kind stellt den Hampelmann dar. Jede Bewegung, die es macht, muß von den Spielern nachgeahmt werden: auf einem Bein stehen, hüpfen, Arme kreisen, sich setzen und wieder aufstehen. Klatscht der Hampelmann aber in die Hände, müssen alle Kinder ruhig stehenbleiben.

Lernziele: 1–5

⑭ *Hipp – Hopp*

Material: Ball

Spieler: Großgruppe

Spieldauer: 5–10 Minuten

Spielanleitung:
Die Kinder bilden einen Kreis und reichen einen Ball in schnellem Tempo weiter. Der Erzieher gibt vereinbarte Anweisungen, wie der Ball weitergegeben werden soll:

– hipp (Fortsetzung der Bewegungsrichtung),

– hopp (der Ball kreist in der umgekehrten Richtung weiter),

– tapp (der Ball wird kurz auf den Boden geprellt),

– schwupp (der Ball wird kurz in die Luft geworfen).

Lernziele: 1–5

⑮ *Wanderball*

Material: kleiner Ball

Spieler: Großgruppe

Spieldauer: 5–10 Minuten

Spielanleitung:
Die Kinder bilden einen Kreis und haben die Hände auf dem Rücken. Ein anderes Kind steht außerhalb des Kreises und klatscht laut. Solange es klatscht, wird ein Ball oder ein anderer Gegenstand weitergereicht. In dem Augenblick aber, in dem das Klatschen aufhört, muß der Spieler, der den Ball gerade in der Hand hat, das klatschende Kind ablösen.

Lernziele: 1–5

⑯ *Mäusehaus*

Material: ohne

Spieler: Großgruppe

Spieldauer: etwa 10 Minuten

Spielanleitung:
Die Kinder verteilen sich in Dreiergruppen im Raum. Jeweils zwei Kinder bilden mit den Armen ein Haus. Das dritte stellt sich als „Maus“ hinein. Ein Kind, das

übrigbleibt, ist der „Kater". Wenn dieser ruft: „Mäuschen aus dem Häuschen!" müssen alle Mäuse ihre Häuser verlassen und ein neues suchen.

Gelingt es dem Kater in dieser Zeit, eine Maus zu fangen, tauschen die beiden Kinder ihre Rollen.

Lernziele: 1–5

(17) *Fleckhaschen*

Material: ohne

Spieler: Großgruppe

Spieldauer: etwa 10 Minuten

Spielanleitung:
Es gelten die gleichen Regeln wie bei der Grundform des Haschen- oder Kriegenspiels. Das abgeschlagene Kind legt seine Hand an die getroffene Stelle. Bekommt es z. B. einen Schlag an das Knie, so muß es eine Hand an das Knie halten und in dieser Stellung weiterlaufen, bis es selbst ein anderes Kind abgeschlagen hat.

Lernziele: 1–5

(18) *Hase und Jäger*

Material: ohne

Spieler: Großgruppe

Spieldauer: etwa 10 Minuten

Spielanleitung:
Die Kinder stellen sich zu zweit hintereinander im Kreis auf. Zwei Kinder sind Hase und Jäger. Sie laufen außen um den Kreis: der Jäger will den Hasen fangen. Der Hase kann sich vor dem Jäger retten, indem er in den Kreis läuft und sich vor ein Kinderpaar stellt. Nun wird das hintere Kind dieser Dreiergruppe Jäger. Der Jäger aus der ersten Runde ist jetzt der Hase.

Lernziele: 1–5

(19) *Katze und Maus*

Material: ohne

Spieler: Großgruppe

Spieldauer: etwa 10 Minuten

Spielanleitung:
Die Kinder stellen sich zu einem engen Kreis auf und fassen sich an den Händen; nur eine Lücke bleibt offen, durch die Katze und Maus hindurchlaufen können. Ein Kind wird Katze, ein Kind Maus. Die Katze will die Maus fangen. Die Kinder im Kreis helfen der Maus, indem sie ihre Arme hochhalten und für die Maus eine Lücke zum Durchschlüpfen schaffen. Sie müssen dabei aufpassen, daß die Katze nicht hinterherlaufen kann. Wenn es der Katze gelungen ist, die Maus zu fangen, werden zwei andere Kinder Katze und Maus.

Lernziele: 1–5

(20) *Reisespiel*[4]

Material: selbstgebastelte Fähnchen

Spieler: Großgruppe

Spieldauer: etwa 10 Minuten

Spielanleitung:
Der Raum wird in verschiedene „Länder" aufgeteilt (z. B. „Hüpfland", „Faxenland", „Drehland", „Ein-Bein-Land") und durch aufgemalte Kreise und selbstgebastelte Fähnchen markiert.

Die Kinder können von Land zu Land reisen (im Flugzeug, mit der Eisenbahn, zu Fuß, mit der Rakete), wobei sie die entsprechenden Bewegungen ausführen.

Lernziele: 1–5

(21) *Fischer, Fischer wie tief ist das Wasser?*

Material: ohne

Spieler: Großgruppe

Spieldauer: etwa 15 Minuten

Spielanleitung:
Die Kinder stellen sich in einer Reihe entlang einer Linie (Wand) auf. Ein Kind, der Fischer, steht auf der gegenüberliegenden Seite des Spielfeldes.

---

4 Vgl. Nemetschek, P./van Lessen, S. (Hrsg.): Ene mene miste Rappelkiste, Weinheim/Basel 1975, S. 57.

Die Kinder fragen: „Fischer, Fischer wie tief ist das Wasser?" Der Fischer antwortet z. B.: „Fünf Meter tief." Daraufhin fragen die Kinder: „Wie kommen wir hinüber?" Antwortbeispiel des Fischers: „Auf vier Beinen." Die Frager und der Fischer müssen nun auf allen Vieren auf die gegenüberliegende Seite des Spielfeldes gehen (niemand darf zurück). Die vom Fischer abgeschlagenen Kinder werden in der nächsten Runde ebenfalls zum Fischer. Das wird so oft wiederholt, bis nur noch ein Kind übrigbleibt. Das ist nun der neue Fischer.

Lernziele: 1–5

(22) *Paarlauf*[5]

Material: ohne

Spieler: Großgruppe

Spieldauer: 5–10 Minuten

Spielanleitung:
Die Kinder stellen sich paarweise auf. Jedes Kind versucht nun, mit seinen Händen die Fußknöchel seines Partners zu umfassen. Wenn das gelungen ist, soll das so entstandene „Ungeheuer" das Spielfeld durchqueren. Die Partner dürfen sich dabei nicht loslassen, sonst müssen sie wieder von neuem beginnen.

Lernziele: 1–5

(23) *Mein rechter Platz ist leer*

Material: ohne

Spieler: Großgruppe

Spieldauer: etwa 10 Minuten

Spielanleitung:
Die Gruppe bildet einen Kreis. Neben einem Kind bleibt der rechte Platz leer. Es ruft: „Mein rechter, rechter Platz ist leer, ich wünsche mir den (Name des Kindes) hüpfend, hinkend, drehend, trippelnd . . . her." Das Kind, das links von dem freigewordenen Platz sitzt, fährt fort: „Mein rechter, rechter Platz . . ." usw.

Lernziele 1–5

---

5 Vgl. Daublebsky, B.: Spielen in der Schule, Stuttgart 1973, S. 82.

㉔ *Schlüsselkönig*[6]

Material: Schlüsselbund

Spieler: Großgruppe

Spieldauer: 5–10 Minuten

Spielanleitung:
Die Kinder sitzen im Stuhlkreis, der Erzieher steht in der Mitte, für ihn ist kein Platz vorhanden. Der Spielleiter geht auf einen Mitspieler zu, gibt ihm die Hand und sagt: „Guten Abend!" Beide gehen auf andere Mitspieler zu und begrüßen diese. So wird verfahren bis alle Spieler unterwegs sind. Dann läßt der Erzieher ein Schlüsselbund auf den Boden fallen, und alle Spieler suchen sich einen Platz. Derjenige, der keinen Stuhl bekommen hat, fängt das Spiel neu an.

Lernziele: 1–5

㉕ *Obstkorb*[7]

Material: ohne

Spieler: Großgruppe

Spieldauer: etwa 10 Minuten

Spielanleitung:
Die Spieler sitzen im Stuhlkreis. Der Spielleiter steht in der Mitte, für ihn ist kein Platz vorhanden. Der Erzieher teilt die Spieler in verschiedene gleich starke Gruppen ein – Äpfel, Kirschen, Bananen, Apfelsinen usw. – so daß vier oder mehr Gruppen entstehen. Wenn der Erzieher ruft: „Kirschen und Apfelsinen!", müssen diese Gruppen ihre Stühle tauschen. Der Erzieher versucht nun, einen Platz zu bekommen. Derjenige, der keinen Platz bekommen hat, geht in die Mitte.

Während des ganzen Spieles gehören die Mitspieler der gleichen Obstsorte an. Wenn gerufen wird: „Der Obstkorb fällt um!", müssen alle Mitspieler einen neuen Platz suchen.

Variation: Statt der Obstsorten können Tiere, Pflanzen, Automarken usw. gewählt werden, um Gruppen einzuteilen.

Lernziele: 1–5

---

6 Vgl. Kelber, M. (Hrsg.): Schwalbacher Spielkartei, Wiesbaden 1973.

7 Ebd.

2.3 Weitere Anregungen und Materialien

„Hau-Ruck", Ein Quartettspiel zur Bewegungsschulung. Altenburger-Stralsunder Spielkarten, Leinfelden o. J.

Vogt, W.: Bewegungsförderung, Hannover 1975 (Schroedel)

3. Andere wahrnehmen und verstehen

3.1 Begründung und Lernziele

Beispiel

Gülay, ein fünfjähriges Gastarbeiterkind, geht noch nicht lange in den Kindergarten. Sie versteht kaum deutsch. Schüchtern und etwas abseits stehend beobachtet sie eine Kindergruppe, die mit Bauklötzen und Autos spielt. Hannes bemerkt sie. Er möchte, daß Gülay mitspielt und ruft: „Komm' her!" Gülay reagiert nicht. Daraufhin winkt Hannes sie freundlich mit einer Handbewegung heran. Sie versteht ihn und geht langsam auf die Gruppe zu.

Betrachten wir diese sicher alltägliche Situation aus der Sicht Gülays. Sie hat Hannes Worte sicher gehört, d. h. *wahrgenommen.* Sie konnte die Worte jedoch nicht *erkennen* oder – wie man auch sagen kann – *entschlüsseln* und verstehen, weil sie die deutsche Sprache nicht beherrscht. Es reicht also nicht, daß sprachliche Zeichen (Worte) *wahrgenommen* werden. Das kann Gülay durchaus, denn sie „hört" die Worte von Hannes. Sprachliche Zeichen (Nachrichten, Mitteilungen, Botschaften) müssen nach dem Empfang (Wahrnehmung) auch *erkannt* werden. Zeichen können nur dann erkannt werden, wenn alle Menschen, die an einem Verständigungsprozeß (Kommunikationsprozeß) beteiligt sind, auch über ein gemeinsames Repertoire (gemeinsamen Vorrat, Speicher) an Zeichen, Informationen und Regeln verfügen, die festlegen, welche *Bedeutung* die gesendete Nachricht gewinnt.

Im Bereich der *nichtsprachlichen Kommunikation* verfügen Gülay und Hannes offenbar über ein solches gemeinsames Repertoire. Denn als Hannes von der *sprachlichen* („Komm' her!") auf die *nichtsprachliche Kommunikation* (Hannes winkt Gülay freundlich mit der Hand heran) umschaltet, entschlüsselt Gülay die Nachricht. Sie *erkennt* die *Bedeutung:* Sie ist erwünscht und soll kommen.

Der in unserem Beispiel beschriebene Aspekt des Verständigungsprozesses (Wahrnehmen und Erkennen von Zeichen) umfaßte den *akustischen Bereich* (Hören von Worten und Sätzen) und den *optischen Bereich* (Sehen von gestischen und mimischen Zeichen).

Foto: Ingeborg Ullrich

Weitere Bereiche des Wahrnehmens und Erkennens sind der

- taktile Bereich (Berühren, Ertasten)
- olfaktorische Bereich (Geruch)
- thermale Bereich (Wärme)

Wahrnehmung ist für sich genommen nur das ziel- und absichtslose Aufnehmen und Bewußtmachen von Sinneseindrücken.

Beobachten bedeutet dagegen die Fähigkeit, aufmerksam und planvoll Merkmale und Vorgänge wahrzunehmen.

Der Begriff Sensibilität geht über die reine Beobachtung hinaus. Er schließt Einfühlen, Vertrauen und Verstehen mit ein – Fähigkeiten, die sich auf die eigene Persönlichkeit oder auf den Kommunikationspartner beziehen.

Die Notwendigkeit einer besonderen Förderung solcher Fähigkeiten durch Spiele und Übungen ergibt sich zum einen aus der Tatsache, daß z. B. durch den passiven Gebrauch der Massenmedien und die Überbewertung des wortdenkenden und analysierenden Verstandes Sensibilität und sinnliches Vermögen – besonders im Hinblick auf soziale Interaktions- und Kommunikationssituationen – nur unzureichend ausgebildet werden. Die Entwicklung produktiver sozialer

Phantasie dürfte nur durch eine erhöhte Sensibilität in *allen* Wahrnehmungsbereichen möglich sein.

Das übergreifende Ziel, mit Hilfe dieser Fähigkeiten soziale Interaktionssituationen besser steuern, d. h. verändern zu können, läßt sich nur in mehreren Teilschritten erreichen. Dazu gehören die sinnliche Erfahrung der verschiedenen Wahrnehmungsmöglichkeiten (z. B. Nr. 31), das Training der Beobachtungsfähigkeit an Gegenständen (z. B. Nr. 35), außerdem das Training der Beobachtungsfähigkeit am sprachlichen und nicht-sprachlichen Verhalten der Spielpartner (dazu gehören z. B. auch Gesten und mimische Ausdrucksweisen) und der Gruppe.

Die Behandlung dieser Bereiche in diesem Kapitel ist deshalb wichtig, weil sprachliche Äußerungen vielfach erst mit Hilfe entsprechender mimischer und gestischer Ergänzungen einwandfrei gedeutet werden können. Wird eine Äußerung wie „Du bist mir vielleicht einer!" freundlich lächelnd ausgesprochen, wird man diese Bemerkung sicherlich anders auffassen, als wenn der Sprecher sie mit abfälligem Ausdruck und drohender Gebärde vorbringt.

Lernziele

1. Die sinnlichen Wahrnehmungsmöglichkeiten im optischen, akustischen, taktilen, thermalen und olfaktorischen Bereich erfahren und intensivieren können.
2. Gegenstände, fremdes Verhalten, Veränderungen und Prozesse aufmerksam und planvoll beobachten und einschätzen können.
3. Erkennen, daß es verschiedene Gefühle gibt.
4. Nonverbale Zeichen (z. B. Gesichtsausdrücke) und Gefühle einander zuordnen können.
5. Gesten erkennen und verstehen können.
6. Die Wahrnehmung in anderen Bereichen intensivieren können, wenn ein Bereich gestört wird oder ausfällt. (Z. B. bei Dunkelheit besser hören usw.)

3.2 Spiel- und Lernvorschläge

(26) *Hören und Gehen*

Material: Gong

Spieler: Großgruppe

Spieldauer: 5–10 Minuten

Spielanleitung:
Ein Gong (Triangel oder Klangbaustein) wird angeschlagen. Jedes Kind bewegt sich frei im Raum, solange es den Klang hört. Verstummt der Klang, bleiben alle Kinder stehen (Variation: setzen sich auf den Fußboden, stellen sich zu zweit auf usw.).

Lernziele: 1, 2

(27) *Wanderklang*

Material: Klanginstrument

Spieler: Großgruppe

Spieldauer: etwa 5 Minuten

Spielanleitung:
Ein Kind schlägt ein Klanginstrument irgendwo im Raum an oder geht einen Weg damit. Die anderen Kinder zeigen mit geschlossenen Augen, woher der Klang kommt oder gehen nachträglich den Weg, den das Kind mit dem Instrument gegangen ist.

Lernziele: 1, 2

(28) *Stimmen erkennen*[8]

Material: ohne

Spieler: Großgruppe

Spieldauer: etwa 5 Minuten

Spielanleitung:
Die Kinder sitzen im Stuhlkreis und halten die Augen geschlossen. Der Erzieher flüstert einem Kind etwas ins Ohr (anfangs einen Satz, später nur ein Wort). Das

---

8 Vgl. Gahagan, D. u. G.: Kompensatorische Spracherziehung in der Vor- und Grundschule, Düsseldorf 1971, S. 81 f.

Foto: Dieter Tiemann

betreffende Kind wiederholt dieses laut, und die Gruppe muß erraten, wessen Stimme sie gehört hat.

Lernziele: 1, 2

(29) *Spannungsbogen*[9]

Material: ohne

Spieler: Großgruppe

Spieldauer: etwa 5 Minuten

Spielanleitung:
Alle Kinder machen gemeinsam einen Ton, z. B. „i" oder „o". Sie versuchen, auf ein vereinbartes Zeichen des Erziehers (Heben und Senken der Hand) gemeinsam leiser und dann lauter zu werden. Auf ein weiteres Signal des Erziehers (waagerechte Bewegung der Hand) wird plötzlich abgebrochen.

Lernziele: 1, 2

---

9 Vgl. Leetz, M. u. a.: Korbacher Interaktionsspiel- und Übungskatalog, in: Der Spielkreis, Beiheft Nr. 2, 1972, S. 15.

(30) *Hund und Knochen*

Material: Löffel, Schal oder Tuch zum Verbinden der Augen

Spieler: Großgruppe

Spieldauer: etwa 15 Minuten

Spielanleitung:
Die Kinder sitzen im Kreis. In der Kreismitte sitzt ein Kind mit verbundenen Augen, der „blinde Hund“[10]. Neben ihm liegt sein Knochen (z. B. ein Löffel), auf den er aufpassen muß.

Die anderen Kinder – jeweils eines zur Zeit – versuchen nun, sich möglichst geräuschlos dem Knochen zu nähern, um ihn zu entwenden. Bemerkt der Hund irgendein Geräusch, muß er schnell in die Richtung zeigen, aus der er den „Dieb“ vermutet. Trifft dieses zu, setzt der Dieb sich an seinen Platz zurück, und ein anderes Kind versucht sich als Dieb. Gelingt es einem Kind, den Knochen unbemerkt zu entwenden, so nimmt es den Platz des blinden Hundes ein.

Lernziele: 1, 2

(31) *Wecker suchen*

Material: Wecker

Spieler: Großgruppe

Spieldauer: etwa 10 Minuten

Spielanleitung:
Mehrere Kinder werden aus dem Raum geschickt.

Währenddessen versteckt der Erzieher einen Wecker. Dann wird ein Kind wieder hereingerufen und soll den Wecker suchen, indem es sich am Ticken orientiert. Wenn es den Wecker gefunden hat, wird er wieder versteckt und das nächste Kind wird hereingerufen.

Lernziele: 1, 2

---

10 Bei allen Spielen, bei denen man den Kindern die Augen zubinden muß, ist zu beachten, daß einige Kinder Angst davor haben.

㉜ *Hänschen, piep einmal*

Material: Schal oder Tuch

Spieler: Großgruppe

Spieldauer: 5–10 Minuten

Spielanleitung:
Die Kinder sitzen im Kreis. Einem Spieler werden die Augen verbunden. Jetzt tauschen die Kinder ihre Plätze. Das Kind mit den verbundenen Augen setzt sich bei einem Kind auf die Knie und sagt: „Hänschen, piep einmal." Das betreffende Kind muß darauf antworten (höchstens dreimal). Der Frager versucht nun, das Kind an der Stimme zu erkennen. Gelingt es ihm, ist das erratene Kind an der Reihe; andernfalls muß der Frager ein anderes Kind suchen und erkennen.

Lernziele: 1, 2

㉝ *Hans und Liese*

Material: Schal oder Tuch

Spieler: Großgruppe

Spieldauer: etwa 10 Minuten

Spielanleitung:
Die Kinder stehen im Kreis. Zwei Kindern, „Hans" und „Liese" werden die Augen verbunden. Beide müssen sich einige Male drehen, damit sie das Richtungsgefühl verlieren. Dann versucht „Liese", „Hans" zu fangen. Zuvor ruft sie: „Hans wo bist du?" Hans antwortet: „Hier bin ich!" Liese versucht nun, der Stimme zu folgen und ihn zu fangen.

Hat sie ihn gefangen, wählen die beiden – noch mit verbundenen Augen – zwei neue Spieler aus.

Lernziele: 1, 2

㉞ *Stille Post*

Material: ohne

Spieler: Großgruppe

Spieldauer: 5–10 Minuten

Spielanleitung:
Die Kinder sitzen im Kreis. Ein Kind flüstert seinem Nachbarn ein Wort oder einen Satz ins Ohr. Dieser gibt das, was er gehört hat, an den nächsten weiter.

Wenn das Wort wieder beim ersten Spieler angelangt ist, wird es mit dem Originalwort verglichen.

Lernziele: 1, 2

(35) *Schau hin*

Material: verschiedene Gegenstände, Zeichenmaterial

Spieler: Großgruppe

Spieldauer: etwa 10 Minuten

Spielanleitung:
In die Mitte des Tisches werden etwa fünf bis zehn verschiedene Gegenstände gelegt (z. B. Schere, Radiergummi, Bleistift, Korken usw.). Die Kinder haben nun eine Minute Zeit, die Gegenstände anzusehen (nicht anfassen!). Dann werden die Gegenstände verdeckt, und die Kinder verteilen sich in Dreier- oder Fünfergruppen im Raum und zeichnen die Gegenstände auf, die sie sich gemerkt haben. Dann setzen sich alle wieder an den Tisch und vergleichen ihre Aufzeichnungen mit den vorhandenen Gegenständen auf dem Tisch.

Lernziele: 1, 2

(36) *Hölzer legen*

Material: Streichhölzer

Spieler: Großgruppe

Spieldauer: etwa 10 Minuten

Spielanleitung:
Jedes Kind erhält drei Streichhölzer, mit denen es ein Muster auf den Tisch legt. Dies wird so oft wiederholt, bis der ganze Tisch mit Mustern belegt ist. Die Kinder erhalten nun die Aufgabe, herauszufinden, welche Muster gleich sind oder das Muster herauszufinden, das der Erzieher anschließend aufzeichnet.

Lernziele: 1, 2

(37) *Sich verändern*

Material: ohne

Spieler: Großgruppe

Spieldauer: etwa 10 Minuten

Spielanleitung:
Die Kinder sitzen im Kreis. Ein Kind befindet sich in der Kreismitte und dreht sich langsam so, daß die anderen sich sein Aussehen gut einprägen können. Dann

geht das Kind hinaus und verändert etwas an seiner Kleidung. Es kommt wieder in die Kreismitte zurück, und die anderen Kinder versuchen, die Veränderung festzustellen. Wer die Veränderung entdeckt, ist als nächster an der Reihe.

Lernziele: 1, 2

(38) *Wer fehlt*

Material: Decke

Spieler: Großgruppe

Spieldauer: etwa 10 Minuten

Spielanleitung:
Die Kinder stehen im Kreis, jedoch mit dem Gesicht nach außen und mit geschlossenen Augen. Der Erzieher nimmt dann ein Kind bei der Hand und führt es in die Mitte des Kreises, wo es sich unter einer Decke versteckt. Dann drehen sich alle um und raten, wer fehlt.

Wenn das nicht gelingt, können die Kinder versuchen, den Fehlenden durch Tasten zu erraten.

Lernziele: 1, 2

(39) *Schattenraten*

Material: Bettlaken, Leinwand, Lampe (Diaprojektor)

Spieler: Großgruppe

Spieldauer: etwa 10 Minuten

Spielanleitung:
Ein Bettuch wird aufgespannt und mit einer Lampe (Diaprojektor) angestrahlt. Die eine Hälfte der Kinder sitzt vor der Leinwand, die andere befindet sich dahinter. Die Kinder hinter der Leinwand bewegen sich nacheinander so zwischen Lampe und Leinwand, daß sie einen deutlichen Schatten werfen. Die Kinder vor der Leinwand sollen erkennen, wer es ist. Dann wird gewechselt.

Lernziele: 1, 2

(40) *Ich sehe was, was du nicht siehst*

Material: ohne

Spieler: Kleingruppe

Spieldauer: 5–10 Minuten

Spielanleitung:
Die Kinder sitzen im kleinen Kreis. Ein Kind beginnt: „Ich sehe was, was du nicht siehst und das ist (rot, eckig, groß, lang, dick usw.)." Die anderen Kinder sollen den Gegenstand, der für alle sichtbar sein muß, erraten. Derjenige, der es richtig rät, darf sich dann einen neuen Gegenstand suchen und von den anderen erraten lassen.

Lernziele: 1, 2

(41) *Zublinzeln*

Material: ohne

Spieler: Großgruppe

Spieldauer: etwa 10 Minuten

Spielanleitung:
Die Kinder bilden einen Kreis. Jedes zweite Kind setzt sich in die Hocke. Die anderen Kinder stellen sich jeweils hinter einen Hockenden und nehmen die Hände auf den Rücken. Ein Kind ohne Partner beginnt, irgendeinem hockenden Kind zuzublinzeln, das schnell reagieren und zu ihm springen soll.

Der stehende Partner darf nun das hockende Kind daran hindern, wegzulaufen. Wenn ihm das nicht gelingt, ist er an der Reihe, einem hockenden Kind zuzublinzeln.

Lernziele: 1, 2

(42) *Spiegelpantomime*

Material: ohne

Spieler: Großgruppe

Spieldauer: 5–10 Minuten

Spielanleitung:
Die Kinder stellen sich paarweise gegenüber auf. Ein Partner macht ganz langsam Bewegungen vor (erst mit den Händen, dann mit den Armen, dann mit dem

ganzen Körper). Das gegenüberstehende Kind hat die Aufgabe, die Bewegungen gleichzeitig spiegelbildlich mitzumachen.

Lernziele: 1, 2

(43) *Das geheimnisvolle Paket*

Material: Pappkarton, beliebiger Gegenstand

Spieler: Großgruppe

Spieldauer: etwa 10 Minuten

Spielanleitung:
Ein Pappkarton wird vorher so präpariert, daß er nur eine kreisförmige Öffnung an einer Seitenfläche aufweist, durch die sich bequem eine Hand bzw. ein Arm schieben läßt. (Die Öffnung kann zusätzlich mit einem abgeschnittenen Strumpf oder Ärmel verkleidet werden.) Der Erzieher legt nun einen Gegenstand (z. B. Schwamm, Zahnbürste, Buch, Spielzeug o. ä.) in den Karton hinein, den die Kinder erraten sollen, indem sie ihren Arm durch die Kartonöffnung schieben und den Gegenstand ertasten. Jedes Kind erhält auch einmal die Möglichkeit, einen selbst ausgewählten Gegenstand in den Karton zu legen, den die anderen Kinder erraten sollen.

Lernziele: 1, 2

(44) *Bewegliche Stühle*

Material: Stühle, Schal oder Tuch

Spieler: Kleingruppe

Spieldauer: etwa 10 Minuten

Spielanleitung:
Drei bis fünf Stühle werden ineinander verschachtelt aufgebaut. Die Kinder haben Zeit, sich die Stellung der einzelnen Stühle genau einzuprägen. Dann werden einem Kind die Augen verbunden, und es erhält die Aufgabe, den Stuhl zu ertasten, der kurz vorher von einem anderen Kind in seiner Stellung verändert wurde.

Lernziele: 1, 2

(45) *Riech' einmal*

Material: Fläschchen, Geruchsstoffe

Spieler: Großgruppe

Spieldauer: 5–10 Minuten

Spielanleitung:
Der Erzieher füllt in kleine Fläschchen verschiedene Substanzen (z. B. Essig, Apfelsinensaft, Birnensaft, Parfüm, Vanille, Klebstoff). Die Kinder riechen an den Fläschchen und erraten, welche Substanz darin enthalten ist.

Lernziele: 1, 2

(46) *Nachbarspiel*[11]

Material: Decke

Spieler: Großgruppe

Spieldauer: etwa 10 Minuten

Spielanleitung:
Die Kinder sitzen im Kreis um zwei Stühle herum, die in der Mitte stehen. Ein Kind setzt sich auf einen der beiden Stühle und zieht eine Decke über den Kopf. Dann setzt sich ein anderes Kind auf den Stuhl daneben. Das „blinde" Kind muß nun durch Tasten herausfinden, welches Kind neben ihm sitzt. Gelingt es ihm nicht, das Kind durch Berühren zu identifizieren, muß es den „Unbekannten" auffordern, einen Satz zu sagen – dabei kann auch die Stimme verstellt werden. Wird das Kind erkannt, darf es unter die Decke und das Spiel beginnt von neuem.

Lernziele: 1, 2

(47) *Blindenführen*

Material: ohne

Spieler: Großgruppe

Spieldauer: etwa 10 Minuten

Spielanleitung:
Die Kinder stehen sich paarweise gegenüber. Ein Partner schließt die Augen und läßt sich von dem anderen durch den Raum führen. Dann tauschen die beiden

---

11 Vgl. Heilmeyer, J./Fröhlich, P.: modell kinderspielclub, Köln 1974, S. 142.

ihre Rollen. Die Führung kann erfolgen ohne Worte, mit beiden Händen, mit einer Hand, mit einem Finger, mit Worten, mit Summton usw.

Variation: Der Blinde wird an Gegenstände oder Personen herangeführt, die er erraten soll.

Lernziele: 1, 2, 6

(48) *Blind durch den Kreis*

Material: ohne

Spieler: Großgruppe

Spieldauer: etwa 10 Minuten

Spielanleitung:
Die Kinder bilden einen Kreis und schließen die Augen. Der Erzieher bestimmt ein Kind, das blind durch den Kreis gehen soll. Sobald es jemanden berührt, versucht es, ihn durch Betasten der Füße, der Haare usw. zu erraten. Derjenige, der erraten worden ist, geht dann selbst in den Kreis. Der erste nimmt dessen Platz ein.

Lernziele: 1, 2, 6

(49) *Blindenfüttern*

Material: verschiedene Speisen, Schal oder Tuch

Spieler: Großgruppe

Spieldauer: etwa 10 Minuten

Spielanleitung:
Die Kinder sitzen sich paarweise gegenüber. Das eine Kind bekommt die Augen verbunden und wird von seinem Partner mit bestimmten Speisen gefüttert, die es erraten soll. Rollentausch.

Variation: Beide Kinder haben die Augen verbunden und füttern sich gegenseitig mit Pudding, Schlagsahne o. ä.

Lernziele: 1, 2, 6

(50) *Kim-Spiel*

Material: verschiedene kleine Gegenstände

Spieler: Großgruppe

Spieldauer: 5—10 Minuten

Spielanleitung:
Die Kinder sitzen im Stuhlkreis. In die Mitte werden verschiedene kleine Gegenstände gelegt (z. B. Bleistift, Filzstift, Radiergummi, Legostein, Puppengeschirr, Schere usw.). Die Kinder bekommen den Auftrag, sich zu merken, welche Gegenstände in der Mitte liegen. Während sich alle die Augen zuhalten, nimmt der Erzieher oder ein vorher bestimmtes Kind einen Gegenstand weg und hält diesen versteckt. Anschließend muß die Gruppe raten, was fehlt.

Lernziele: 1, 2

(51) *Was gehört zusammen?*

Material: verschiedene kleine Gegenstände in doppelter Anzahl, Schal oder Tuch

Spieler: Kleingruppe

Spieldauer: 5—10 Minuten

Spielanleitung:
Der Erzieher legt mehrere Gegenstände jeweils paarweise auf den Tisch, z. B. 2 Büroklammern, 2 Legosteine gleicher Größe, 2 gleiche Schlüssel. Einem Kind werden die Augen verbunden. Es soll dann versuchen, die Gegenstandspaare herauszusuchen.

Lernziele: 1, 2, 6

(52) *Schuhe sortieren*

Material: Schuhe der Kinder, Schal oder Tuch

Spieler: Kleingruppe

Spieldauer: 5—10 Minuten

Spielanleitung:
Die Kinder ziehen ihre Schuhe aus und legen sie aufeinander. Einem Kind werden die Augen verbunden. Nun soll es die Schuhe sortieren und paarweise zusammenstellen.

Lernziele: 1, 2, 6

(53) *Tierstimmen*

Material: Tierbilder (Fotos, Quartett o. ä.)

Spieler: Großgruppe

Spieldauer: 5–10 Minuten

Spielanleitung:
Die Kinder bekommen jeweils ein Tierbild (z. B. Hund, Katze, Esel, Schaf). Die Stimme dieses Tieres sollen sie nachahmen. Alle Kinder, die das gleiche Tier imitieren, müssen sich zu einer Gruppe zusammenfinden. Anfangs wählt man nur wenige Tiere, später kann man auch schwierigere Tierarten hinzunehmen.

Lernziele: 1, 2

(54) *Spitz die Ohren*

Material: Geräuschquellen (Papier, Schlüsselbund u. ä.)

Spieler: Kleingruppe/Großgruppe

Spieldauer: 5–10 Minuten

Spielanleitung:
Die Kinder sollen verschiedene Geräusche erraten (z. B. Papier rascheln, Gläser klirren, Wasserhahn tropft, Klirren mit dem Schlüsselbund), die vom Erzieher produziert werden. Diese Geräusche können auch auf Tonband aufgenommen und der Gruppe vorgespielt werden.

Lernziele: 1, 2

(55) *Gesichter zeigen Gefühle*

Material: Darstellung 1 „Gesichter zeigen Gefühle", Spielblätter 1 und 2

Spieler: Kleingruppe/Großgruppe

Spieldauer: etwa 20 Minuten

Spielanleitung:
Die Kinder sollen die Möglichkeit bekommen, Gesichtsausdrücke zu entschlüsseln und Gefühle zu erkennen. Der Erzieher regt die Kinder zum Gespräch darüber an, ob sie einem Menschen ansehen können, ob er fröhlich oder böse ist, ob sie wohl an seinem Gesicht erkennen können, wie er sich fühlt.

Im Anschluß an dieses Gespräch zeigt der Erzieher die Darstellung 1. Darauf sind drei Grundformen mimischen Ausdrucks abgebildet: ein fröhliches Gesicht, ein böses Gesicht sowie eine uneindeutige Gefühlssituation.

Wenn die Situation es notwendig macht, kann der Erzieher die Kinder auffordern zu zeigen, welches Gesicht nach ihrer Meinung fröhlich ist, ob eines von den Gesichtern böse aussieht usw.

In diesem Gespräch kann der Erzieher die Kinder auch anregen, ihren Nachbarn einmal böse und einmal fröhlich anzusehen.

Zum Schluß erhalten die Kinder die Spielblätter 1 und 2, auf denen jeweils drei Gesichtsausdrücke abgebildet sind, einmal geordnet und auf dem anderen ungeordnet. Die Kinder versuchen nun, durch Vergleichen die passenden Bilder zuzuordnen. Sie schneiden die Bilder von Blatt 2 aus und kleben sie zu dem entsprechenden Gesicht auf Blatt 1. Im Anschluß daran erfinden die Kinder Geschichten zum Inhalt der Abbildungen.

Lernziele: 1–4

(56) *Wir kleben Gesichter*

Material: Spielblatt 3 und 4 „Zwei Köpfe – viele Gesichter" für jedes Kind

Spieler: Großgruppe

Spieldauer: 10–15 Minuten

Spielanleitung:
Die Spielblätter 3 und 4 enthalten mehrere auszuschneidende Gesichtsteile: Augen, Augenbrauen, Stirnfalten und unterschiedliche Mundformen, zwei Köpfe, Frisuren.

Die Kinder bekommen vom Erzieher den Auftrag, ein bestimmtes Gesicht (z. B. ein fröhliches) zu legen. Die Kinder nehmen die entsprechenden Teile und fügen sie zu dem Gesicht zusammen. Ebenso können die Kinder Gesichter nach eigener Wahl zusammenstellen. Sie können anschließend die Gesichter aufkleben und sie durch Einzeichnen zusätzlicher Merkmale (z. B. Tränen) verändern.

Variation: 1. Die Kinder können sich gegenseitig Rätsel aufgeben. Ein Kind legt einen Gesichtsausdruck, und die Gruppe versucht, ihn zu interpretieren. Das Kind, das richtig geraten hat, kann nun selbst einen anderen Ausdruck legen.

2. Die verschiedenen Gesichtsausdrücke mit Knetgummi darstellen.

Lernziele: 1–4

(57) *Traurig – fröhlich – frech*

Material: Kartensatz A, 2 x Karten 1–20

Spieler: Kleingruppe

Spieldauer: 15 Minuten

Spielanleitung:
In diesem Spiel wird eine Auswahl aus den beiden Kartensätzen „Traurig – fröhlich – frech" eingesetzt. Die Karten zeigen 20 verschiedene Ausdrucksformen von Gefühlen. Die Kinder entdecken darin die ihnen durch die Darstellung 1, s. S. 60, und die Spielblätter 1 und 2, s. S. 60, bekannten Gesichter wieder. Der erste Satz wird auf dem Tisch ausgebreitet und geordnet, z. B. in Reihen. Der zweite Satz wird gleichmäßig an die Spieler verteilt, die ihn als Stapel mit der Bildseite nach unten vor sich hinlegen. Abwechselnd heben sie eine Karte ab und legen sie auf die entsprechende Vorlage. Diese Aufgabe erfordert von den Kindern eine sehr genaue Wahrnehmung der abgebildeten Gefühlsausdrücke. Das Spiel soll zunächst ohne Verbalisierung gespielt werden. Das erleichtert vor allem die Einbeziehung der sprachlich unterentwickelten Kinder.

Variation: Bevor die Kinder eine Karte ablegen, versuchen sie, den abgebildeten Gefühlsausdruck zu beschreiben. Der Erzieher achtet darauf, daß die abgegebene Beschreibung nicht als „richtig" oder „falsch" kommentiert wird, weil nichtsprachliche Zeichen mehrdeutig sind. Er sollte die Kinder ermuntern, verschiedene Meinungen zuzulassen.

Lernziele: 2, 3, 4

(58) *Geschichten erzählen*

Material: Kartensatz A, Karten 1–20

Spieler: Kleingruppe

Spieldauer: 10–15 Minuten

Spielanleitung:
Die zwanzig Karten „Traurig – fröhlich – frech" werden verdeckt auf den Tisch gelegt. Die Kinder heben nacheinander eine Karte vom Stapel ab und erzählen, was ihnen dazu einfällt. Der Erzieher kann anfangs Hilfen geben, z. B. „Erzählt mal, wie es diesem Kind geht, warum es so aussieht; was es vorher gemacht hat."

Jedes Kind legt seine Karte wieder verdeckt ab, wenn es zu Ende erzählt hat.

Lernziel: 4

(59) *„Wie ist das gemeint?" (Einschätzübung zum emotionalen Gehalt von sprachlichen und nichtsprachlichen Äußerungen)*

Material: Kartensatz A, daraus die Karten 1–19

Spieler: bis zu 15 Teilnehmer

Spieldauer: etwa 20 Minuten

Spielanleitung:
Die Kinder sitzen im Stuhlkreis. Alle Kinder bekommen eine Karte und beschreiben zunächst einmal der Reihe nach das auf ihrer Karte dargestellte Gefühl.

Der Erzieher erzählt eine Kurzgeschichte und fordert die Kinder zwischendurch an den mit * gekennzeichneten Unterbrechungen auf, das Gefühl der Personen aus den Geschichten mit den Karten einzuschätzen. An der betreffenden Stelle wird ein Handzeichen gegeben, wenn das Spiel das erste Mal gespielt wird. Die Kinder sollen nun eine Karte hochhalten, mit der sie den emotionalen Gehalt einschätzen (freundlich, böse usw.).

Beispiele:
Ich erzähle euch eine Geschichte, und ihr müßt aufpassen, wie sich die Person fühlt. (Ist sie traurig, wütend, fröhlich, erstaunt usw.?)

1. Fritz hat fürchterliche Zahnschmerzen.* Die Mutter sagt: „Wenn man sich die Zähne immer putzt, passiert so etwas nicht! * Dann meint Fritz: „Es tut auch gar nicht mehr weh!" * Doch die Zahnschmerzen hören nicht auf, und Fritz geht endgültig zum Zahnarzt. * Zaghaft klingelt er an der Tür bei Dr. Maier. * Es ist nicht sehr voll im Wartezimmer, und schnell kommt Fritz an die Reihe. Sehr langsam setzt er sich auf den Stuhl und macht den Mund auf, damit der Zahnarzt die Zähne ansehen kann. * Dann nimmt Dr. Maier den Bohrer * und bohrt den „bösen" Zahn. Anschließend kommt eine Füllung in das Zahnloch, und Fritz steht vom Stuhl auf. * Der Zahn schmerzt nicht mehr * und Fritz geht eilig nach Hause.

2. Peter und Maren sind für zwei Stunden allein zu Hause. Mutter ist zum Einkaufen gegangen. Die beiden Kinder spielen zusammen mit den Holzklötzen * und haben viel Spaß. Zwischendurch essen sie die Negerküsse, die Mutter ihnen hingestellt hat. *

Plötzlich gibt es einen lauten Krach, und beide stehen * erschrocken da. Sie bekommen * Angst, als es wieder poltert und klappert. Peter fängt an * zu weinen. Dann geht die Haustür langsam auf. Nun fängt auch Maren zu weinen an. Die Geschwister halten sich aneinander fest. „Hallo, wo steckt ihr denn?" ruft eine bekannte Stimme. * Erleichtert atmen die Kinder auf und laufen auf den Flur. Dort steht die Mutter und * lacht beide an. „Na, ihr habt euch wohl erschrocken? Mir sind die Konservendosen vor der Wohnungstür hingefallen und die Treppe heruntergerollt." Nun können auch Peter und Maren wieder * lachen.

3. Frank war noch sehr müde, als er in den Kindergarten kam. Die Mutter hatte ihn sehr früh geweckt. *

Er wußte gar nicht, was er spielen sollte und ging gelangweilt durch den Gruppenraum. * Dann sah er plötzlich Stefan in der Bauecke eine Burg bauen. * Er ging hin und sah interessiert zu. * „Geh weg", rief Stefan wütend, „du störst mich!" *

Schade, Frank hätte gern mitgebaut. * Jetzt ging die Tür auf und endlich kam sein Freund Michael. * Ganz froh begrüßten sich die beiden und überlegten sich ein schönes Spiel. *

4. Als Christine vom Spielen nach Hause kam, war sie sehr hungrig. * Sie stürzte ins Wohnzimmer und dort saß ihre Mutter mit ihrer Lieblingstante, die zu Besuch gekommen war. Christine freute sich sehr * und begrüßte die Tante. „Ich habe Hunger", sagte sie dann zur Mutter.

„Geh schon mal in die Küche und hol dir einen Apfel", antwortete die Mutter. Christine lief durch den Flur, es roch so komisch hier, ganz scharf. * Sie öffnete die Küchentür, sah nun das Unglück und blieb erschrocken stehen. * Das Mittagessen war übergekocht und angebrannt. Sie rief die Mutter, und die kam nun auch herbeigelaufen. *

Sie sagte: „Dann gehen wir eben alle drei in ein Restaurant essen", und Christine freute sich sehr. *

5. Nach der Frühstückspause sagte die Erzieherin: „Zieht euch alle an, wir wollen einen Spaziergang in den Wald machen!" „Toll", rief Andreas, „wir gehen in den Wald." * „Ja, aber du mußt noch deine Bausteine wegräumen", sagte die Erzieherin freundlich. *

Große Lust hatte er dazu nicht, deshalb räumte er sehr langsam ein. * Die anderen Kinder waren schon in die Garderobe gegangen, um sich anzuziehen. Endlich war er fertig, und froh sauste er auch in die Garderobe. * Aber es war alles leer. Niemand war mehr da. Die haben mich allein gelassen und sind einfach losgegangen, dachte Andreas. * Er setzte sich auf eine Bank und war sehr traurig. „Wo bleibst du denn?" rief plötzlich jemand. Ein kleiner Junge stand vor ihm. „Wir warten schon auf dich." * Sie liefen beide raus und riefen den anderen zu: „Wir kommen." *

Die anderen Kinder und die Erzieherin standen schon am Weg und warteten auf die beiden. *

Lernziele: 2, 3, 4

(60) *Was meint sie wohl?*

Material: Darstellung 2–17, „Gesten"

Spieler: Kleingruppe

Spieldauer: etwa 15 Minuten

Spielanleitung:
Die Kinder sitzen im Stuhlkreis. Die Erzieherin spielt eine Geste (z. B. heranwinken, Ohren zuhalten, Schulterzucken) vor und läßt die Kinder raten, was damit gemeint sein könnte. Nach dieser kurzen Einführung zeigt der Erzieher nacheinander die Darstellungen 2–17.

Die Kinder betrachten die Bilder (Darstellung 2–17), und der Erzieher kann ein Gespräch darüber einleiten, warum das Kind auf dem Bild sich so bewegt; was es möchte, wenn es z. B. den Zeigefinger vor den Mund hält und die andere Hand hebt usw. Dabei können die dargestellten Gesten nachgespielt werden.

Lernziel: 5

(61) *Partnerspiel*

Material: Kartensatz B, 32 Karten

Spieler: Großgruppe

Spieldauer: etwa 15 Minuten

Spielanleitung:
Der Kartensatz B „Partnerspiel" enthält die den Kindern aus den Darstellungen 2–17 bekannten Gesten, s. S. 64. Jede Geste ist 2 x im Spiel. Das „Partnerspiel" wird mit gerader Teilnehmerzahl gespielt, wobei der Erzieher mitspielt. Er reduziert die Karten so, daß jede Geste 2 x vorhanden ist und jedes Kind eine Karte bekommt.
Die Kinder sitzen im Stuhlkreis. Der Erzieher teilt die gemischten Karten aus. Jeder Mitspieler schaut sich seine Karte genau an und legt sie dann unter seinen Stuhl. Der Erzieher stellt sich in die Mitte und imitiert als Schauspieler seine abgebildete Geste. Das Kind, das die Gegenkarte hat, soll sich durch Aufzeigen seiner Karte als Partner zu erkennen geben. Der Platz rechts (oder links) vom gefundenen Partner muß nun freigemacht werden, damit sich der Schauspieler neben seinen Partner setzen kann. Das Kind, das jetzt keinen Platz mehr hat, wird nun Schauspieler, um seinen Partner zu finden.

Variation:
Später wird die Geste auf der Karte nicht mehr nachgespielt, sondern beschrieben.

Siehe auch Spiel Nr. 137.

Lernziele: 2, 5

(62) *Paare bilden*

Material: Kartensatz B, 32 Karten

Spieler: Kleingruppe

Spieldauer: 15–30 Minuten

2–4 Spieler setzen sich an einen Tisch und legen den Kartensatz gemischt und verdeckt darauf. Der Reihe nach darf jeder Mitspieler zwei Karten aufdecken. Passen die Karten nicht zusammen, werden sie verdeckt an denselben Platz zurückgelegt und der nächste Spieler ist an der Reihe. Findet ein Mitspieler ein passendes Kartenpaar, behält er dieses und darf nochmals 2 Karten umdrehen.

Lernziele: 1, 2

(63) *Was ist richtig?*

Material: Spielblätter 5–8 „Gesten – Was ist richtig?" für jedes Kind

Spieler: Kleingruppe

Spieldauer: 20–30 Minuten

Spielanleitung:
Auf den Bildern sind drei Situationen abgebildet, denen die Kinder die Gesten von Spielblatt 8 zuordnen sollen.

Zunächst wird über die Situationen ein Gespräch geführt. Die Kinder versuchen, die Abbildungen zu deuten.

Dann teilt der Erzieher die Spielblätter aus. Jedes Kind schneidet die Gesten aus und klebt sie nach eigener Wahl auf die Situationsbilder. Anschließend sollen die Kinder ihre Entscheidung begründen.

Lernziel: 5

(64) *Wenn wir mal zusammen sind*

Material: Kartensatz A, aus beiden Sätzen die Karten 21–32

Spieler: Kleingruppe

Spieldauer: etwa 15 Minuten

Spielanleitung:
Ein Satz der Karten wird auf dem Tisch ausgebreitet und geordnet. Die Karten des zweiten Satzes sollen nun auf die Karten des ersten Satzes gelegt werden.

Zunächst wird dieses Spiel ohne Verbalisierung gespielt. Später sollten die Kinder dann beim Zuordnen der Karten beschreiben, was sie auf den Abbildungen erkennen (nonverbaler Ausdruck von Beziehungen in Gruppen).

Lernziel: 2

(65) *Geschichten erzählen*

Material: Kartensatz A, daraus die Karten 21–32

Spieler: Kleingruppe

Spieldauer: etwa 15 Minuten

Spielanleitung:
Die Karten werden zu einem Stapel verdeckt aufeinandergelegt. Die Kinder heben der Reihe nach eine Karte ab und erzählen jeweils eine kurze Geschichte zur abgebildeten Situation.

Lernziel: 4

(66) *Fröhliches und böses Gesicht*

Material: Fotos „Mimik, Gestik, Situationen", daraus Foto 1 und 2

Spieler: Kleingruppe

Spieldauer: etwa 15 Minuten

Spielanleitung:
Dieses Spiel knüpft an das Spiel Nr. 55 an. Der Erzieher zeigt den Kindern die Fotos. Sie sollen nun versuchen, die Fotos zu interpretieren und eigene Erlebnisse zu schildern.

Variation:
Zusätzlich können die Kinder Fotos aus Illustrierten heraussuchen und diese analysieren.

Lernziele: 3, 4

(67) *Fotogeschichten erfinden*

Material: Fotos „Mimik, Gestik, Situationen"

Spieler: Kleingruppe

Spieldauer: etwa 20 Minuten

Spielanleitung:
Die Kinder sitzen im Kreis. Die Fotos liegen verdeckt auf einem Stapel in der Mitte. Die Kinder heben nacheinander ein Foto vom Stapel ab, beschreiben es und erzählen eine kurze Geschichte dazu.

Variation:
1. Spielregel „Hoher Stuhl", Spiel 137, Seite 124.
2. In Kleingruppen versuchen die Kinder, aus bis zu 5 Fotos eine Bildergeschichte zu legen. Die Gruppen erklären gegenseitig ihre Bilderfolge. Sie können einige Fotos untereinander tauschen und so wieder neue Geschichten erfinden.

Lernziele: 3, 4

(68) *Meine Karte – deine Karte*

Material: Kartensatz A, 2 x 32 Karten, Spielmarken

Spieler: bis zu 4 Paare

Spieldauer: 15–20 Minuten

Spielanleitung:
Jeweils zwei Kinder sitzen sich so gegenüber, daß sie sich nicht gegenseitig in die Karten sehen können. Zwischen ihnen befindet sich z. B. eine Trennwand. Beide Kinder haben vor sich einen Stapel Karten in der gleichen Reihenfolge liegen sowie je 8 Spielmarken in unterschiedlichen Farben. Kind A beschreibt die durch die Abbildung ausgedrückten Gefühle. Kind B bestätigt die Genauigkeit der Beschreibung und gibt dem Gegenüber eine Spielmarke. Dann wird gewechselt.

Eine Steigerung erfolgt dadurch, daß die Karten jedes Kindes gemischt werden und keine identische Reihenfolge mehr vorhanden ist. A beschreibt wieder die Gefühle, die durch die oben liegende Karte ausgedrückt werden. B muß nach dieser Beschreibung die gleiche Karte aus seinem Stapel heraussuchen. Bei richtiger Lösung geben sich beide zur Verstärkung eine Spielmarke.

Lernziele: 1–4

3.3 Weitere Anregungen und Materialien

Krimm-von Fischer, C. (Hrsg.): Musikalisch-rhythmische Erziehung (Herder) Freiburg 1974. Neben theoretischen und praktischen Beiträgen zur musikalisch-rhythmischen Erziehung enthält das Buch vor allem auch Übungsbeispiele zur Sinnesschulung.

„Mordsrabatz" (Altenburg-Stralsunder Spielkarten), Leinfelden o. J. Das Spiel regt an, die Umwelt und ihre Klänge bewußter wahrzunehmen.

Machado, J.: Warum einer barfuß kommt und was dann passiert, (Schroedel) Hannover 1975

Freudenreich, D./Gräßer, H./Köberling, J.: Rollenspiel: Rollenspiellernen für Kinder und Erzieher in Kindergärten, Vorklassen und ersten Schuljahren (Schroedel) Hannover 1976

4. Sprachliche und nichtsprachliche Zeichen: Ausdrucksfähigkeit entwickeln

4.1 Begründung und Lernziele

Beispiel

Harro und Ursula begegnen sich in einer Straße, in der gebaut wird. Sie befinden sich auf verschiedenen Straßenseiten. Harro ruft: „Kommst du mit zu Siggi?" Ursula antwortet: „Nein. Ich will hier auf den Spielplatz gehen!" Im selben Moment entsteht jedoch ein höllischer Lärm durch einen Preßluftbohrer, mit dem die Straße aufgerissen wird. Ursulas Antwort kommt nicht an. Deshalb versucht sie, die Antwort anders zu übermitteln. Ursula schüttelt mit dem Kopf, winkt ab und zeigt dann mit dem Finger auf den Spielplatz. Harro versteht und geht weiter.

Diese alltägliche Situation macht deutlich, daß Menschen in der *Kommunikation* oder *Verständigung* unterschiedliche Ausdrucksmittel verwenden: *sprachliche und nichtsprachliche.* Als Ursula merkt, daß Harro sie nicht verstehen kann, schaltet sie von der sprachlichen auf die nichtsprachliche Ausdrucksform um. Diese Form der Kommunikation ist in diesem Fall, obwohl die Sprache zwar prinzipiell verfügbar ist, ein Ersatz für die sprachliche Ausdrucksform, weil Umwelteinflüsse (Lärm, Entfernung usw.) Störungsquellen darstellen. Die nichtsprachlichen Ausdrucksformen Mimik und Gestik können aber auch verwendet werden zur *Verstärkung* von Gesprochenem. (Jemand sagt: „Ich bin wütend!" Gleichzeitig haut er mit der Faust auf den Tisch.)

Sprachliche Kommunikationsformen sind insbesondere zur Vermittlung von logischen Sachverhalten und Kenntnissen geeignet; nicht-sprachliche Formen spielen vor allem auf dem Gebiet der zwischenmenschlichen Beziehungen eine Rolle.[12]

Häufig kann man beobachten, daß das menschliche Verhalten aufgrund unzureichender Beherrschung der *Ausdrucksmittel* undeutlich wird und zu Mißverständnissen führt. Um sich deutlicher und effektiver mitteilen zu können, ist es notwendig, daß die Kinder sich ihrer verschiedenen Ausdrucksmittel (z. B. Gestik, Mimik, Körperhaltung, Sprache, Tonfall) bewußt werden[13] und sie entsprechend anwenden lernen.

Sinn und Zweck der Ausdrucksspiele und -übungen liegt vor allem darin, daß gerade die sprachlich benachteiligten Kinder hier Gelegenheit erhalten, sich der ihnen mehr geläufigen Ausdrucksmittel (speziell der Körpersprache) zu bedienen und sie in möglichst vielfältiger Weise einzusetzen.

---

12 Vgl. Watzlawick, P. u. a.: Menschliche Kommunikation, Bern/Stuttgart/Wien 1972, S. 51 f.

13 Vgl. Abschnitt *3* und *5*.

Die Spiele und Übungen dieses Abschnittes gliedern sich in folgende Teilbereiche: die nicht-sprachlichen (gestisch-mimischen, pantomimischen) Ausdrucksübungen, z. B. Nr. 76, die sprachlichen Übungen (Assoziations- und Wortspiele, z. B. Nr. 84, sowie Rollenspielübungen, z. B. Nr. 94).

Ziel dieser Spiele und Übungen soll es sein, daß die Kinder gestische und mimische Ausdrucksmittel *bewußt* einsetzen können. Damit alle Kinder die Gelegenheit zum ungehemmten Erproben ihrer Ausdrucksmittel nutzen, sollten diese Spiele so weit wie möglich gleichzeitig in der Gruppe durchgeführt werden.

Schrittweise kann man dazu übergehen, daß einzelne Kinder vor der Gruppe agieren und bereits kleine Rollen übernehmen. Aus diesem Grunde fallen in diesen Bereich auch Übungen, die gezielt auf das spätere problembezogene Rollenspiel hinführen.

Besonders günstig scheint am Anfang die Verwendung von grotesken, übertriebenen Figuren (Clowns, Karnevalsmasken, Tieren usw.). Es sollte außerdem darauf geachtet werden, daß zunächst mit Verkleidungen, Masken- und Puppenspielen und vor allem mit pantomimisch dargestellten Handlungen begonnen und dann allmählich die Sprache mit einbezogen wird.

Lernziele

1. Ausdrucksfähigkeit verbessern. Sprachliche und nichtsprachliche Ausdrucksmittel sinnvoll, möglichst ungehemmt und phantasievoll ausnutzen können.
2. Unterschiedliche Bedeutung und Funktion von sprachlichen und nichtsprachlichen Ausdrucksmitteln erkennen können.
3. Bekannte Gesten erkennen, interpretieren und nachahmen können.
4. Bekannte Gesten verbalisieren können.
5. Einfache Rollen und Handlungen möglichst angemessen darstellen können.
6. Lernen, die Handlungsmuster einer Rolle kritisch zu überprüfen und Alternativen zu entwickeln, spielerisch zu erproben und die Folgen mitzureflektieren.

◀ Foto: Ingeborg Ullrich

4.2 Spiel- und Lernvorschläge

(69) *Mach es nach!*

Material: Spielplatte A, Setzsteine, Würfel, Kartensatz A

Spieler: Kleingruppe (bis zu 5 Kindern)

Spieldauer: etwa 20 Minuten

Spielanleitung:
Der Spielplan hat keinen Anfang und kein Ende. Das bedeutet, daß die damit durchgeführten Spiele auch keine Sieger und Verlierer kennen.

Jedes Kind nimmt einen Setzstein und setzt ihn beliebig auf ein gelbes Feld in der Mitte der Spielplatte. Der Kartensatz A liegt verdeckt in einem Stapel.

Die Spieler würfeln der Reihe nach. Kommt ein Spieler auf ein rot-gelbes Feld, muß er eine der verdeckten Karten abheben und die dargestellte Handlung, Bewegung, das Gefühl nachspielen. Wird eine Karte abgehoben, die eine Handlung von zwei Personen darstellt, spielt der rechte Nachbar des Spielers mit. Sind mehrere Personen abgebildet, stellen alle Spieler gemeinsam diese Situation dar. Kommt ein Spieler auf ein gelbes Feld, braucht er keine Karte aufzunehmen.

Dieses Spiel ist eine Vorübung zum Rollenspiel.

Variation: Spiel mit Kartensatz B „Partnerspiel" durchführen.

Lernziele: 1–5

(70) *Verzaubern*

Material: ohne

Spieler: Großgruppe

Spieldauer: 5–10 Minuten

Spielanleitung:
Die Kinder bewegen sich frei im Raum. Der Erzieher „verzaubert" die Kinder nacheinander in immer neue Wesen. Die Kinder sollen die Wesen möglichst spontan aus der vorhergehenden Bewegung heraus darstellen: z. B. galoppierende Pferde, schlängelnde Würmer, tanzende Roboter, trampelnde Elefanten, summende Bienen, steife Marionetten usw.

Lernziele: 1, 2, 5

Foto: Dieter Tiemann

(71) *Gewitter*

Material: ohne

Spieler: Kleingruppe

Spieldauer: etwa 5 Minuten

Spielanleitung:
Der Erzieher erzählt, wie ein Gewitter entsteht, und die Kinder führen entsprechende Bewegungen mit den Fingern aus.

Es tröpfelt : Die Kinder klopfen mit zwei Fingern abwechselnd langsam auf den Tisch

Es regnet : Sie klopfen mit allen Fingern leise auf den Tisch

Es gießt : Sie trommeln mit den Fingern laut auf den Tisch

Es hagelt : Sie klopfen mit den Fingerknöcheln auf den Tisch

Es blitzt : Sie zeichnen einen „Blitz" in die Luft

Es donnert : Sie schlagen mit beiden Fäusten auf den Tisch

Alle laufen schnell nach Hause: sie legen die Hände schnell auf den Rücken.

Lernziele: 1, 2, 5

(72) *Zirkus*

Material: ohne

Spieler: Großgruppe

Spieldauer: etwa 10 Minuten

Spielanleitung:
Die Kinder spielen eine Mannschaft von Clowns, die alle im Zirkus auftreten wollen. Jeder Clown führt seine tollsten Kunststücke vor.

Lernziele: 1, 2, 5

(73) *Tageslauf*

Material: ohne

Spieler: Großgruppe

Spieldauer: etwa 10 Minuten

Spielanleitung:
Alle Kinder liegen auf dem Boden. Der Erzieher beginnt einen Tageslauf zu erzählen, den die Kinder darstellend nachvollziehen:

„Noch liegst du im Bett und schläfst . . .

du wirst geweckt . . .

gehst ins Badezimmer zum Waschen . . .

ziehst dich an . . .

machst dein Bett . . .

ißt dein Frühstück . . .

gehst aus dem Haus . . .“

Das Spiel kann, je nach Spielbedürfnis der Kinder, auf andere Handlungen im Tageslauf erweitert werden: im Kindergarten, am Nachmittag, am Abend.

Lernziele: 1, 2, 5

(74) *Kostümieren*

Material: vielfältiges Material zum Verkleiden

Spieler: Großgruppe

Spieldauer: etwa 20 Minuten

Spielanleitung:
Die Kinder bringen Kleidungsstücke, große Papiertüten, Zeitungen und Kartons von zu Hause mit und verkleiden sich gegenseitig. Anschließend erhalten die Kinder Zeit zum freien Spiel.

Lernziele: 1, 2

(75) *Was fühlst du?*

Material: ohne

Spieler: Großgruppe

Spieldauer: etwa 5 Minuten

Spielanleitung:
Die Kinder gehen im Raum umher. Der Erzieher gibt verschiedene Aufgaben, die die Kinder darstellen sollen:

- jemand hat es eilig, aber seine Füße schmerzen, weil die Schuhe zu eng sind,
- jemand stellt beim Bezahlen fest, daß sein Portemonnaie verschwunden ist, und fängt an zu suchen,
- jemand geht mit seinem Hund spazieren; plötzlich läuft der Hund auf die Straße; im gleichen Augenblick kommt ein Auto angerast und der Hund wird angefahren.

Lernziele: 1, 2, 5

(76) *Es riecht*[14]

Material: ohne

Spieler: Kleingruppe

Spieldauer: etwa 5 Minuten

Spielanleitung:
Die Kinder stellen ohne Worte dar, was sie bei bestimmten Gerüchen empfinden:

- jemand kocht Essen,
- ein merkwürdiger Geruch im Zimmer,
- eine prächtige Blume,
- ein Paar schmutzige Strümpfe usw.

Lernziele: 1, 2

---

14 Vgl. Krantz, M.: Wir spielen Geschichten, München 1972, S. 106.

(77) *Ein Geschenk*

Material: ohne

Spieler: Kleingruppe

Spieldauer: etwa 5 Minuten

Spielanleitung:
Der Erzieher erzählt von einem Kind, das Geburtstag hat und ein riesiges Paket geschenkt bekommt. Die Kinder sollen ohne Worte darstellen, wie sie das Paket empfangen, auspacken und sich über das Geschenk freuen.

Lernziele: 1, 2, 5

(78) *Alle machen, was Mütze macht*[15]

Material: Mütze

Spieler: Großgruppe

Spieldauer: 5—10 Minuten

Spielanleitung:
Alle Kinder gehen im Raum umher. Ein Kind hat eine Mütze auf dem Kopf und macht eine Bewegung vor. Alle anderen machen diese Bewegung nach. Wenn der Mützenträger einem anderen Kind die Mütze auf den Kopf setzt, muß dieses eine neue Bewegung vormachen.

Lernziele: 1, 2

(79) *Macht es nach*

Material: ohne

Spieler: Großgruppe

Spieldauer: 5—10 Minuten

Spielanleitung:
Alle Kinder stehen im Kreis. Der Reihe nach darf jedes Kind pantomimisch etwas vorspielen (z. B. ein trauriges, lachendes, müdes, wütendes Kind, einen alten Mann, einen Polizisten usw.). Die Gruppe versucht, es nachzuahmen und den Inhalt zu erraten.

Lernziele: 1, 2, 5

---

15 Vgl. Höper, C.-J. u. a.: Die spielende Gruppe, Wuppertal 1974, S. 46.

(80) *Geräusch und Bewegung*[16]

Material: ohne

Spieler: Großgruppe

Spieldauer: etwa 5 Minuten

Spielanleitung:
Die Kinder bilden einen Kreis. Ein Kind in der Mitte geht mit einer bestimmten Bewegung (Hüpfen, Arme kreisen o. ä.) und einem bestimmten Ton (piepsen, husten o. ä.) auf ein Kind im Kreis zu und nimmt dessen Platz ein. Das andere Kind hat die Aufgabe, dieselbe Bewegung und denselben Ton aufzunehmen und sich auf diese Weise bis zur Mitte zu bewegen. Hier verändert es spontan Geräusch und Bewegung und geht wiederum auf ein anderes Kind im Kreise zu. Das Spiel beginnt von neuem.

Lernziele: 1, 2

(81) *Feuerwehrauto*[17]

Material: ohne

Spieler: Kleingruppe/Großgruppe

Spieldauer: etwa 5 Minuten

Spielanleitung:
Die Kinder machen Geräusche wie ein Feuerwehrauto:

- ein Feuerwehrauto, das weit entfernt ist,
- das in der Nähe ist,
- das von weit, weit her kommt und sich nähert,
- das näher und näher kommt – und schließlich da ist.

Lernziele: 1, 2

(82) *Radio*[18]

Material: ohne

Spieler: Großgruppe

Spieldauer: etwa 5 Minuten

---

16 Vgl. Heilmeyer, J./Fröhlich, P.: modell kinderspielclub, Köln 1974, S. 92.

17 Vgl. Krantz, M.: Wir spielen Geschichten, München 1972, S. 138.

18 Vgl. Leetz, M. u. a.: Korbacher Interaktionsspiel- und Übungskatalog, in: Der Spielkreis, Beiheft Nr. 2, 1972, S. 15.

Spielanleitung:
Jedes Kind wählt sich einen Partner, der ein Radio darstellt. Auf ein bestimmtes Zeichen hin (auf die Nase drücken, den Arm bewegen) gibt es Geräusche von sich. Das Radio kann also ein- und ausgeschaltet werden. Die Kinder erfinden auch ein Zeichen für laut und leise. Rollenwechsel.

Lernziele: 1, 2

(83) *Geräuschbild*

Material: Bilder mit Umweltszenen (Fotos aus Zeitschriften, Bilderbücher)

Spieler: Kleingruppe

Spieldauer: etwa 5 Minuten

Spielanleitung:
Zu einer vorgegebenen Situation (Bauernhof, Bahnhof, Baustelle, Jahrmarkt, Tankstelle) erfinden die Kinder die passenden Geräusche.

Lernziele: 1, 2

(84) *Worte werfen*[19]

Material: geknotetes Taschentuch

Spieler: Kleingruppe

Spieldauer: etwa 5 Minuten

Spielanleitung:
Die Kinder sitzen im Kreis. Ein Kind wirft einem anderen ein Taschentuch zu und nennt ein Wort, z. B. „Hand". Das andere Kind muß rasch ein Wort rufen, das sich darauf reimt, z. B. „Land". Wieder wird das Tuch einem anderen zugeworfen, der ein weiteres Wort finden muß, das sich darauf reimt, z. B. Strand, Sand, Pfand. So geht es weiter, bis niemandem ein neues Wort mehr einfällt. Der nächste Spieler gibt dann wieder ein Wort an, das mit einem anderen gereimt werden kann, z. B. Rabe, Habe, Gabe oder Nest, Fest, Rest usw.

Lernziele: 1, 2

---

[19] Vgl. Plohn, H.: Ratgeber Kinderspiele, Freiburg/Brsg., o. J., S. 64.

(85) *Wortverkäufer*

Material: ohne

Spieler: Großgruppe

Spieldauer: 5–10 Minuten

Spielanleitung:
Die Kinder bilden einen Kreis. In der Mitte steht ein Wortverkäufer, der verschiedene Wörter (z. B. Geburtstag, Sommer, Vater, Mutter usw.) ausruft. Die Kinder im Kreis rufen „halt", wenn ihnen bei einem bestimmten Wort besonders viel einfällt.

Variation:
Die Rollen können auch vertauscht werden; die Kinder im Kreis rufen dem Kind in der Mitte Wörter zu; es ruft „halt", wenn ein bestimmtes Wort bei ihm viele Assoziationen auslöst. Beim erstenmal kann es hilfreich sein, wenn der Erzieher anfängt und Reizwörter vorgibt.

Lernziele: 1, 2

(86) *Wenn ich ein Zauberer wär'*

Material: Taschentuch

Spieler: Großgruppe

Spieldauer: 5–10 Minuten

Spielanleitung:
Ein Kind wirft einem anderen ein Taschentuch zu und sagt dabei einen Satz, der mit „Wenn" beginnt, z. B.: „Wenn ich ein Zauberer wär'." Das angesprochene Kind muß den Satz vervollständigen: „. . ., würde ich Würstchenbäume zaubern." Schnell muß dieses Kind einen neuen Satz erfinden, der mit „Wenn" anfängt, z. B.:

– Wenn ich Flügel hätte . . .

– Wenn aus allen Parkplätzen . . .

– Wenn wir nicht in den Kindergarten gehen . . .

– Wenn schönes Wetter ist . . .

– Wenn ich erwachsen bin . . .

Lernziele: 1, 2

(87) *Berufe*

Material: ohne

Spieler: Großgruppe

Spieldauer: 5–10 Minuten

Spielanleitung:
Die Kinder sitzen im Kreis. Ein Kind nennt einen Beruf, z. B. Bäcker. Die anderen Kinder zählen daraufhin alle Tätigkeiten auf, die ihnen zu diesem Beruf einfallen: z. B. Teig kneten, Torten verzieren usw.

Wenn den Kindern nichts mehr einfällt, nennt das nächste Kind einen Beruf und das Spiel beginnt von neuem.

Lernziele: 1, 2

(88) *Kreisgeschichte*

Material: ohne

Spieler: Großgruppe

Spieldauer: 5–10 Minuten

Spielanleitung:
Die Kinder sitzen im Kreis. Ein Kind nennt ein Wort, das nächste Kind sagt ein Wort auf das vorhergehende, so daß Sätze entstehen. Es können auch mehrere Wörter oder auch ganze Sätze von einem Kind gesprochen werden, so daß kleine Sinnzusammenhänge bzw. Geschichten entstehen.

Lernziele: 1, 2

(89) *Aufgepaßt*

Material: ohne

Spieler: Großgruppe

Spieldauer: 5–10 Minuten

Spielanleitung:
Die Kinder stehen im Kreis. Der Erzieher beginnt eine Geschichte zu erzählen und macht entsprechende Bewegungen und Mimik dazu. Die Kinder ahmen alles nach bis auf eine bestimmte vorher abgesprochene Bewegung, z. B. mit dem Kopf wackeln. Wer nicht aufpaßt und die Bewegung trotzdem ausführt, muß die Geschichte weitererzählen.

Lernziele: 1, 2

Es war
einmal
ein...

(90) *Puppenspiele*

Material: Stock- oder Handpuppen für jedes Kind

Spieler: Kleingruppe/Großgruppe

Spieldauer: 10–15 Minuten

Spielanleitung:
Jedes Kind bekommt eine Stock- oder Handpuppe. Die Kinder spielen zu zweit oder in Gruppen etwas zu einem Thema, das ihnen gerade einfällt (aus dem Alltag, Märchen, Fernsehen usw.).

Lernziele: 1, 2, 5

(91) *Pantomimen raten*

Material: ohne

Spieler: Großgruppe

Spieldauer: 10–15 Minuten

Spielanleitung:
Ein Kind denkt sich einen Handlungsablauf aus (z. B. Nägel einschlagen, Geschirrspülen) und stellt ihn pantomimisch dar. Die anderen Kinder sollen die Handlung erraten. Das Kind, das sie richtig errät, ist als nächstes dran.

Variation:
Während der Darstellung wird bewußt ein wichtiges Detail des Handlungsablaufes ausgelassen (z. B. Spülmittel vergessen); die anderen Kinder raten, was fehlt.

Lernziele: 1, 2, 5

(92) *Was denkt er sich?*[20]

Material: ohne

Spieler: Kleingruppe

Spieldauer: etwa 5 Minuten

---

20 Vgl. Shaw, A.: Curriculumelement Rollenspiel, in: betrifft: erziehung 1970, H. 11, S. 28 f.

Spielanleitung:
Die Kinder sollen zu einer bestimmten Situation, die der Erzieher vorgibt, die Verhaltensweisen darstellen und dazu laut aussprechen, was der Betreffende denkt und fühlt; z. B.

– jemand hat es sehr eilig und wartet auf einen Bus,

– jemand liest ein Buch; eine Fliege stört ihn dabei.

Lernziele: 1, 2, 5

(93) *Familienspiel*

Material: ohne

Spieler: Kleingruppe

Spieldauer: etwa 10 Minuten

Spielanleitung:
Kinder und Erzieher sitzen im Kreis. Jedes Kind übernimmt die Rolle eines Familienmitgliedes (Vater, Mutter, großer/kleiner Junge, großes/kleines Mädchen, Großeltern usw.). Der Erzieher erzählt Alltagsgeschichten. Bei der wörtlichen Rede macht er eine Pause und läßt das betreffende Kind sprechen und spielen, was z. B. der Vater jetzt sagen oder tun würde. Die Reaktionen der einzelnen Familienmitglieder werden in ihrer Reihenfolge zunächst ebenfalls durch die Geschichte festgelegt. Später antworten sie ganz spontan und in beliebiger Reihenfolge, d. h. der Handlungsablauf bleibt völlig öffen. Im Anschluß an das Spiel kann über den Inhalt der Geschichte und das Verhalten der Familienmitglieder gesprochen werden.
Lernziele: 1, 2, 6

(94) *Kurze Szenen*

Material: ohne

Spieler: Kleingruppe

Spieldauer: etwa 15 Minuten

Spielanleitung:
Der Erzieher gibt kleine Szenen vor, die die Kinder zunächst pantomimisch, später mit Sprache darstellen sollen:

– zwei Menschen wollen telefonieren; die Leitung ist aber gestört,

– ein kleines Kind wird gefüttert, aber es mag die Speise nicht,

– eine Frau im Auto hat es eilig und findet keinen Parkplatz,

– ein kleines Kind geht mit seinem Bruder in den Keller; es ist dunkel und sie suchen den Lichtschalter,

– Mutter will Zeitung lesen, aber sie wird dabei immer wieder gestört,

– ein Junge und ein Mädchen haben einen großen Turm gebaut: plötzlich stürzt er ein,

– eine Familie sitzt vor dem Fernseher; plötzlich fängt das Bild an zu flimmern,

– Tarzan besucht die Kinder im Kindergarten; es ist Winter und sehr kalt.

Als Rollenspielvorlagen können auch die Fotos „Mimik, Gestik, Situationen", zu denen kurze Geschichten erzählt werden, verwendet werden.

Lernziele: 5, 6

4.3 Weitere Anregungen und Materialien

Krantz, M.: Wir spielen Geschichten (Goldmann Taschenbuch) München, o. J.

Dieses Buch gibt eine Fülle von praktischen Anregungen für Spiele pantomimischer, szenenhafter und sprechübender Art.

Wölfel, U.: Du wärst der Pienek; Spielgeschichten, Spielentwürfe, Spielideen, (Anrich Verlag) Mühlheim 1973.

Hier werden Vorschläge gemacht, wie aus Geschichten Spiele werden könnten: Straßenspiele, Hofspiele, Familienspiele, Klassenspiele, auch sogenannte „Theater"-spiele.

Heilmeyer, J./Fröhlich, P.: modell kinderspielclub, Köln 1974.

Das Buch bietet Materialien zur Organisation von Zielgruppenarbeit mit Kindern – insbesondere zum angeleiteten Rollenspiel, Maskenspielen, Pantomimen und Spielfesten.

Waechter, F. K.: Brülle ich zum Fenster raus. Bilderbuch Nr. 3 (Beltz-Verlag) Weinheim 1973.

Nach der Melodie vom buckligen Männlein hat Waechter 30 Vierzeiler zum Singen und Nachspielen zusammengestellt und mit Zeichnungen illustriert. In einem anschließenden Fototeil wird gezeigt, wie Kinder Rollen verteilt und ausprobiert haben.

Keller, W.: Schallspiele; Ludi musici 2 (Fidula Verlag) Boppard 1972

Das Buch gibt Anleitungen und Modelle zum Spiel mit Geräuschen, Klängen, Tönen und zum Musizieren in Gruppen.

„Kinderzimmer-Theater" (Altenburg-Stralsunder Spielkarten) Leinfelden o. J.

Drei Spielkartengruppen zum Thema Ausdrucksfähigkeit bieten viele Möglichkeiten zu unterschiedlichen Spielen, in denen Mimik und Bewegungen nachgeahmt und Geschichten wortlos gespielt werden.

Freudenreich, D./Gräßer, H./Köberling, J.: Rollenspiel: Rollenspiellernen für Kinder und Erzieher in Kindergärten, Vorklassen und ersten Schuljahren, (Schroedel) Hannover 1976

Pfeiffer, O./Osvatič, P.: Machen wir mal einen Sandsturm (Schroedel) Hannover 1976

Dieses Buch enthält Problemgeschichten, die sich als Rollenspielvorlage eignen.

5. Eigenwahrnehmung sensibilisieren und ein positives Selbstkonzept entwickeln: Selbstfindung

5.1 Begründung und Lernziele

Beispiel

Die Kinder haben den Wunsch geäußert, eine Papierblume zu basteln, die sie in einer anderen Gruppe gesehen haben. Die Kinder sind stark motiviert und machen sich aufgeregt ans Werk. Nur Anette starrt das vor ihr liegende Material an und sagt zögernd: „Das kann ich nicht!"

Diese Aussage von Anette spiegelt eine bestimmte Auffassung wider, die sie von ihrer eigenen Person hat. Das Gesamtmuster der Einstellungen, Beurteilungen und Einschätzung der eigenen Person ergibt ein Schema, das man als *Selbstkonzept* bezeichnet. Dieses gelernte Schema spiegelt die Wahrnehmungen und Erfahrungen im Hinblick auf die eigene Person (ihre Fähigkeiten, Eigenschaften usw.) wider. Es ist der einzelnen Person zwar häufig nicht bewußt und kann von ihr auch nicht unbedingt verbalisiert (in Worte gefaßt) werden. Dennoch beeinflußt das Selbstkonzept das konkrete Verhalten und Erleben eines Menschen erheblich. In unserem Beispiel führte das negative Selbstkonzept von Anette dazu, daß sie unfähig wurde zur Aktivität und Handlung („Das kann ich nicht!").

Das Selbstkonzept entsteht in der Auseinandersetzung mit der Umwelt. Die dabei erlebten Erfahrungen und Wahrnehmungen im Hinblick auf die eigene Person beginnen bereits in einem frühen Alter im Kontakt mit den Eltern.

Foto: Ingeborg Ullrich ▶

„Dieses kann einerseits unmittelbar durch konkrete sprachliche und nicht-sprachliche Erfahrungen erfolgen, etwa durch die Wertschätzung bzw. Geringschätzung, die das Kind durch das Verhalten seiner Eltern unmittelbar erfährt, z. B. ‚Ich glaube, du wirst dein späteres Leben schon meistern!' – ‚Aus dir wird nie etwas!' – ‚Geh' weg!' Zum anderen erfolgt es dadurch, daß sich das Kind selbst in bestimmten Situationen seines Lebens als ängstlich, mutig, klug, selbständig oder ungeschickt usw. empfindet. Auf der Grundlage derartiger Erfahrungen ergibt sich beim Kind und Jugendlichen ein bestimmtes Selbstkonzept, grob skizziert z. B. derart, daß es freundlich, begabt, unbegabt, minderen oder höheren Wertes usw. sei."[21]

Mit dem beschriebenen Prozeß ist auch verbunden, daß der Mensch im Verlaufe seiner Entwicklung vom Säugling zum Erwachsenen die Erfahrung der Individualität macht, daß er ein eigenes, d. h. vom anderen unterscheidbares Wesen ist, ein eigenes „Ich" hat, das sehr wichtig und wesentlich ist.

„Das Kleinkind lernt, daß es nicht die Mutter ist, sondern jemand anderes. Der Heranwachsende lernt, daß er ein Mensch mit eigenen Ansichten, Erfahrungen und Gefühlen ist, die andere nicht haben. Für das Kleinkind ist die Entdeckung des eigenen ‚Ich' besonders aufregend und äußert sich z. B. in einem Verhalten, das man gemeinhin als Trotz bezeichnet. Für den Heranwachsenden kann das Erfahren seiner Individualität beglückend oder erschreckend sein. Auf jeden Fall ist das eigene Ich, das Selbst, das Bild oder die Vorstellung, die wir von uns haben, etwas für uns sehr Wichtiges."[22]

Welche Bedeutung hat das *Selbstkonzept* innerhalb von Kommunikationsprozessen?[23]

---

21 Tausch, R./Tausch, A. M.: Erziehungspsychologie, Göttingen 1973, S. 88 f. Vgl. zu diesem Abschnitt (und auch zu 11–14): Stange, W.: Kommunikation und Interaktion, in: Stange, W./Tiemann, D. (Hrsg.): Materialien zur sozialen Erziehung im Kindesalter, Bd. 2, Heidelberg 1977.

22 Sesamstraße – Informationen für Eltern und Erzieher, Bd. I, Köln 1973, S. 43.

Es werden im Zusammenhang mit dem Begriff *Selbstkonzept* – wenn auch nicht immer mit vollständiger inhaltlicher Deckung – vielfach auch Begriffe verwendet wie: *Selbstbild, Selbstwertgefühl* oder z. T. auch *Identität,* oder in bezug auf Teilaspekte *Selbstvertrauen* (das wäre ein positives Selbstkonzept). Andere Formulierungen, die sich auf Teilaspekte des Selbstkonzeptes beziehen, sind: *Selbstwertschätzung, Selbstakzeptierung.*

Wir wollen im folgenden weiterhin den Begriff *„Selbskonzept"* verwenden und den Prozeß, der hinführt in Richtung auf ein *positives Selbstkonzept* als *Selbstfindung* bezeichnen.

23 Vgl. Tausch, R./Tausch, A. M.: Erziehungspsychologie, Göttingen 1973, S. 89.

1. Das Verhalten einer Person hängt entscheidend von der Art des Selbstkonzeptes ab.

   Beispiel:
   Ein Kind, das sich selbst als häßlich, ungeschickt, ungeliebt und außenstehend empfindet, wird in seinem Sozialverhalten „häufig nur bestimmte Situationen und Personen aufsuchen oder nur mit Hemmungen und Beeinträchtigungen anderen begegnen".[24]

   Das kann sehr deutlich in fast jeder Kindergruppe beobachtet werden: Kinder, die sich an keine Aufgabe herantrauen, den Erzieher nicht anzusprechen wagen, Schwierigkeiten bei der Bildung von Freundschaften haben usw.

2. Weiterhin beeinflußt das Selbstkonzept, „wie bestimmte Reize wahrgenommen werden, ob sie ignoriert oder in bestimmter Art umsymbolisiert werden, damit sie mit dem bestehenden Selbstkonzept übereinstimmen".[25]

   Beispiel:
   Ein Kind, dessen Selbstkonzept durch geringe Wertschätzung (durch geringes Selbstvertrauen) gekennzeichnet ist, wird bei gewissen unvermeidbaren Frustrationen durch den Erzieher (z. B. Abbrechen des Spiels; nachdrückliches Bestehen auf Teilen, Abgeben von Spielmaterial; gleichmäßige und nicht einseitig auf das betreffende Kind bezogene Verteilung der Zuwendung usw.) vermutlich gespannter, verkrampfter (vielleicht sogar aggressiver) reagieren als ein Kind mit positivem (von großer Wertschätzung, Selbstvertrauen) gekennzeichnetem Selbstkonzept.

3. Das konkrete Sozialverhalten und die Kommunikationsfähigkeit eines Kindes verbessern sich durch eine positive Beeinflussung seines Selbstkonzeptes.

   Das kann vor allem geschehen durch ein hohes Ausmaß an Wertschätzung, Abbau beeinträchtigender Ängste und vor allem auch durch eine regelmäßige *Bekräftigung* (Verstärkung) aller positiven Gefühle und Aussagen zur eigenen Person.[26]

Gerade aus diesen Zusammenhängen wird sichtbar, welche entscheidende Bedeutung das alltägliche Erzieherverhalten (Sozialerziehung als Lernprinzip) gewinnt. Die unter 3. beschriebenen Verhaltensweisen sollten regelmäßig, d. h. auch außerhalb des eigenständigen Lernbereichs „Sozialerziehung" verwirklicht werden.

Welche weiteren Folgerungen und Aufgaben ergeben sich nun für das systematische soziale Lernen?

---

24 Tausch, R./Tausch, A. M.: Erziehungspsychologie, Göttingen 1973, S. 89.

25 Ebd.

26 Vgl. ebd.

1. Den Kindern sollten Erfahrungen ermöglicht werden, die ihnen zeigen, daß in ihrer Individualität etwas besonderes liegt, daß sie eigenständige Wesen sind, einzigartig, mit einer ganz besonderen, unverwechselbaren Identität, daß sie als Person (auch in verschiedenen Situationen) dieselben bleiben. Das ist in starkem Maße ein Prozeß der Bewußtwerdung.

   Diese Einsichten dürfen als Voraussetzung dafür gelten, daß dem Kind die Erfahrung ermöglicht wird: „Ich bin jemand, der wichtig ist, der wertvoll sein kann."

2. Ferner sollten den Kindern Erfahrungen vermittelt werden, die sich zusammenfassen lassen in den Formulierungen: „Was ich schon alles kann!" oder „Ich kann das schon." (Damit sind Erfolgserlebnisse und deren Bewußtmachung gemeint.)

3. Außerdem sind Erfahrungen wichtig, die verdeutlichen: „Ich bin jemand, der von den anderen akzeptiert wird, anerkannt (kein Außenseiter) ist, einen wichtigen und besonderen Platz in der Gruppe hat, den man mitspielen läßt, der Erfolgserlebnisse hat, Leistungen vollbringen kann, dem man Interesse entgegenbringt, den man lobt, versteht, wohlwollend behandelt, verstärkt und bekräftigt"[27], letztlich und endlich also auch: „Ich bin jemand, den man gern bzw. lieb hat."[28]

4. Die Eigenwahrnehmung muß verbessert werden. Es geht dabei um die Wahrnehmung aller *inneren Vorgänge* (einschließlich des Selbstkonzeptes).

Eine über die eher passive Sensibilisierung der Eigenwahrnehmung hinausgehende Fähigkeit ist die sog. *„Selbstexploration"*. Darunter versteht man das „Ausmaß, in dem das Kind über sich selbst, besonders über seine Gefühle spricht, über gefühlsmäßige Bewertungen von Ereignissen, über seine Wünsche".[29]

Dieser Sachverhalt läßt sich noch konkreter kennzeichnen durch die Verwendung einer Einschätzungsskala, die solche Kinderäußerungen erfaßt:

„Einschätzungsskala: *Selbstexploration* (5stufig)
Stufe 1: Das Kind sagt nichts über sich selbst, weder über sein Verhalten noch über sein inneres Erleben. Es spricht ausschließlich über Tatbestände, die unabhängig von seiner Person sind.

---

27 Vgl. die Übungen zu Abschnitt 14 (Bekräftigungen geben.).

28 Wobei zum allerletzten Punkt zwar leichte Unterstützung möglich ist — z. B. bei der Integration von Außenseitern — letztlich der Planbarkeit bzw. systematischen Beeinflussung durch didaktische Einheiten natürliche Grenzen gesetzt sind.

29 Tausch, A. M. u. a.: Effekte kindzentrierter Einzel- und Gruppengespräche mit unterprivilegierten Kindergarten- und Grundschulkindern, in: Psychologie in Erziehung und Unterricht, 20 Jg., 1973, S. 81.

Beispiel:
Kind: ‚Da draußen fährt die S-Bahn vorbei.' — ‚Da war ein See, und da waren Enten drauf und Fische drin.' — ‚Da stehen viele hohe Häuser in der Straße.' — ‚Beim Bäcker gibt's auch Cola.'

Stufe 5: Das Kind berichtet über sein eigenes Verhalten oder äußere Vorgänge und über seine spezifisch persönlichen Erlebnisse, die dazu in Beziehung stehen. Der Inhalt der Aussage besteht überwiegend aus der Schilderung seiner inneren Erlebnisse.

Beispiel:
Kind: ‚Ich habe manchmal so Angst, wenn ich was vorlesen soll.' — ‚Ich freue mich schon, wenn ich das endlich geschafft habe.' — ‚Das finde ich so gemein, meine kleine Schwester macht immer alles kaputt, und die bekommt dann gar keine Schimpfe.' — ‚Ich bin gar nicht mehr gern zu Hause, da gefällt's mir überhaupt nicht mehr.' "[30]

Wie kann dieses offenbar sehr wichtige Verhalten nun gefördert werden? A. M. Tausch u. a. fanden bei „kindzentrierten Einzel- und Gruppengesprächen" mit unterprivilegierten Grundschulkindern als Effekte unter anderem eine überzufällige (signifikante) Zunahme an Selbstexploration.[31]

Das Ausmaß an Selbstexploration hing — so die Ergebnisse dieser Untersuchung — eng mit dem Ausmaß des vom gesprächsführenden Psychologen verwirklichten Verhaltens zusammen im Bereich „Verbalisierung emotionaler Erlebnisinhalte" und „Wertschätzung des Kindes".[32]

Offenbar ist es also möglich, durch ein entsprechendes Verhalten Kinder in der Fähigkeit zu fördern, häufiger über ihre „persönlichen Erlebnisse und Erfahrungen" zu sprechen.

Die durch das beschriebene Verhalten (und ein hohes Ausmaß an einfühlendem Verstehen) geförderten offenen Äußerungen der Gefühle führen „zu einer Gegenkonditionierung ihrer emotionalen Instabilität, Ängstlichkeit, Unsicherheit, ihrer Spannungen, belastenden Erfahrungen, verwirrenden Gefühle".[33]

---

30 Tausch, A. M. u. a.: Effekte kindzentrierter Einzel- und Gruppengespräche mit unterprivilegierten Kindergarten- und Grundschulkindern, in: Psychologie in Erziehung und Unterricht, 20 Jg., 1973, S. 81.

31 „Zunahme an Selbstexploration (Einschätzungswerte Anfang: 2.9, Mitte: 3.2, Ende: 3.5). Die sprachlichen Inhalte der Kinder veränderten sich also in Richtung stärkerer Mitteilung von Erlebnissen, die für sie von Bedeutung oder mit Gefühlen verbunden waren. Beispiel, 2-Minutenausschnitt aus einem letzten Einzelgespräch:
Kd.: ‚. . . ich find's ja komisch und äh ich geb' mir solche Mühe, aber ich trau' mich nicht selber — (Ps.: ‚Ja') — ich wag mich nicht zu melden.' "
(Tausch, A. M. u. a., 1973, S. 85).

32 Tausch, A. M. u. a. 1973, S. 86.

33 Ebd., S. 87.

Das Problem, das uns hier beschäftigt, ist nun allerdings nicht die angemessene Gesprächsführung von Erwachsenen mit Kindern. Es sollen vielmehr Überlegungen angestellt werden, wie darüber hinaus Selbstexploration *zusätzlich* pädagogisch beeinflußt und gefördert werden könnte bzw. wie einige Vorbedingungen, unterstützende Teilfertigkeiten usw., in *Vorübungen* realisiert werden könnten!

Lernziele

1. Sensibilisierung der Eigenwahrnehmung.[34]
2. Negative Aspekte der eigenen Individualität aushalten können und im Rahmen des Möglichen ändern können.[35]
3. Ein positives Selbstkonzept entwickeln können (Selbstakzeptierung, Selbstwertschätzung, -vertrauen).[36]

---

34 a) Innere Vorgänge (in bezug auf verschiedene Situationen) bei sich selbst kennen und verstehen, z. B. die eigenen Gefühle, Reaktionen usw.
b) Das Konzept (Schema) der eigenen Person wahrnehmen, erkennen können.
c) Negative Aspekte der eigenen Individualität verstehen können.
d) Sensibilität für evtl. Unterschiede zwischen dem Selbstkonzept und dem Idealkonzept der eigenen Person.
e) Die eigene Stellung in der Gruppe erkennen (wahrnehmen) können.
f) Wirkungen der eigenen Person auf andere verstehen.

35 a) Unterschiede zwischen dem Selbstkonzept und dem Idealkonzept (psychische Spannungen) aushalten können und verstehen, daß man trotz solcher Unterschiede akzeptiert wird.
b) Das Selbstkonzept an das Idealkonzept annähern können und wollen (z. B. Vermehrung des Selbstverständnisses, mehr innere Zufriedenheit, Optimismus usw.).

36 a) Verstehen, daß man als Person auch in verschiedenen Situationen dieselbe bleibt (Identitätsfindung).
b) Die Tatsache der eigenen Individualität als wichtig, bedeutsam, beglückend (angenehm, schön) empfinden.
c) Verstehen, daß man ein eigenes, von anderen unterscheidbares Wesen ist (verstehen der eigenen Individualität), eigenständig und einzigartig mit einer besonderen, unverwechselbaren Identität.
d) Positive Gefühle gegenüber den eigenen Fähigkeiten haben, z. B. im Sinne von „Was ich schon alles kann!" oder „Ich kann das schon!"

4. Über die eigene Person und das eigene Selbstkonzept und innere Vorgänge reden können (Selbstexploration).[37]

5.2 Spiel- und Lernvorschläge

(95) *Wer bin ich?*

Material: Markierungen mit Bändern oder Kreide

Spieler: Großgruppe

Spieldauer: etwa 20 Minuten

Spielanleitung:
Der Erzieher bildet in verschiedenen Ecken des Raumes Kreise aus Bändern, Seilen oder mit Kreidestrichen. Diese Kreise werden als „Länder" bezeichnet.

Der Erzieher ruft bestimmte Merkmale auf, denen jeweils ein Land zugewiesen wird: z. B. blaue, braune oder graue Augen. Außerdem wird eine Fortbewegungsart genannt. Beispiel: „Alle Kinder mit blauen Augen hüpfen in ihr Land!" Der Spielleiter zeigt auf das jeweilige Land.

Merkmale für die „Länder":

- Junge, Mädchen
- Kleidungsstücke: roter Pullover, schwarze Schuhe, Hose u. ä.
- Haarfarbe: schwarz, weiß, blond, braun, rot, grau
- Haarlänge: kurz, lang, mittellang
- Frisur: lockig, glatt, Pferdeschwanz, Schnecke, Zöpfe, Pony
- Sommersprossen
- Kopfformen: eckig, lang, kurz, groß, klein, oval, rund
- Augenfarbe: blau, grau, braun usw.
- Gebiß: Wo fehlen ein, zwei, drei Zähne? Wer hat ein vollständiges Gebiß?
- Körpergröße[38]

---

37 a) Sich selbst erforschen, kennenlernen können und wollen (eine neugierige, suchende, fragende Haltung gegenüber sich selbst einnehmen).
b) Desensibilisierte, angstfreie Haltung gegenüber Erkenntnissen über das eigene innere Erleben und deren Mitteilung.

38 Vgl. zu weiteren Merkmalen Spiel *107*.

Fortbewegungsarten auf dem Weg in das eigene Land:

Kriechen, auf Zehenspitzen gehen, langsam schleichen, wie ein Gummimensch gehen.

Sind alle Kinder in ihrem Land angekommen, stellt der Erzieher den Gruppen eine Aufgabe. Beispiel: „Alle Kinder im Blaue-Augen-Land umarmen sich!"

Aufgaben: Streicheln, ein Freudengeheul anstimmen, Gesichtsausdrücke darstellen (böse, freundlich, traurig), eine Schlange bilden und eine Runde im Kreis laufen, einen Partner suchen aus einem anderen Land (ein Mädchen holt einen Jungen), jemanden herüberwinken und dann im Paarlauf (Partner an die Knöchel fassen) als „Ungeheuer" eine Runde laufen.[39]

Wichtig ist, daß die Kinder mit gleichen Merkmalen in ihrem Land etwas gemeinsam machen. Das vermittelt ihnen eine positive Einstellung zu sich selbst und dem betreffenden Merkmal und auch ein angenehmes Gefühl der Gemeinsamkeit.

Der Erzieher führt das Spiel mit wenigen „Länder"-Merkmalen ein, die die Kinder kennen. Falls Merkmale und Begriffe noch nicht gefestigt sind (z. B. Farben und Formen), bieten sich folgende Hilfen an:

a) Der Erzieher bereitet verschiedene Schaubilder[40] vor, auf denen Gesichter, Augen, Haarfarben usw. zu sehen sind. Er zeigt den Kindern diese Bilder und erklärt dabei die entsprechenden Begriffe. Die Schaubilder werden dann an der Wand in den entsprechenden „Länderecken" befestigt.

b) Die Kinder dürfen sich im Spiegel betrachten. Dabei ist es natürlich hilfreich, wenn nicht nur ein Spiegel vorhanden ist.

c) Jedes Kind sucht sich einen Partner. Die Spieler stellen sich gegenüber, fassen sich an und bekommen die Aufgabe, sich genau anzuschauen. Der Erzieher stellt nun die entsprechenden Fragen. Die Kinder teilen sich gegenseitig mit, wenn sie das betreffende Merkmal an ihrem Partner entdecken. Wer es nicht so recht glauben will, darf noch einmal in den Spiegel schauen.

Varitation: Auf die Gruppe bezogene Merkmale verwenden. Die Kinder übernehmen die Spielleitung selbst.

Lernziel: 1, 3

---

39 Vgl. Spiel *22* — In dieser Spielphase können auch gut weitere Spiele der Abschnitte 2, 3 und 4 eingesetzt werden.

40 Leicht selbst herzustellen. Für die Merkmale des Kopfes kann als Vorlage verwendet werden: So bin ich! Das erste Buch von mir, München 1974 (Schneider-Verlag) Kinderkolleg Nr. 37.
Die Körpergröße läßt sich sehr gut durch an der Wand befestigte Papierbögen mit in unterschiedlicher Höhe eingezeichneten Balken kennzeichnen.

(96) *Wie sehen mein Fuß und meine Hand aus?*

Material: Tapetenrollen, farbige Kreide, Fingerfarben, Zentimetermaß

Spieler: Kleingruppe

Spieldauer: etwa 30 Minuten

Spielanleitung:
Die Kinder suchen sich Kreide aus und malen den linken bzw. rechten Fuß und ihre Hände auf die Tapete. Vergleich.

Die Kinder drücken ihre in Fingerfarbe getauchte linke bzw. rechte Hand und ihre Füße auf die Tapete. Vergleich.

Ausmessen einzelner Finger (Daumen, Mittel- und Zeigefinger) mit Hilfe des Erziehers, der die Namen der Kinder und die Maße einträgt.

Die Tapetenrollen werden im Gruppenraum aufgehängt.

Beim Vergleich ihrer Füße bzw. Hände machen die Kinder die Erfahrung, daß jedes Kind eine andere Hand hat. Sie lernen die Unterscheidung von Merkmalen wie groß, klein, dick, dünn usw. und daß die Innenflächen verschieden gekennzeichnet sind.

Lernziele: 1, 3

(97) *Hände erraten*

Material: Trennwand oder Decke

Spieler: Großgruppe

Spieldauer: etwa 10 Minuten

Spielanleitung:
Die Großgruppe wird in Fünfergruppen geteilt. Dann wird eine Gruppe unter einer Decke, hinter einer Trennwand, einem Tisch o. ä. versteckt. Jedes Kind streckt nun seine rechte Hand heraus. Die restlichen Gruppen warten vor der Tür. Sie werden nacheinander hereingeholt und sollen die versteckten Personen an den Händen erraten. Anschließend wechseln die Gruppen.[41]

Lernziele: 1, 3

---

41 Vgl. Daublebsky, B.: Spielen in der Schule, Stuttgart 1973, S. 58.

(98) *Stimmen erkennen*

Material: Tonband

Spieler: Kleingruppe

Spieldauer: etwa 10 Minuten

Spielanleitung:
Die Stimmen der Kinder werden auf Tonband festgehalten. Die Kinder sprechen nacheinander den gleichen kurzen Satz, so daß keine Zusatzinformationen aufgenommen werden. Anschließend sollen die Kinder die Stimmen wiedererkennen.[42]

Lernziele: 1, 3

(99) *Wer steckt dahinter?*

Material: Klemmstange, 2 Decken

Spieler: Großgruppe

Spieldauer: etwa 10 Minuten

Spielanleitung:
„Zwischen den Türrahmen wird eine Stange geklemmt, darüber werden zwei Decken so gehängt, daß man sie in der Mitte ein wenig auseinanderschieben kann. Eine Hälfte der Kinder bleibt diesseits der Tür, die andere geht jenseits der Tür. Durch die Decke zeigt jeweils ein Kind der einen Gruppe der anderen Gruppe seine Nase. Es soll geraten werden: Wer steckt dahinter? Kann man jemanden an seiner Nase erkennen? Kann man jemanden an den Ohren erkennen? An den Händen? An den Augen? Am Mund? Woran erkennt man am besten und schnellsten jemanden wieder?“[43]

Lernziele: 1, 3

(100) *Stummes Verkleiden*

Material: Hüte, Masken, Kleidungsstücke

Spieler: Großgruppe

Spieldauer: 15–20 Minuten

---

[42] Vgl. Hielscher, H.: Erlernen von Kooperation, in: Hielscher, H. (Hrsg.): Materialien zur sozialen Erziehung im Kindesalter, Heidelberg 1976, 2. Aufl., S. 111.

[43] Sesamstraße – Informationen für Eltern und Erzieher, Bd. I, Köln 1973, S. 28.

Spielanleitung:
Auch die Bewegungen eines jeden Menschen sind einzigartig.[44]

Der Erzieher fragt die Kinder, ob ein Mensch an seinen Bewegungen erkannt werden kann, wenn er nichts sagt, und sein Gesicht nicht zu sehen ist.

Anschließend werden die Kinder in zwei Gruppen geteilt. Eine Gruppe verkleidet sich so, daß die Gesichter und die normale Kleidung nicht zu erkennen sind (Aufsetzen von Masken, Kleidertausch, gleiches Turnzeug usw.). Die anderen Kinder losen in der Zwischenzeit mit Hilfe des Erziehers zwei Kinder der Verkleidungsgruppe aus, die von ihnen geraten werden sollen. Die verkleideten Kinder kommen gemeinsam herein und gehen „stumm" dreimal vor der Rategruppe im Kreis herum und verlassen den Raum wieder. Die Rategruppe beschreibt, wie die beiden zu ratenden Kinder verkleidet waren. Die anderen Kinder kommen wieder herein und geben sich zu erkennen. Wechsel der Gruppen. Freispiel.

Lernziele: 1, 3

(101) *Das bin ich*

Material: Große Papierbögen, Farbe, Waage, Meßlatte

Spieler: Kleingruppe/Großgruppe

Spieldauer: etwa 20 Minuten

Spielanleitung:
Die Kinder sollen auf großen Papierbögen ein vollständiges buntes Bild ihrer Person herstellen. Mit Hilfe des Erziehers wiegen sich die Kinder und messen ihre Größe. Beide Daten werden in das Bild eingetragen. Im anschließenden Stuhlkreis werden die Bilder vorgestellt und die Unterschiede zwischen einzelnen Kindern genannt. Die namentlich gekennzeichneten Bilder werden im Gruppenraum aufgehängt.

Variation:
a) Sich selbst malen lassen und Freunde malen: Ein Kind legt sich auf eine Tapetenrolle oder auf Packpapier. Sein Partner malt mit dem Stift die Umrisse des Körpers nach. Die so entstandenen Umrisse des Körpers werden anschließend von beiden Kindern bunt ausgemalt.[45]
b) Die Kinder sitzen mit dem Malblock vor dem Spiegel und malen ihr Spiegelbild ab.

Lernziele: 1, 3

---

44 Vgl. Hielscher, H.: Erlernen von Kooperation, in: Hielscher, H. (Hrsg.): Materialien zur sozialen Erziehung im Kindesalter, Heidelberg 1976, 2. Aufl., S. 111.

45 Vgl. Sesamstraße. 3/1975, S. 14.

(102) *Das Kinderhaus*

Material: Packpapier, Farbe, Abbildungen von Spielzeug und Kinderkleidung, Klebstoff

Spieler: Großgruppe

Spieldauer: etwa 30 Minuten

Spielanleitung:
Das Kinderhaus wird auf einen möglichst großen Bogen Packpapier gezeichnet. Es hat zwei Etagen. In jeder Etage befinden sich drei Zimmer. Jedes Zimmer soll ein Lebensjahr symbolisieren. In jedes Zimmer wird ein Kind der entsprechenden Altersstufe eingezeichnet: unten Kinder im 1., 2. und 3. Lebensjahr; oben – weil sie ja schon zu den „Großen" zählen – je ein Kind im 4., 5. und 6. Lebensjahr.

In die einzelnen Zimmer kleben die Kinder Bilder von Dingen, die zu der jeweiligen Altersgruppe gehören (Spielzeug, Kleidungsstücke o. ä.), vielleicht auch Fotos von sich aus den verschiedenen Altersstufen.

Dieses Kinderhaus sollte gut sichtbar an der Wand hängen. Es vermittelt den Kindern ein Gefühl ihrer Entwicklung und Identität. „Ich bin klein gewesen und nun schon so groß."

Variation[46]:
- Gespräche über Fähigkeiten und Bedürfnisse in der Säuglings- und Kleinkindzeit,
- Einladen von Geschwistern im Säuglingsalter und Müttern in den Kindergarten,
- Film zeigen von der Entwicklung des Kindes von der Geburt bis zum Fünfjährigen.

Lernziele: 1, 3

(103) *Die großen und die kleinen Leute*[46a]

Material: ohne

Spieler: Großgruppe

Spieldauer: 10–30 Minuten

---

46 Nach Beck, G.: Von den Richtlinien zur Unterrichtspraxis, in: Die Grundschule, 5/1975, S. 261 f.

46a Ebd.

Spielanleitung:
Jüngere Kinder erfahren sehr oft die körperliche Überlegenheit von älteren Kindern, was bei manchen ein Gefühl der Unterlegenheit und auch Angst und Hilflosigkeit bewirken kann.

Diese Problematik wird aufgearbeitet, wenn die Kinder „Einsichten über ihren Entwicklungsstand, ihre körperlichen Merkmale und Fähigkeiten gewinnen und sie mit den Fähigkeiten älterer und jüngerer Kinder vergleichen. Vorerfahrungen aus dem mathematischen und naturwissenschaftlichen Bereich werden eingebracht und erweitert."[47] Das kann folgendermaßen geschehen:

- ein Kleinkind und ältere Kinder (Geschwister) einladen,
- die Großen wiegen die Kleinen,
- Vergleichsmöglichkeit für das eigene Gewicht: Wippen auf dem Spielplatz,
- Größe der Kinder auf einer Meßlatte (Kartonstreifen) festhalten,
- Vergleich der körperlichen Stärke (von der Turnmatte ziehen),
- Vergleich der Schnelligkeit (Treppe raufrennen).
- Gemeinsames Gespräch mit den Älteren über auftretende Konflikte auf dem Spielplatz: Warum streiten wir uns? Wie können wir das ändern?

Lernziele: 1, 3

(104) *Das sind wir!*

Material: Großer Papierbogen

Spieler: Kleingruppe

Spieldauer: 20–30 Minuten

Spielanleitung:
Der Erzieher bereitet einen großen Bogen Papier vor: In senkrechten Spalten werden die Namen der Kinder bzw. ihre Symbole eingetragen.

Jedes Kind kann in seine Spalte verschiedene Merkmale von sich malen, z. B. die Augen, den Kopf, Frisur, Haarfarbe, Handabdrücke, Daumenabdruck u. ä.

Lernziele: 1, 3

(105) *Unser Buch*

Material: Fotos der Gruppe, Aktenordner, Papier

Spieler: Großgruppe

Spieldauer: unterschiedlich

---

47 Beck, G.: Von den Richtlinien zur Unterrichtspraxis, in: Die Grundschule, 5/1975, S. 261.

Spielanleitung:
Die Kinder fertigen ein eigenes Bilderbuch über ihre Gruppe an, das sie Besuchern, Eltern und anderen Kindern zeigen können. In einem Ordner werden Fotos der Gruppe gesammelt. Der Erzieher notiert Anlaß und Datum, z. B. „Faschingsfest am 10. Februar".

Die Kinder können auch ihre Hand- und Fußabdrücke einheften sowie Zeichnungen über ihre Familie, ihr Lieblingsspielzeug, ihre Lieblingskleidung, Lieblingsspeisen usw. Selbstportraits.

Der Erzieher vermerkt jeweils die Namen und Symbole der Kinder, damit sie ihre Beiträge wiedererkennen können.

Lernziele: 1, 3

(106) *Puppenspiel*

Material: Handpuppe, Kaspertheater

Spieler: Großgruppe

Spieldauer: etwa 10 Minuten

Spielanleitung:
Kasper, vom Erzieher gespielt, erzählt den Kindern: „Ich bin 5 Jahre alt . . .!"
Er sagt dann das folgende Gedicht auf:

„Du bist Du

Kein Mensch der Welt hat Augen so wie deine.
Manche sind braun und groß und rund dazu,
doch deine sind einzig, es sind eben deine.
Dich gibt's nur einmal, du bist eben du.
Nicht eine Stimme klingt genau wie deine,
ob sie nun lacht, ob redet oder singt,
denn deine Stimme hast nur du alleine,
sonst gibt es keine, die so klingt.
Du bist was Besondres, denn dich gibt's nur einmal.
Keiner ist genauso, wie du eben bist,
hast eigene Gefühle und hast dein Geheimnis
und dein eignes Glück, das tief in dir ist.
Und keiner kann lächeln, so wie du jetzt lächelst.
Kein Mensch der Welt macht's ganz genau wie du.
Dein Lächeln hast du ganz für dich alleine.
Dich gibt's nur einmal. Du bist eben du.
Du bist was ganz Besonderes, dich gibt's nur einmal."[48]

---

[48] Sesamstraße – Informationen für Eltern und Erzieher, Bd. I, Köln 1973, S. 46.

Kasper regt ein Gespräch mit den Kindern an: „Ihr seid doch auch fünf Jahre alt . . .?"

Lernziele: 1, 3

(107) *Wer bin ich?*

Material: Markierungen mit Bändern oder Kreide

Spieler: Großgruppe

Spieldauer: etwa 20 Minuten

Spielanleitung:
Spielidee und Spielregel sind die gleichen wie bei Spiel 95, Seite 91.

Die Variation besteht darin, daß nun Merkmale verwendet werden, die über äußere Aspekte der Person hinausgehen:

- Wohngegend (Straße) der Kinder,
- Beruf des Vaters,
- Beruf der Mutter,
- Anzahl der Geschwister (Geschlecht, Alter, Rangfolge)
- Vorlieben (Essen, Kleidung, Spiele usw.),
- Wer ist noch sehr müde?
- Wer freut sich gerade?
- Wer ist traurig?[49]

Hier sind nur einige Beispiele aufgeführt, die im Hinblick auf die besondere Situation der eigenen Kindergruppe erweitert werden können.

Lernziele: 1, 2, 3

(108) *Ich bin größer*

Material: Lampe

Spieler: Großgruppe

Spieldauer: etwa 10 Minuten

Spielanleitung:
In einem verdunkelten Raum wird durch eine Lampe die Möglichkeit geschaffen, große Schatten zu erzeugen. Das Kind, das vor der Lampe agiert, ruft den

---

49 Die Gefühle können dadurch verdeutlicht werden, daß der Kartensatz A „Traurig – fröhlich – frech" oder die Fotos „Mimik – Gestik – Situationen" gezeigt werden und anschließend in den einzelnen Ländern befestigt werden.

Spruch: „Wenn die Sonne niedrig steht, ist mein Schatten riesig, laufen alle Löwen fort: ‚Lauft nur schnell, sonst brüll ich!' "[50]

Die anderen Kinder spielen auf allen Vieren die Löwen und laufen erschrocken und aufgeregt fort. Das Spiel vermittelt den Kindern ein Gefühl der Macht und Kraft.

Lernziel: 3

(109) *Vertrauensspiele*

Zur Eigenwahrnehmung im Bereich „Vertrauen zu anderen" eignen sich die Spiele 47 und 48, Seite 57 f.

Lernziel: 1

(110) *Das habe ich erlebt!*

Material: Ball

Spieler: Großgruppe

Spieldauer: 10–15 Minuten

Spielanleitung:
Die Kinder sitzen im Kreis auf dem Boden. Sie rollen sich einen Ball zu. Wer den Ball erhält, erzählt was er heute (oder gestern, am Wochenende usw.) erlebt hat.

Lernziele: 1, 3, 4

(111) *So ist das bei mir!*

Material: Ball

Spieler: Großgruppe

Spieldauer: 15–20 Minuten

Spielanleitung:
Die Kinder sitzen im Kreis auf dem Boden und rollen sich einen Ball zu. Wer den Ball erhält, äußert sich zu Situationen und Fragen, die der Erzieher vorgibt. Beispiele für solche Situationen:

– Es klingelt an der Tür, du öffnest. Es steht ein Mann mit einem großen Hund vor dir.

---

50 Leicht abgewandelt nach Waechter, F. K.: Brülle ich zum Fenster raus . . ., Weinheim/Basel 1973, S. 38.

- Du hast dir deinen Pudding vom Mittagessen aufbewahrt, um ihn abends zu essen. Als du den Kühlschrank öffnest, siehst du, daß der Pudding weg ist.
- Du spielst mit deinen Freunden Fußball. Es kommt ein Mädchen hinzu und will mitspielen.
- Du kommst aus dem Kindergarten zurück und deine Oma steht überraschend vor dir.
- Die Fensterscheibe beim Nachbarn ist zerbrochen. Du bekommst die Schuld, obwohl du es nicht gewesen bist.
- Deine Schwester hat dein Lieblingsauto zerbrochen.
- Du wünschst dir zum Geburtstag einen lebendigen Hund und bekommst einen Stoffhund.
- Du bist allein zu Hause und es ist ganz dunkel und still.
- Du bist in der Küche und stößt versehentlich die Kaffeekanne um. Nun ist sie entzwei.
- Du hast ein Bild gemalt und zeigst es den anderen Kindern. Die finden es doof und lachen dich aus.
- Du hast versehentlich einen Kratzer an Vaters Auto gemacht. Vater hat es entdeckt und kommt gerade zur Tür herein.
- Du willst dir deine Lieblingssendung im Fernsehen anschauen. Doch deine Eltern wollen etwas anderes sehen.

Diese Situationen sollten nur als mögliche Beispiele betrachtet werden und ergänzt werden durch andere, von denen der Erzieher weiß, daß sie für die Kinder bedeutsam sind.

Im Anschluß an das Nennen der Situation stellt der Erzieher Fragen wie z. B.:

- Wie hättet ihr euch gefühlt?
- Was hättet ihr getan?
- Habt ihr schon einmal etwas ähnliches erlebt?

Lernziele: 1—4

(112) *Meine Gefühle*

Material: Kartensatz A

Spieler: Kleingruppe

Spieldauer: etwa 15 Minuten

Spielanleitung:
Jeweils 2–4 Kinder haben einen Stapel Karten verdeckt vor sich liegen. Der Reihe nach heben die Kinder eine Karte ab, übertragen das auf der Karte dargestellte Gefühl auf sich und beginnen den Mitspielern über sich zu erzählen.

Beispiel: „Ich freue mich immer, wenn ...",
„Ich bin wütend, wenn ...",
„Ich habe Angst, wenn ..." usw.

Lernziele: 1, 2, 4

(113) *Wann bist du froh?*

Material: Kartensatz A, 32 Karten, Flasche

Spieler: Großgruppe

Spieldauer: etwa 15 Minuten

Spielanleitung:
Die Kinder sitzen im Kreis. In der Mitte des Kreises liegt in einem verdeckten Stapel der Kartensatz. Der Erzieher dreht die Flasche oder läßt die Kinder abwechselnd die Flasche drehen.

Das Kind, bei dem die Flasche stehen bleibt, hebt vom verdeckten Stapel in der Mitte des Kreises eine Karte ab, sucht sich einen Ansprechpartner und stellt ihm die Frage: „Wann bist du ...?" (neugierig, stolz, müde, erschrocken usw.)

Entsprechend der Darstellung auf der Karte.

Variation: Als Partnerspiel spielen.

Lernziele: 1, 3, 4

(114) *Telefonieren*

Material: Kartensatz A, zusätzlich Spielzeugtelefone

Spieler: Kleingruppe

Spieldauer: 10–15 Minuten

Spielanleitung:
Jeweils zwei Kinder sitzen sich gegenüber. Sie telefonieren miteinander. Jedes Kind hat einen Stapel Karten verdeckt vor sich liegen.

Abwechselnd heben sie eine Karte vom Stapel ab. Sie beschreiben die Karte und erzählen dem Partner eine Situation, in der sie das betreffende Gefühl schon einmal hatten.

Beispiel: „Ich habe hier eine Karte, auf der ist ein Gesicht, das ist traurig. Ich bin einmal traurig gewesen, als meine Mutti und mein Vati sich gestritten haben."

Lernziele: 1, 4

(115) *So sehe ich mich!*

Material: Spielplatte B, Setzsteine, Kartensatz A

Spieler: Kleingruppe

Spieldauer: 20–30 Minuten

Spielanleitung:
Der Erzieher wählt aus dem Kartensatz A 8 Karten aus, die unterschiedliche Gefühle symbolisieren. Die Karten werden an die äußeren Felder zu beiden Seiten der Spielplatte B gelegt. (Beispiel siehe Abbildung Seite 168.) Jedes Kind nimmt einen Setzstein in einer anderen Farbe. Die Kinder sollen ihren Setzstein in ein Feld neben diejenige Karte setzen, die ihr Gefühl am besten darstellt.

Das Spiel wird zunächst ohne Verbalisierung gespielt. Es ermöglicht so die Teilnahme von sprachlich noch unterentwickelten oder gehemmten Kindern. Später sollte ein Gruppengespräch angestrebt werden.

Variation:
1. Jedes Kind bekommt 4 Spielmarken einer Farbe. Der Erzieher bereitet die Spielplatte B so vor, daß Abbildungen gegensätzlicher Merkmale einander gegenüberstehen (z. B. fröhlich – traurig, erschrocken – neugierig, wütend/aggressiv – ängstlich/abwehrend usw.).

Ein Kind bekommt die Aufgabe, in jede Reihe eine Spielmarke zu legen, entweder zu der linken Karte oder zu der rechten.[51] Der Erzieher kann anfangs Hilfen geben, indem er z. B. fragt: „Glaubst du, daß du öfter traurig oder öfter fröhlich bist?" Dann werden die Setzsteine weggenommen, und das nächste Kind kommt an die Reihe.

2. Die Gruppe stellt sich dar: So sehen wir uns! Dafür bieten sich insbesondere die Karten mit Abbildungen von mehreren Figuren an.

Lernziele: 1, 3, 4

51 Die Intensität des Merkmals (z. B. nur ein klein wenig trotzig oder sehr trotzig) kann dadurch gekennzeichnet werden, daß der Setzstein näher zum Kärtchen (bzw. zur Mitte) gelegt wird (breites oder schmales Feld). Das ist jedoch für Kinder manchmal noch zu schwer. Deshalb sollte man diesen zusätzlichen Aspekt zunächst noch ausklammern und die Setzsteine möglichst weit nach außen legen lassen.

(116) *Meine Geschichte*

Material: Kartensatz A, 32 Karten

Spieler: Kleingruppe

Spieldauer: etwa 15 Minuten

Spielanleitung:
Die Karten liegen verdeckt gestapelt. Jedes Kind nimmt zunächst mehrere Karten auf und soll zu den dargestellten Gefühlen jeweils eine Erklärung finden und eine Situation beschreiben, die dazu paßt. Die Geschichte könnte sich fortlaufend entwickeln und einen Sinn ergeben.

Anfangs kann sich das Erzählte auf jede beliebige Person beziehen, später nur noch auf die eigene Person. Auf diese Weise werden Gefühle mit Situationen und Verhaltensweisen verbunden.

Variation: Jedes Kind hebt nur eine Karte auf, dann kommt das nächste dran.

Lernziele: 1, 4

(117) *So würde ich das machen*

Material: ohne

Spieler: Kleingruppe

Spieldauer: 10–15 Minuten

Spielanleitung:
Den Kindern wird eine Geschichte erzählt, der der Schluß (oder der Anfang) fehlt. Sie sollen nun die Geschichte wiederholen in einer leicht abgewandelten Form, so als ob sie selbst die Hauptrolle darin spielen. Sie sollen dazu selbst einen eigenen Schluß erfinden mit dem entsprechenden emotionalen Gehalt (z. B. Freude, Ärger, Trauer, Spaß). Indem sie dies tun und auch entsprechend erklären und begründen, lernen sie, über innere Vorgänge nachzudenken und zu reden.

Variation:
Die Kinder erzählen die Geschichte mit dem absoluten Gegenteil der Reaktionen, die sie sich normalerweise vorstellen würden („Quatsch-Geschichten“). Es ist sinnvoll, wenn der Erzieher für beide Spielformen ein komplettes Beispiel gibt.

Lernziele: 1, 4

(118) *Das geheimnisvolle Haus*

Material: großer Pappkarton

Spieler: Kleingruppe

Spieldauer: 10—20 Minuten

Spielanleitung:
Viele Kinder haben Schwierigkeiten (Ängste, Hemmungen), sich frei und offen vor der Gruppe über ihr inneres Erleben, ihre Gefühle usw. zu äußern. Gerade für solche Kinder ist es wichtig, ihnen im Schutze bestimmter Spielanordnungen vermehrte Chancen zu verschaffen, sich zu äußern. Bewährt hat es sich in dieser Hinsicht, die Kinder hinter einem leeren Fernsehapparat bzw. einem Fernsehschirm aus Pappe oder einem Vorhang sprechen zu lassen. Besonders beliebt war bei uns das „geheimnisvolle Haus". Es ist ein aus großen Pappkartons hergestelltes Haus ohne Fenster aber mit einem großen Hintereingang. Das Haus ist bemalt mit vielen Fragezeichen. Das Kind, das sich im „geheimnisvollen Haus" befindet, kann die Gruppe nicht sehen und wird auch nicht gesehen. Es kann nun frei erzählen oder die anderen Kinder können Fragen an den Hausbewohner richten. Z. B.: „Wer bist du? Wo kommst du her? Womit spielst du am liebsten?" usw. Die Fragen können sich auch auf bestimmte Situationen(siehe Spiel 111, S. 100 f.) oder auf bestimmte Gefühle beziehen (siehe Spiel 113, S. 102).

Das Kind im geheimnisvollen Haus steht im Mittelpunkt. Es hat größere Chancen als sonst, sich ausführlich zu äußern, ohne von schnelleren und wortgewandteren Kindern in den Hintergrund gedrängt werden zu können.

Variation:
Die Kinder sollen durch ihre Fragen herausbekommen, wer in dem Haus steckt. Voraussetzung dafür ist, daß mehrere Kinder sich verstecken, von denen dann eines in das Haus kriecht.

Lernziele: 1—4

6. Enttäuschungen und Versagungen verarbeiten: Frustrationstoleranz

6.1 Begründung und Lernziele

Beispiel

Ursula wünscht sich von ihrem Vater auf dem Jahrmarkt einen bunten Luftballon. Sie bekommt ihn und trägt ihn mit strahlendem Gesicht herum. Einen Augenblick ist sie unachtsam und der Luftballon fliegt davon. Ursula beginnt laut zu weinen und tritt ihrem Vater wütend gegen das Schienbein.

Enttäuschungen dieser und ähnlicher Art sind nicht selten. Es ist geradezu ein typischer Aspekt individueller und gesellschaftlicher Realität, daß sich die Ziele von Personen (in unserem Beispiel Lustgewinn und Freude durch einen bunten Luftballon) und auch von Gruppen häufig nicht erreichen lassen. Deshalb ist es sinnvoll, sich mit den Reaktionen und „Bewältigungstechniken"[52] in solchen Situationen und dem systematischen Training im Hinblick auf erwünschte Handlungsqualifikationen zu beschäftigen.

„Die Vereitelung einer Zielerreichung wird in der Psychologie Frustration genannt. Frustrierte Individuen neigen nun dazu, ihre Umwelt verzerrt wahrzunehmen und emotional heftig zu reagieren, d. h. die Ursache der Vereitelung wird meistens nicht erkannt, die auftretenden Reaktionen sind für die Auflösung der frustrierenden Situation selten geeignet.

Es werden Ausflüchte gemacht, Unbeteiligten wird die Schuld zugeschoben, aggressives oder resignatives, entmutigtes Verhalten tritt auf, das Vertrauen in die eigenen Fähigkeiten geht verloren, es wird gegen das ‚Schicksal' gewütet, es werden Schuldgefühle entwickelt, wo objektiv kein Verschulden vorliegt . . .

Die Art und Weise, in der auf Frustration reagiert wird, ist abhängig von der Vorerfahrung des Individuums und von der jeweiligen konkreten frustrierenden Situation.

Allgemein aber kann man Individuen danach unterscheiden, wie stark sich ihr Verhalten gegenüber der Umwelt nach einer Frustration verändert – man spricht dabei von größerer oder geringerer Frustrationstoleranz und meint damit die Fähigkeit eines Individuums, einer frustrierenden Situation zu widerstehen, ohne die objektiven Tatsachen der Lebenssituation zu verzerren. Frustrationstoleranz bedeutet nicht – wie oft vermutet – die apathische Hinnahme vorgefundener Umstände, sondern die Fähigkeit, trotz auftretender Vereitelungen von Zielvor-

---

52 Liermann, L./Müller, K.: Training zur Kooperation, in: betrifft: erziehung, 6/1971 b, S. 35.

◀ Foto: Ingeborg Ullrich

stellungen, Bedürfnissen, Wünschen usw. realitätsgerecht handlungsfähig zu bleiben."[53]

Bei der gezielten Förderung der Frustrationstoleranz kann es nicht darum gehen, den Kindern das Erleben von Frustrationen vollkommen zu ersparen. Kleinere Frustrationssituationen sind vielmehr – dies gilt auch für die familiale Erziehung – als Lernfeld zu erhalten. (Das betrifft selbstverständlich nicht die massiveren, härteren Formen.) Grundgedanke von Programmen zur Förderung der Frustrationstoleranz ist das Erlernen erwünschter, positiver Reaktionen („Bewältigungstechniken"), die weder für das Individuum noch für dessen Kommunikationspartner schädlich sind.

In Lerneinheiten mit solcher Zielsetzung spielen Prozesse des Beobachtungslernens und des Bekräftigungslernens eine zentrale Rolle. Das zugrundeliegende Prinzip der vorgeschlagenen Übungen ist in erster Linie der sog. *Verhaltensvoraufbau.* Es geht also um das Erlernen von Bewältigungstechniken im Vorhinein – d. h. ohne den starken Druck der Ernstsituation – mit dem Ziel, für spätere Frustrationssituationen ein Repertoire an positiven Bewältigungstechniken zur Verfügung zu stellen.

Parallel zu derartigen Übungen ist durchgehend darauf zu achten, daß bei aktuell auftretenden Frustrationen in der Gruppe angemessene pädagogische Reaktionen erfolgen. Außerdem ist das Anknüpfen an konkrete Ereignisse in der eigenen Gruppe zum Verhaltensvoraufbau sehr wichtig. Denn der Bezug zu Erlebtem, Erfahrbarem stellt in der Regel eine gute Motivationslage her.

Lernziele

1. **Verstehen, daß** es grundsätzlich zur sozialen und individuellen Realität gehört, **daß einige** Ziele nicht erreicht werden können.

---

53 Liermann, L./Müller, K.: Training zur Kooperation, in: betrifft: erziehung, 6/1971 b, S. 34. (Im Original z. T. hervorgehoben.)

2. Die ursächlichen Zusammenhänge in frustrierenden Situationen verstehen.[54]
3. Verstehen, daß einige Reaktionen für die Auflösung von frustrierenden Situationen ungeeignet sind.[55]
4. Bei der Vereitelung von Zielvorstellungen (Bedürfnissen, Wünschen usw.) realitätsgerechte Bewältigungstechniken kennen und anwenden können.[56]
5. Sensibilisierung der sozialen Wahrnehmung in Frustrationssituationen.[57]
6. Belastbarkeit. (Frustrationen, Fehlschläge usw. verkraften und aushalten können.)
7. Desensibilisiert reagieren in Frustrations-Situationen (d. h. nicht gereizt, ohne störende Affekte usw.).
8. Frustrierten Personen und Gruppen helfen können (z. B. trösten).

---

54 Z. B.

- die wirkliche Ursache einer frustrierenden Situation erkennen können, d. h. sich nicht mit falschen, vordergründigen, vorschnellen Erklärungen zufriedengeben,
- notwendige und überflüssige Frustrationen unterscheiden können,
- die möglichen Wirkungen unangemessener Reaktionen kennen und verstehen,
- soziale, gesellschaftliche Hintergründe von frustrierenden Faktoren verstehen [Beispiel: Weshalb ist der Vater abends nach der Arbeit so nervös?],
- tieferliegende individuelle Gründe frustrierenden Verhaltens [die aus der Situation selbst nicht unmittelbar einsichtig werden] verstehen.

55 Ungünstige Reaktionen: Unbeteiligten die Schuld geben; aggressives, resignatives, entmutigtes Verhalten; Vertrauen in die eigenen Fähigkeiten verlieren; irrationale Gründe suchen („Schicksal"); Schuldgefühle entwickeln, obwohl kein Verschulden vorliegt; apathische Hinnahme vorgefundener Umstände usw.

56 Beispiele:

- Frustrationen „annehmen", sich mit ihnen auseinandersetzen,
- nicht aufgeben,
- motiviert sein, frustrierende Faktoren zu ändern,
- nach Gründen suchen,
- spontane Reaktionen zurückstellen („phasengerecht handeln"),
- über die Gründe von Frustrationen, Niederlagen usw. reden können,
- konstruktive positive Lösungen suchen können,
- nicht-aggressiv (im Sinne von „nicht-verletzen") reagieren bzw. entlastende ungefährliche verbale „Ventiläußerungen" verwenden.

57 Abbau verzerrter eigener Wahrnehmung, Einfühlen in andere frustrierte Personen und Gruppen.

6.2 Spiel- und Lernvorschläge

(119) *Die Apfelgeschichte*

Material: Spielblatt 19 für jedes Kind

Spieler: Kleingruppe

Spieldauer: etwa 15 Minuten

Spielanleitung:
Auf dem Spielblatt 19 befinden sich 6 Einzelszenen, die in der vorhandenen Reihenfolge keinen Sinn ergeben.

1. Ein enttäuschtes, niedergeschlagenes Kind (Gesicht).
2. Ein Gesicht des gleichen Kindes, das Freude und Genuß ausdrückt.
3. Ein Gesichtsausdruck, der Nachdenklichkeit, Überlegen, Fragen symbolisiert (am Kopf kratzen).
4. Drei übereinandergestapelte Kisten, auf denen das Kind steht, brechen zusammen – kurz bevor die bereits ausgestreckte Hand den herbeigesehnten wunderbaren Apfel ergreifen kann.
5. Einen Apfelbaum im Garten, der einen besonders hervorgehobenen, wunderschönen Apfel trägt.
6. Das Kind stellt eine Kiste unter den Baum. Daneben liegen bereits zwei weitere.

Dieses Blatt wird von den Kindern zunächst genau beschrieben. Dann sollen sie eine Geschichte dazu erzählen. Dafür wird das Blatt vorher zerschnitten in sechs Einzelbilder, die nun in eine Reihenfolge gebracht und aufgeklebt werden können. Die jeweils zusammengestellte Geschichte soll begründet werden. Ein Gespräch über die Enttäuschung und über die entsprechenden Gefühle bildet den Abschluß. Die Geschichte kann auch im Rollenspiel dargestellt werden.

Lernziele: 1, 2

(120) *Was geschieht denn da?*

Material: Spielblatt 20 für jedes Kind

Spieler: Kleingruppe

Spieldauer: etwa 20 Minuten

Spielanleitung:
Auf dem Spielblatt 20 sind sechs Situationen abgebildet, die unabhängig voneinander sind:

1. Ein Kind baut aus Bauklötzen einen Turm, der gerade zusammenstürzt.
2. Die heiß geliebte Puppe geht entzwei.
3. Eine Kindergruppe lacht ein einzelnes Kind aus, das eigentlich sehr gerne mitspielen möchte.
4. Der gerade auf dem Jahrmarkt erworbene bunte Luftballon fliegt davon.
5. Ein Kind malt ein tolles Bild. Der Farbtopf kippt um und die Farbe läuft über das fast fertige Bild.
6. Ein Kind fällt beim Ballspielen hin. Die anderen lachen es aus.

Dieses Blatt wird zerschnitten. Die Kinder haben also jeweils sechs Einzelbilder zur Verfügung.[58] Die Kinder sitzen im Stuhlkreis und dürfen sich nun jeweils eines ihrer Bilder herausgreifen. Sie sehen sich die Bilder genau an und beschreiben sie.

Der Erzieher regt ein Gespräch über die Situationen an:

- Was geschieht nun? Was tut das Kind? Wie reagiert es?
- Wie fühlt sich das Kind jetzt auf dem Bild?
  Hier läßt sich anfangs sehr gut der Kartensatz A einsetzen. Bei sprachlich noch unterentwickelten oder gehemmten Kindern ist das ein methodischer Vorteil. Diese Kinder müßten in der Folgezeit auch zur Begründung ihrer Kartenwahl aufgefordert werden.
- Wie könnte das Kind anders, besser reagieren? (Lösungen finden)

Variationen:
1. Die Situationen werden im Rollenspiel dargestellt. Gemeinsam werden Lösungen gesucht, vorgeschlagen und dann gespielt. Die möglichen Reaktionen werden verglichen und bewertet.

2. Aus mehreren Einzelbildern eine Geschichte erfinden. Die Kinder kleben ihre Lieblingsgeschichte auf ein Blatt.

Lernziele: 1, 2, 3, 4, 5

---

58 Diese Situationsbilder kann man leicht ergänzen durch Illustriertenfotos, Posters, selbstgezeichnete Bilder usw.

(121) *So ein Pech!*

Material: Handpuppen

Spieler: Großgruppe

Spieldauer: etwa 20 Minuten

Spielanleitung:
Der Erzieher (günstig ist es, wenn zwei Erzieher spielen können) spielt der Gruppe mit Handpuppen Handlungen mit frustrierendem Inhalt vor. Wenn die Puppen in ihrem Dialog die Situation dargestellt haben, wird die Spielhandlung abgebrochen. Eine Puppe bezieht die Kinder mit ein und stellt Fragen zur Situation, z. B.: „Was soll ich tun?"

Beispiele für Frustrationssituationen:

— ein beliebtes Spielzeug geht entzwei.

— Jens bekommt auf dem Jahrmarkt einen Luftballon, der wegfliegt.

— Andrea möchte ihrem Vater beim Autowaschen helfen, der Vater lehnt ab, weil er es „eilig" hat.

— Petra hat von der Tante zwei Mark bekommen, die in den Fluß fallen.

— Jörg baut einen großen Turm aus Bauklötzen, der zusammenstürzt.

— Monika verliert beim Spiel und wird ausgelacht.

— Björn tritt aus Versehen auf sein eigenes, heiß geliebtes Matchbox-Auto.

— Nichtgelingen einer Aufgabe beim Basteln, Malen, bei der Beschäftigung mit Arbeitsbögen usw.

— Inka kommt beim Spiel nicht dran.

— Erwin wird beim Spiel nicht gewählt.

— Ein anderes Kind hat sich bereits das Bilderbuch, Spiel, Material usw. genommen, das Jens sich gerade holen wollte.

— Vater kommt von der Arbeit nach Hause und hat keine Lust, mit Arno zu spielen, zu reden usw.

— Die Kinder planen im Gespräch einen Abenteuerspielplatz auf dem Gelände hinter dem Kindergarten. Sie werden enttäuscht vom Träger des Kindergartens, der nicht mitmacht (kein Geld geben will usw.).

— Die Gruppe bespricht das leidige Ampelproblem vor dem Kindergarten. Sie planen verschiedene Aktionen und werden dann von den Verantwortlichen der Stadt enttäuscht.

— Die von den Kindern gewünschte Fortführung der Spielaktion im Park, die während der Sommerferien unter Anleitung von Sozialpädagogen stattfand, wird nicht genehmigt.

Lernziele: 1, 2, 3, 4, 5, 8

(122) *Was nun?*

Material: ohne

Spieler: Kleingruppe

Spieldauer: 10–20 Minuten

Spielanleitung:
Der Erzieher erzählt den Kindern eine Problemgeschichte, die als zentrales Merkmal eine frustrierende Situation wie in Spiel 121 enthält.

Die Geschichte wird nach der Schilderung der Frustration abgebrochen. Im Gespräch sollen die Kinder eigene Reaktionsmöglichkeiten und Lösungen finden. Die Situationen können im Rollenspiel gespielt werden.

Lernziele: 1, 2, 3, 4, 5, 8

(123) *Ist doch gar nicht so schlimm!*

Material: Handpuppen

Spieler: Großgruppe

Spieldauer: 15–20 Minuten

Spielanleitung:
Der Erzieher spielt den Kindern mit Handpuppen Frustrationssituationen wie im Spiel 121, Seite 112, vor.

Die Puppen führen modellhaft positive Reaktionsmöglichkeiten und Lösungen vor. Das ist wichtig, weil aus vielen Untersuchungen bekannt ist, daß Kinder in großem Umfang soziale Verhaltensweisen auf dem Wege des *Beobachtungslernens* übernehmen.

Von entscheidender Bedeutung ist es auch, daß den Kindern Hilfen des Verstehens, Erklärens, Einsichtigmachens gegeben werden (sog. „kognitive Strukturierung"). Sie sollen also verstehen, weshalb die als positiv gekennzeichneten Reaktionen und Lösungen sinnvoll erscheinen.

Beispiele für positive, realitätsgerechte Handlungsweisen in frustrierenden Situationen:

– Frustrationen „annehmen", sich mit ihnen auseinandersetzen

– nicht aufgeben (Jörg's Turm stürzt zum zweiten Male zusammen, er versucht es mit einer neuen Methode noch einmal)

– frustrierende Faktoren ändern (z. B. eine einseitige Spielregel)

– nach Gründen suchen und darüber reden (z. B. Drängeln bei der Materialausgabe, statt Bilden einer Reihe)

— spontane Reaktionen zurückstellen: „phasengerecht handeln"

(Beispiel: Bei der nichtgenehmigten Errichtung eines Abenteuerspielplatzes ist es wenig sinnvoll, spontan massiv gegen den Träger vorzugehen, z. B. durch einen sofortigen Demonstrationszug. Besser wäre es, zunächst einmal die Eltern als Verbündete zu gewinnen und gemeinsam einen zweiten, druckvolleren Versuch zu unternehmen.)

— konstruktive Lösungen suchen (z. B. ein anderes Kind bitten, das entzweigegangene Spielzeug gemeinsam zu reparieren und dann zusammen damit zu spielen)

— nicht aggressive (im Sinne von „nicht-verletzenden") Reaktionen, bzw. entlastende, ungefährliche verbale „Ventiläußerungen" verwenden, z. B. andere Kinder nicht schlagen, beschimpfen usw. oder Spielzeug zerstören, sondern mit dem Fuß aufstampfen oder mit der Faust auf den Tisch hauen und sagen „So ein Ärger!".

Lernziele: 3, 4

(124) *So ein Ärger!*

Material: ohne

Spieler: Großgruppe

Spieldauer: 10–15 Minuten

Spielanleitung:
Die Kinder sitzen im Stuhlkreis. Der Erzieher erzählt eine Geschichte, in der Frustrationen vorkommen. Nach jeder frustrierenden Situation erfolgt eine Unterbrechung, die mit dem Satz eingeleitet wird: „Und da sagst Du . . ."

Dann rufen die Kinder im Chor folgenden rhythmischen Spruch:

„So ein *Ärger!* So ein *Ärger!* Doch das wirft mich nicht *um!* Ich bin doch nicht *dumm!"*

Die kursiv gedruckten Wörter werden besonders betont. Auf „Ärger" klatschen die Kinder mit beiden Händen auf die Schenkel. Auf „um" verschränken sie ein wenig trotzig die Arme. Auf „dumm" stampfen sie entschlossen mit einem Bein auf den Fußboden.

Der Erzieher erzählt folgende — leicht abzuwandelnde und zu ergänzende — Geschichte (An den mit (. . .) gekennzeichneten Stellen beginnt der Satz „Und da sagst Du . . ."):

Heute ist Jahrmarkt (Kirmes). Da ist was los! Buden, Karussells, viele Leute, Musik und Stimmung!

Deine Mutter verspricht, mit dir hinzugehen. Du freust dich. Doch – so ein Pech – plötzlich steht Besuch für deine Eltern vor der Tür (. . .).

Da fällt dir ein, daß du ja ein tolles neues Spielzeug bekommen hast. Du willst es dir holen. Aber es ist weg! (. . .). Du rennst jetzt auf den Spielplatz. Da gibt es viele, viele Kinder. Ihr spielt Fußball. Aber verflixt – du verlierst! (. . .). Du läufst nach Hause. Zum Glück hat Vater heute morgen versprochen, ganz lange mit dir zu spielen. Du stürmst durch die Tür: „Ist Vater schon da?" Deine Mutter antwortet: „Gerade hat er angerufen. Leider muß er heute länger arbeiten und kann nicht mit dir spielen." (. . .). Na, denkst du, dann will ich mir wenigstens ein paar Bonbons kaufen von den zwei Mark, die ich von unserem Besuch bekommen habe. Vor der Bude kramst du in deiner Tasche und – das darf doch nicht wahr sein – du hast die zwei Mark verloren (. . .). Du machst dich auf den Weg zurück nach Hause. Dort gibt es eine Überraschung: Dein Vater ist doch noch rechtzeitig von der Arbeit zurückgekommen und hat dir einen kleinen Hund mitgebracht, den du dir schon so lange gewünscht hast. Er sieht so struppig aus wie ein Teddybär und schaut dich freundlich an.

Nach dem positiven Schluß der Geschichte rufen die Kinder den Spruch in einer abgewandelten Form:

Das ist *kein* Ärger! Das ist *kein* Ärger! Das ist die *Wende* und von unserem Spiel das *Ende!*

Die Kinder klatschen auf *„kein"* auf die Schenkel und auf *„Wende"* und *„Ende"* in die Hände.

Lernziele: 6, 7

(125) *Schokolade essen*

Material: Schokolade (eingepackt in Packpapier, Zeitung o. ä.), Würfel, Messer, Gabel, Handschuhe, Schal, Mütze, Holzbrett

Spieler: Kleingruppe

Spieldauer: 10–20 Minuten

Spielanleitung:
Die Kinder sitzen um einen Tisch herum; es wird der Reihe nach gewürfelt (je 1 x). Wer eine 6 gewürfelt hat, zieht sich die Handschuhe an, setzt die Mütze auf und hängt den Schal um und muß versuchen, die Schokolade auszupacken und mit dem Besteck ein Stück abzuschneiden und zu essen.

Die Mitspieler würfeln in der Zwischenzeit weiter. Würfelt der nächste Spieler eine 6, bekommt er Handschuhe etc. und versucht, Schokolade zu essen.

Es ist sinnvoll, die Kinder im Schutze eines bestimmten Spielarrangements gewissen kleineren Frustrationen auszusetzen, um dann auf der Basis der Selbsterfahrung im Gruppengespräch die Probleme und Schwierigkeiten in Situationen der Enttäuschung zu besprechen und aufzuarbeiten. Es ist jedoch wichtig, daß es sich hier wirklich nur um wohldosierte, kleinere und zudem durch den spielerischen Charakter entschärfte Erlebnisse handelt.[59]

Lernziele: 1, 3, 4, 5, 6, 7

(126) *Schlagsahne füttern*

Material: Schlagsahne, Würfel, 2 Augenbinden

Spieler: Kleingruppe

Spieldauer: etwa 10 Minuten

Spielanleitung:
Zwei Kinder sitzen sich am Tisch gegenüber, haben die Augen verbunden und sollen versuchen, sich gegenseitig mit Schlagsahne zu füttern. In der Zwischenzeit würfeln die anderen Kinder der Reihe nach (je 1 x). Wer eine 6 gewürfelt hat, sucht sich einen Spielpartner und versucht mit diesem, Schlagsahne zu essen, nachdem beiden die Augen verbunden sind.

Lernziele: 1, 3, 4, 5, 6, 7

(127) *Hindernisstaffel*

Material: 2 Schwebebänke, 4 Springtaue, 4 Matten, 4 Bälle, 4 Keulen

Spieler: Großgruppe

Spieldauer: 20–30 Minuten

Spielanleitung:
Je zwei Kinder müssen den Weg über die aufgebauten Hindernisse bewältigen; wenn ein Kind den vorgeschriebenen Weg nicht einhält, falsche Übungen macht usw., muß es von vorn beginnen.

Die Gruppe achtet darauf, daß alles genau eingehalten wird.

Wenn alle Kinder der Gruppe an der Reihe waren, wird über das Spiel gesprochen, wie die Kinder sich dabei gefühlt haben usw.

Lernziele: 6, 7

---

59 Das vorgeschlagene Verfahren ist nicht zuletzt deshalb zulässig, weil die Kinder den ganzen Tag über ohnehin gewissen Frustrationen ausgesetzt werden. Nur wird ihnen dabei nicht — wie in den vorgeschlagenen Spielen — durch die geschützte Atmosphäre von Spiel- und Gesprächssituationen, Hilfe und Unterstützung zuteil.

(128) *Gegenstände verkaufen*

Material: eventuell Kartensatz A

Spieler: Großgruppe

Spieldauer: 15–20 Minuten

Spielanleitung:
Mehrere Kinder gehen auf den Flur. Jedes Kind soll sich einen Gegenstand überlegen, den es der Gruppe verkaufen und anpreisen will. Die Gruppe wird inzwischen vom Erzieher instruiert, daß sie auf gar keinen Fall kaufen darf, sondern immer eine Ausrede oder ein Gegenargument finden muß. Die Kinder, die Verkäufer spielen, werden am Schluß des Spieles über die Abmachung aufgeklärt.

Der Unterschied zu verbreiteten Spielen ähnlicher Art besteht nun darin, daß ein intensives Gespräch über die auftretenden Gefühle und Probleme stattfindet. Es geht also nicht um Schadenfreude über jemanden, den man hereingelegt hat, sondern um einen *Gesprächsanreiz,* der erlebte Frustrationen besser durchschaubar, verstehbar machen soll. Die betroffenen Kinder können auch – falls sie ihre eigenen Gefühle noch nicht in Worte fassen können – aus dem Kartensatz A „Traurig, fröhlich, frech" die für sie zutreffende Karte heraussuchen.

Das Spiel endet mit der Besprechung der Frage: Wie können wir Kindern helfen, die enttäuscht sind (z. B. auch ohne Worte)? Die gefundenen Antworten werden dann im Rollenspiel sofort umgesetzt: Die im Spiel frustrierten Kinder werden getröstet, gestreichelt, umarmt usw.

Lernziele: 5, 6, 7

6.3 Weitere Anregungen und Materialien

Zur bekannten Tatsache, daß nach Frustrationen häufig Aggressionen abgeladen werden auf andere (in der Regel Abhängige, Untergebene, Schwächere) und diese wiederum sich neue „Opfer" suchen usw. (Aggressionsverschiebung auf andere nach Frustrationen):

a) Spiel „Wen schlägt Regine?" aus dem Abschnitt Konflikte.[60]

b) „Man muß sich nur wehren"[61]

---

60 In diesem Buch S. 225 f.

61 Die große Grips-Parade, Schallplatte, Wagenbach-Verlag, Berlin 1973.

7. Uneindeutigkeiten ertragen: Ambiguitätstoleranz

7.1 Begründung und Lernziele

Beispiel

Der Erzieher zeigt einer Kleingruppe ein Bilderbuch. Auf einem der Bilder ist eine ziemlich alte Frau abgebildet. Das Bild regt die Kinder zu den unterschiedlichsten Stellungnahmen an. Renate: „Das ist ja eine böse, alte Hexe! Die muß weg!" Dietmar: „Das stimmt gar nicht! Das ist eine Oma. Die sieht genauso aus wie meine. Und die ist alt und auch krank und ganz traurig. Deshalb besuche ich sie doch und bin ganz lieb zu ihr!" Renate kann diese Meinung nicht akzeptieren: „Das ist nicht wahr, das ist eine blöde, alte Hexe!" Sie wird dabei wütend, aggressiv und schubst und stößt Dietmar.

Wohl jeder Erzieher wird von solchen Situationen berichten können. Kinder – wie auch Erwachsene – stehen wie in unserem Beispiel häufig „widersprüchlich erscheinenden Informationen oder Meinungen in bezug auf ein und denselben Tatbestand gegenüber. Ob es sich dabei nun um mehrdeutige, schwer zu vereinbarende Wahrnehmungen handelt oder um entgegengesetze Empfindungen und Gefühle in bezug auf einen Menschen, ob es sich um das Aufeinanderprallen alter Vorurteile und neuer konkreter Erfahrungen handelt – stets besteht dann eine nur schwer zu strukturierende, Spannung verursachende Situation. Man kann Individuen danach unterscheiden, wie weit sie in der Lage sind, eine solche Spannung zu ertragen, ohne eine spannungsreduzierende, vorschnelle und irrationale Lösung zu wählen. Vorschnell und irrational sind zumeist Lösungen dann, wenn sie auf ein plattes ‚entweder-oder' sich gründen, ein ‚sowohl-als-auch' aber ausgeschlossen bleibt, wenn also das Individuum nicht möglichst viele Aspekte eines Problems oder Tatbestandes berücksichtigt, sondern ‚kurzschlüssig', um der Spannung zu entgehen, sich entscheidet und etwas ‚wahr-nimmt'. Wenig strukturierte, komplexe Situationen werden häufig so ‚entschieden' von Personen gelöst, die aufgrund rigider, autoritärer Charakterstruktur ‚Klarheit' und Ordnung brauchen, da sie sonst unorientiert und verunsichert Angst und Aggression entwickeln."[62]

---

62 Liermann, L./Müller, K.: Training zur Kooperation, in: betrifft: erziehung, 6/1971 b, S. 34.

Wenn in einer Situation jemand mit widersprüchlichen Meinungen oder Informationen konfrontiert wird, entscheidet er sich oftmals vorschnell für eine Position, um so die ihn verunsichernden Mehrdeutigkeiten aus dem Wege zu räumen. Das bedeutet, er ist nicht in der Lage (nicht willens), die aus den Widersprüchen resultierende Spannung länger zu ertragen. Mit einem derartigen Verhalten, das durch eine undifferenzierte, einseitige und intolerante Betrachtungsweise gekennzeichnet ist, wird man der Situation nicht gerecht.

Danach wäre eine Aufgabe der Sozialerziehung, das Ertragen von Uneindeutigkeiten zu fördern. Anders ausgedrückt: Kinder sollen dazu befähigt werden, anstehende Widersprüche nicht vorschnell und irrational zu lösen. Sie müssen diese Widersprüche zunächst als Tatsache akzeptieren, sie dann an der Realität überprüfen, um so gegebenenfalls zu einer differenzierten Betrachtungsweise des jeweiligen Sachverhaltes zu gelangen.

Bei der Erstellung oder Auswahl von Materialien zu diesem Komplex sollten folgende Bedingungen berücksichtigt werden: Die Kinder müssen einerseits motiviert werden, die unterschiedlichsten Meinungen und Vermutungen zu äußern. Daher sollten die verwendeten Materialien einen spekulativen Charakter haben. Sie dürfen also keine sofort eindeutig zu interpretierende Situation zeigen. Zweitens muß das Material die Kinder unterstützen, ihre Vermutungen zu begründen und zu verfolgen.

Foto: Ingeborg Ullrich

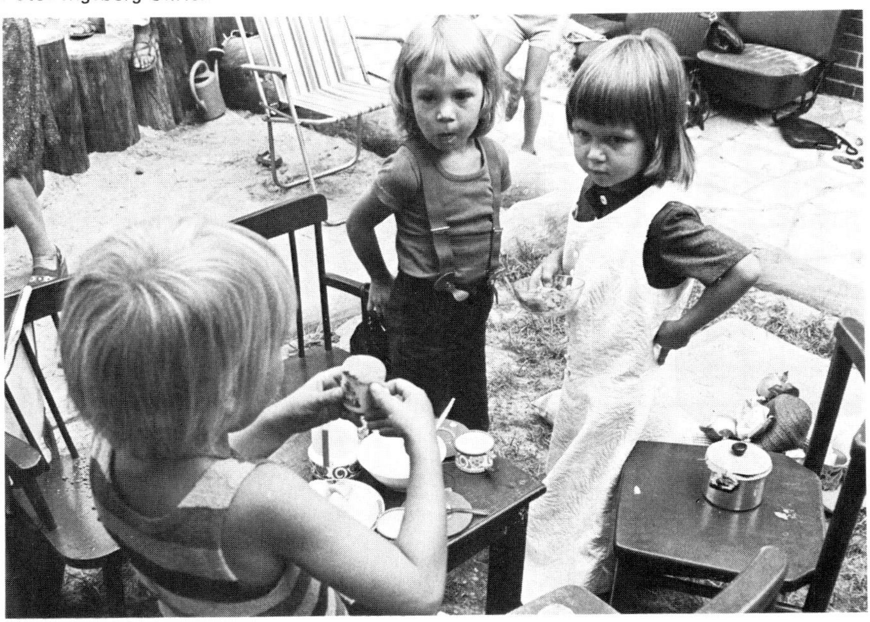

Der Persönlichkeitsaspekt „Ertragen von Uneindeutigkeiten" entzieht sich in der Praxis leicht dem pädagogischen Einfluß. Das kann an entsprechenden Schwierigkeiten der Erzieher in diesem Bereich liegen oder aber auch an den außerordentlichen Problemen bei der konkreten Konstruktion und Planung von Lernerfahrungen in bezug auf dieses wichtige Persönlichkeitsmerkmal.

Wenn auch – gerade in diesem Bereich – das Elternverhalten und das alltägliche Erzieherverhalten in der Gruppe große Bedeutung gewinnen, so sind doch einige fördernde Lernmöglichkeiten im Hinblick auf die Ambiguitätstoleranz denkbar.

Lernziele

1. Verstehen können, daß viele Dinge nicht eindeutig sind.[63]
2. Widersprüchliche Informationen und Tatsachen über einen Tatbestand aufnehmen und gegeneinander abwägen können (Ermöglichung von „sowohl-als-auch"-Schlüssen).
3. Strukturierung von Situationen nach dem Modell des „entweder-oder" vermeiden können.
4. Uneindeutige Situationen bewältigen können. (Solche unsicher strukturierten, spannungserzeugenden Situationen ertragen, aushalten können.)[64]

7.2 Spiel- und Lernvorschläge

(129) *Was kann das sein?*

Material: Klecksbilder o. ä.

Spieler: Kleingruppe

Spieldauer: 10–15 Minuten

Spielanleitung:
Die Kinder sitzen im Stuhlkreis. Der Erzieher zeigt der Gruppe Klecksbilder (durch Bügeln zerflossene Wachsmalerei usw.), die die Kinder zu einem frü-

---

63 Meinungen, Wahrnehmungen, entgegengesetzte Empfindungen und Gefühle, alte und neue Erfahrungen usw.

64 Dazu zählt auch:
Spannungsreduzierende, vorschnelle und irrationale Urteile und Lösungen vermeiden können. Gute Beispiele sind in diesem Zusammenhang: die eigene Meinung vertreten und dabei gleichzeitig die Meinung von anderen tolerieren können (als ebenso wahr, gleichwertig usw.); erkennen können, daß nicht nur einer, sondern auch mehrere recht haben können; verstehen können, daß man in der Gruppe für abweichende Meinungen und Vorstellungen nicht bestraft, sondern trotzdem akzeptiert wird.

heren Zeitpunkt selbst hergestellt haben. Die Kinder beschreiben die Bilder und versuchen, den Inhalt zu deuten.

Was stellt das Bild dar? Welche möglichen Inhalte können das sein? Warum?

Die Gruppe erkennt, daß verschiedene Kinder unterschiedliche Formen, Inhalte in einem Bild wahrnehmen können.

Lernziele: 1–4

(130) *Optische Täuschungen*

Material: Optische Täuschungen[65]

Spieler: Kleingruppe

Spieldauer: 10–15 Minuten

Spielanleitung:
Die Kinder sitzen im Stuhlkreis. Der Erzieher zeigt ihnen optische Täuschungen. Dann wird z. B. die Frage gestellt, welche von zwei gezeigten Linien wohl länger sei. Nach dem exakten Vergleich durch Nachmessen werden die beiden widersprüchlichen Erfahrungen diskutiert: Einerseits der optischen Wahrnehmung[66] (Täuschung), die Linien seien nicht gleich lang, und andererseits der objektiven Messung, die ergibt, daß die Linien gleich lang sind.

Lernziele: 1–4

(131) *Alte Frau – junge Frau*

Material: Darstellung 26

Spieler: Großgruppe

Spieldauer: 10–20 Minuten

Spielanleitung:
Die Kinder kommen einzeln zum Erzieher, der ihnen das Bild zeigt, auf dem gleichzeitig sowohl eine alte als auch eine junge Frau gezeichnet ist.[67]

Der Erzieher sagt den Kindern sinngemäß: „Dieses ist das Bild einer Dame. Sie hat eine Feder im Haar, ein Tuch auf dem Kopf, einen Pelz um den Nacken usw. Wo liegen Mund, Nase, Augen und Kinn der Frau?"

---

65 S. Abbildung von optischen Täuschungen, in: Antons, K.: Praxis der Gruppendynamik, Göttingen 1973, S. 48.

66 Vgl. auch Abschnitt *3* „Andere wahrnehmen und verstehen".

67 Vgl. zu weiteren Wahrnehmungsfiguren: Antons, K.: 1973, S. 48.

Direkt nach dem Alter der Frau zu fragen, wie es in der Übung für Erwachsene erfolgt, ist nicht ratsam. Die meisten Kinder haben auch keine ausgeprägten Altersvorstellungen, so daß die Frage zu falschen Ergebnissen führen könnte.

Die Kinder werden je nach der Beantwortung der Frage einer von zwei Gruppen zugeordnet. Die Gruppen zeigen sich gegenseitig ihre jeweils typische Wahrnehmung und sprechen darüber.

Lernziele: 1–4

(132) *Gruppenexperiment: Wasserversuch: kalt – lauwarm – heiß*

Material: 3 Schalen Wasser

Spieler: Großgruppe

Spieldauer: 10–20 Minuten

Spielanleitung:
Auf einem Tisch stehen drei Schalen, jeweils gefüllt mit kaltem, lauwarmem und heißem Wasser. Eine Kindergruppe taucht die Finger zuerst in das heiße, danach in das lauwarme Wasser, die anderen zuerst in das kalte, danach in das lauwarme Wasser. Ergebnis: Die erste Gruppe empfindet das lauwarme Wasser als „kalt", die zweite als „warm".

Die widersprüchlichen Erfahrungen werden in einem Gespräch diskutiert.

Lernziele: 1–4

(133) *Gruppenexperiment: Akustik*

Material: Klangstäbe

Spieler: Großgruppe

Spieldauer: 10–20 Minuten

Spielanleitung:
Dieser Versuch wird durchgeführt mit der gleichen Zielsetzung wie in Spiel 132, nur werden Töne erzeugt:

a) tief – höher – hoch

b) leise –laut – lauter

Lernziele: 1–4

(134) *Gruppenexperiment: Größen, Umfangsangaben, Gewichte können relativ sein*

Material: Hölzer, Kugeln o. ä.

Spieler: Großgruppe

Spieldauer: 10–20 Minuten

Spielanleitung:
Methodisches Vorgehen wie in Spiel 132.

a) groß – größer – am größten

b) dick – dicker – am dicksten

c) schwer – schwerer – am schwersten

Lernziele: 1–4

(135) *Auf der Straße*

Material: Darstellung 23–25 „Auf der Straße"

Spieler: Kleingruppe

Spieldauer: 10–15 Minuten

Spielanleitung:
Diese uneindeutige dreiteilige Bilderfolge bietet den Kindern ausreichend Möglichkeiten, eigene Vermutungen über Vorgeschichte und weiteren Ablauf der Handlung zu äußern.

Dabei kommt es darauf an, mehrere Vorschläge gleichwertig zu verfolgen. Die Konzeption legt den Erzieher nicht auf eine bestimmte Reihenfolge der Bilder fest. Man kann die Bilder den Kindern einzeln zeigen, die Kommentare dazu sammeln und in der fortlaufenden Handlung nebeneinander als gleichwertig ansehen. Die angestellten Vermutungen können auf das nächste Bild bezogen werden. Der Erzieher sollte die Kinder darin unterstützen, ihre Meinungen aufrechtzuerhalten. Oft zeigt sich, daß Kinder nicht nur in der Lage sind, ihre Vermutungen zu vertreten, sondern teilweise sogar die eines Nachbarkindes mit zu unterstützen.

Lernziele: 1–4

(136) *Was ist denn da passiert?*

Material: je 2 gleiche Fotos aus Zeitschriften oder selbstgezeichnete Bilder

Spieler: Großgruppe

Spieldauer: 10–15 Minuten

Spielanleitung:
Zwei Teilgruppen besprechen unabhängig voneinander das gleiche Bild mit nicht eindeutigem Inhalt und kommen dabei zu unterschiedlichen Deutungen. Danach wird das Bild in der Gesamtgruppe besprochen. Ergebnis des Gesprächs: Es gibt nicht nur eine richtige Deutung einer Situation. [68]

Beispiele für Bilder, die mehrere Deutungen zulassen:

1. Kind liegt im Bett

Deutungsmöglichkeiten: Kind ist krank, Kind ist müde, Kind muß zur Strafe im Bett liegen, Kind mag gern im Bett liegen.

2. Kind wird von einem Hund angesprungen

Deutungsmöglichkeiten: Hund will Kind beißen, Hund begrüßt das Kind, Hund will mit dem Kind spielen.

3. Eine Gruppe von Kindern steht zusammen, ein Kind steht abseits.

Deutungsmöglichkeiten: Das einzelne Kind möchte gern mitspielen, ist freiwillig ausgeschieden, ist gerade gekommen, soll nicht mitspielen.

Lernziele: 1–4

(137) *Hoher Stuhl*

Material: Kartensatz A

Spieler: Großgruppe

Spieldauer: 10–15 Minuten

Spielanleitung:
Die Kinder sitzen im Stuhlkreis. In den Kreis wird ein größerer Stuhl eingebaut. Er bleibt zunächst frei. In der Mitte des Kreises liegt verdeckt gestapelt der Kartensatz.

Ein Kind beginnt und hebt ein Kärtchen auf. Es beschreibt zunächst den Inhalt und beantwortet dann eine Frage, die vom Erzieher gestellt wird, z. B. „Was war davor?" (Was könnte danach kommen? Warum könnte das geschehen sein? Warum ist das geschehen? usw.) Das Kind soll auf diese Frage zwei verschiedene Antworten finden. Es darf dann auf dem hohen Stuhl Platz nehmen und den nächsten bestimmen. Gelingt es einem Kind nicht, zwei verschiedene Antworten zu finden, darf es sich einen Helfer wählen. Dann dürfen beide auf dem hohen Stuhl sitzen.

---

68 Vgl. Hielscher, H.: Erlernen von Kooperation, in: Hielscher, H. (Hrsg.): Materialien zur sozialen Erziehung im Kindesalter, Heidelberg 1974, S. 112.

Variation: Das Spiel mit dem Kartensatz B oder den Fotos „Mimik, Gestik, Situationen" durchführen.

Lernziele: 1–4

7.3 Weitere Anregungen und Materialien

Weitere geeignete Situationsbilder zu Spielen wie Nr. 136 u. ä. finden sich bei:
Aust, S.: Tatsachen zum Nachdenken, Hannover 1975 (Schroedel)
Schmidt, H. J.: Was würdest Du tun?, Hannover 1973 (Schroedel)

8. Bedürfnisbefriedigung aufschieben: Spannungsbogen

8.1 Begründung und Lernziele

Beispiel

Die Kindergruppe hat gemeinsam mit dem Erzieher beschlossen, ein großes Bild zu malen, das eine Unterwasserlandschaft mit vielen bunten Fischen und Wasserpflanzen darstellen soll. Man vereinbart, daß zunächst jedes Kind einen Fisch malt, der dann in das große Bild eingeklebt werden soll. Bei Oliver und Dagmar verfliegt die anfängliche Begeisterung sehr schnell. Noch bevor es zur Arbeit am gemeinsamen Bild kommt, sitzen sie mit mürrischem Gesicht vor ihrem Fisch: „Wir haben keine Lust mehr!"

Wie in diesem Beispiel können viele Aufgaben nicht kurz und schnell erledigt werden. Das ist ein typischer Aspekt der sozialen Wirklichkeit. Die Mehrzahl der Probleme – zumal die schwierigeren und komplizierteren – können nicht durch spontane, schnelle Augenblickslösungen geklärt werden. Sie sind nur durch stetiges, kontinuierliches, über viele Teilschritte laufendes Verhalten in Richtung auf das angestrebte Endziel zu lösen.

Die Fähigkeit, auf kleinere Belohnungen zu verzichten (die in der Regel ja mit den kurzfristigen Lösungen verbunden sind) zugunsten von späterer, größerer Belohnung, erfordert die Befähigung im Umgang mit einer gewissen psychischen Spannung. Deshalb wird diese Fähigkeit auch als *Spannungsbogen* bezeichnet.

Liermann/Müller[69], die diesen Begriff in die Diskussion um die Förderungsprogramme zur Sozialerziehung eingebracht haben, weisen auf wesentliche Teilfähigkeiten hin.

69 Liermann, L./Müller, K.: Training zur Kooperation, in: betrifft: erziehung, 6/1971 b, S. 34 ff.

Es bedarf „der Fähigkeit, die zwischen Anfangs- und erwartetem Endpunkt einer Aufgabe bestehende Zeitspanne zu strukturieren, solch eine ‚Zeitperspektive‘ setzt nun wieder voraus, daß man Zwischenhandlungen und -ziele voraussehen und ihren Bezug zum angestrebten Endziel einsehen kann."

Weitere Besonderheiten sind:
„Kinder verfügen im Gegensatz zu Erwachsenen im allgemeinen über eine geringere Widerstandsfähigkeit gegenüber der Versuchung, sich mit Zwischenlösungen und Teilerfolgen zufrieden zu geben. Ihre kognitive Organisation läßt einmal eine ‚Vorstrukturierung‘, also eine Planung sinnvoller Einzelschritte in bezug auf ein Ziel, häufig noch nicht zu, zum anderen führt der Belohnungswert spannungs- oder triebreduzierender Teilerfolge bei ihnen oft schon zur ‚vorzeitigen‘ Beendigung von Handlungssequenzen.

Bei Kindern und Erwachsenen lassen sich nun Unterschiede (innerhalb einer jeden Altersstufe) in bezug auf die Fähigkeit, die Zeit zu strukturieren (Zeitperspektive) und Spannung zu ertragen (durch Aufschieben von Erfolgen oder Belohnungen) feststellen."[70]

Lernziele

1. Eine Zeitperspektive entwickeln.[71]
2. Zwischen notwendigem und nicht notwendigem Befriedigungsaufschub unterscheiden können.[72]
3. Notwendigen Befriedigungsaufschub ertragen können und wollen.
4. Über einen längeren Zeitraum hinweg konsequent in Richtung auf das Endziel handeln können.
5. Störfaktoren auf dem Weg dahin erkennen und beseitigen können.

---

70 Liermann, L./Müller, K.: Training zur Kooperation, in: betrifft: erziehung, 6/1971 b, S. 34.

71 Z. B.
- Zeitspanne zwischen Anfangs- und Endprodukt einer Aufgabe strukturieren können,
- Zwischenhandlungen und Ziele voraussehen können,
- den Bezug von Zwischenzielen und -handlungen zum Endziel verstehen.

72 Z. B. verstehen, inwieweit das Ertragen der Spannung über einen gewissen Zeitraum den eigenen Bedürfnissen und Interessen dient, positive soziale und politische Ergebnisse ermöglicht.

8.2 Spiel- und Lernvorschläge

(138) *Bahnen laufen*

Material: Spielmarken, Material zur Abgrenzung der Bahn

Spieler: Großgruppe

Spieldauer: etwa 30 Minuten

Spielanleitung:
In einem großen Raum werden vier verschiedene Spielbahnen aufgebaut (Kennzeichnung mit Hilfe von Seilen, Bauklötzen, Kreide). Die Bahnen haben unterschiedlich abgestufte Längen (von sehr kurz über mittellang bis lang). Mit der Länge der Bahnen steigen auch die Anzahl und der Grad der Schwierigkeiten (und damit der Risiken):

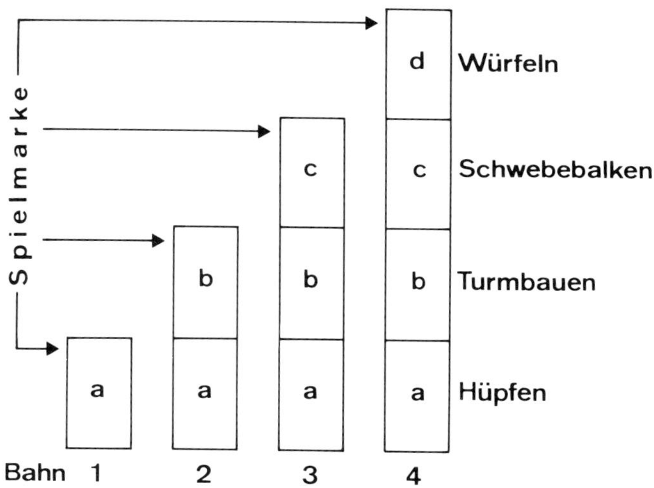

Beispiele:

1. Bahn: Hüpfen zum Ziel (wird ggfs. durch ein Plakat gekennzeichnet)

2. Bahn: Hüpfen, einen Turm bis zu einer best. Höhe bauen

3. Bahn: Hüpfen, einen Turm bauen, auf einem Schwebebalken, der auf dem Boden liegt, balancieren

4. Bahn: wie unter 3., zusätzlich mit einem großen Würfel eine 1, 2 oder 3 würfeln (oder ä.).

Die Bahnen können frei gewählt werden.

Wer eine Bahn nicht der Regel gemäß durchläuft, muß sich wieder hinten anstellen.

Wer die Bahn geschafft hat, erhält – je nach der Länge der Bahn – unterschiedlich viele Spielmarken. Dafür können im Laufe des Tages (oder der Woche) verschiedene Dinge eingetauscht werden (z. B. Bonbons, Bilder oder z. B. die Erlaubnis zu einem besonders beliebten gemeinsamen Spiel). Der Gegenwert muß vor dem Spiel klar und deutlich festgelegt werden.[73]

Dieses Spiel ist eine *Vorübung* für die Spiele 139 und 140. Es ist entscheidend, daß der Erzieher die Gruppe bald von der mehr individuellen Orientierung dieses Spiels zu den kooperativer angelegten nachfolgenden Spielen führt.

Lernziele: 1, 3, 4, 5

(139) *Die Reise nach Afrika*

Variation von Spiel 138:

Die unterschiedlichen Bahnen stellen innerhalb der Spielhandlung nur symbolisches Beiwerk dar. Es wird eine Problemsituation vorgegeben (etwa durch eine Geschichte, die zusätzlich durch ein Bild visuell unterstützt werden kann).

Beispiel:

Stellt euch vor, wir wollen eine Reise nach Afrika machen. Dort gibt es viel zu sehen: Tiere wie Elefanten und Gorillas, Berge, fremde Menschen. Doch unser Flugzeug hat leider noch zu wenig Benzin. Da müssen wir wohl alle noch mithelfen und ganz viele Kanister (Eimer) Benzin zum Tank schleppen, wenn noch etwas aus der Reise werden soll. Das Benzin können wir aber – so ein Ärger – nur bekommen, wenn wir über diese Bahnen laufen, die ihr ja schon kennt. Am Ende jeder Bahn gibt es verschieden viele Kanister Benzin: einen, zwei, drei oder vier. Jede Spielmarke soll ein Kanister Benzin sein. Und so viel Benzin brauchen wir (Zeigen einer Graphik, auf der die Menge der Spielmarken eingezeichnet ist. Auf diese Papierbögen werden dann auch die erworbenen Spielmarken gelegt, so daß jedes Kind sehen kann, wie viele Marken noch benötigt werden.)

Die Regel des Spieles Nr. 138 wird noch einmal erklärt.

Das Spiel beginnt und die einzeln erworbenen Marken werden gemeinsam für die Erreichung des Gruppenzieles gesammelt. Die Kinder versuchen nun, durch eine geschickte Kalkulation des Risikos auf den einzelnen Bahnen einen möglichst hohen Beitrag zum Gruppenziel zu erreichen. Das Spielarrangement als solches nimmt nach unseren Erfahrungen die Kinder bereits so gefangen, daß es gar nicht nötig ist, eine genaue und knappe Zeit festzulegen (oder gar das Ziel nicht erreichen zu lassen und eine Frustration zu erzeugen). Die angestrebten Ziele (z. B. Entwicklung einer Zeitperspektive und zeitweiser Aufschub einer Befriedigung, d. h. hier Erreichen des Endzieles) werden auch so erreicht.

---

73 Vgl. auch Spiele Nr. *139* und *140*.

Wenn das erste Gruppenziel – in unserem Beispiel: genügend Benzinkanister, erreicht ist (Freudengeheul), geht das Spiel weiter und wirkt als Verstärkung für den vorherigen Befriedigungsaufschub. Die Reise nach Afrika kann beginnen. Die Kinder setzen sich auf den Fußboden und stellen die Motoren an: leichtes, langsam stärker werdendes Summen. Das Flugzeug startet. Nach verschiedenem Auf und Ab, Gewitter und Luftlöchern kommt Afrika in Sicht. Es wird zur Landung angesetzt. Die Reifen berühren den Boden. Alle Kinder steigen aus. Was sehen sie dort? Tiere über Tiere: Elefanten, Löwen, Giraffen, Nashörner, Leoparden usw. Die Kinder ahmen die Tiere nach. Dann wird die Rückreise angetreten und zu Hause gelandet.

In ähnlicher Weise lassen sich weitere Spielhandlungen denken:

- Eine Reise zum Mond mit der Rakete.
- Für den Bau eines großen Abenteuerspielplatzes wird Holz benötigt.
- Ein Faschingsfest gemeinsam mit den Eltern.
- Ein Urlaub mit den Freunden und Eltern in einem Fantasieland.
- Die Befreiung eines Freundes aus den Händen von Räubern, die ihn auf eine Insel verschleppt haben.

Lernziele: 1, 3–5

(140) *Was mache ich mit meiner Spielmarke?*

Material: Spielmarken

Spieler: Großgruppe

Spieldauer: unterschiedlich

Spielanleitung:
Die Kinder erhalten morgens Spielmarken, die im Laufe des Tages (oder der Woche) in ihrem Wert steigen, je länger die Kinder mit dem Eintauschen warten.

Sie können auf verschiedene Arten eingetauscht werden:

a) In Bonbons (Beispiel: Montag gibt es für eine Spielmarke 1 Bonbon, Dienstag 2, Mittwoch 3 usw. Allerdings ist es wichtig, „wohldosiert" vorzugehen und anfangs nicht so lange Zeiträume zu wählen).

b) Die Spielmarken kommen in einen „Gruppentopf". Wenn genügend Marken zusammengekommen sind, bekommt die Gesamtgruppe dafür ein vorher gemeinsam vereinbartes soziales Ereignis: ein Fest, Pudding kochen, ein Besuch im Zoo, einen Ausflug zur Feuerwehr usw. Wichtig ist es, den Grad der Annäherung an das Gesamtziel ständig optisch sichtbar zu machen, z. B. durch ein Schaubild mit einer großen Säule, neben die mit Tesafilm die abgegebenen Chips befestigt werden. Es ist auch wichtig, mit den Kindern oft darüber zu sprechen. Der Erzieher sollte darauf achten, daß keine Außenseiterprobleme erzeugt werden.

Lernziele: 1–5

(141) *Befreiungsspiel*

Material: Schwebebalken

Spieler: Großgruppe

Spieldauer: 20–30 Minuten

Spielanleitung:
Die Kinder werden in zwei Gruppen geteilt. Jede Gruppe hat ein Gefängnis. Die Gruppen machen Gefangene durch Anticken. Diese können von der eigenen Gruppe auf zwei Arten erlöst werden:

1. Durch einen geraden Weg kann jeweils ein einziger Gefangener erlöst werden.

2. Wird ein Hindernis (Schwebebalken, von dem man abstürzen kann) überwunden, kann die ganze Gefangenengruppe erlöst werden. Bewältigt man das Hindernis nicht, müssen die Befreier von vorne beginnen.[74]

Lernziele: 1, 3, 4, 5

(142) *Wie Kasper zu seinem Holzauto kam*

Material: Handpuppen

Spieler: Großgruppe

Spieldauer: 15–20 Minuten

Spielanleitung:
Der Erzieher spielt diese Geschichte mit Handpuppen vor:

Kasper möchte sich ein Holzauto kaufen, hat aber nur das Geld für ein kleines Plastikauto, das ihm nicht gefällt und nicht so stabil ist. Das Plastikauto könnte er sich sofort kaufen, für das Holzauto müßte er zwei Wochen sein Taschengeld sparen. Spielrahmen: z. B. Räuber Hotzenplotz will ihm das Geld stehlen. Der Kasper beginnt ein Gespräch mit den Kindern: „Was kann ich tun?"

Lernziele: 1, 5

---

74 Nach einer Idee von Daublebsky, B.: Spielen in der Schule, Stuttgart 1973.

(143) *Fortsetzungsgeschichten*

Material: Bilderbücher, Bücher, erfundene Geschichten

Spieler: Großgruppe

Spieldauer: unterschiedlich

Spielanleitung:
Der Erzieher erzählt eine Geschichte oder liest vor. An einer spannenden Stelle wird abgebrochen. An den nächsten Tagen folgen die Fortsetzungen.

Lernziele: 1, 3

(144) *Kinder wollen baden*

Material: ohne

Spieler: Kleingruppe

Spieldauer: etwa 10 Minuten

Spielanleitung:
Der Erzieher gibt diese Situation für ein Rollenspiel an: Es ist sehr heiß, die Kinder wollen baden gehen. Sie haben die Möglichkeit, gleich im Garten im Planschbecken zu baden oder mit dem Fahrrad in die Badeanstalt zu fahren. Wobei sie in Kauf nehmen müssen, daß der Weg zwar beschwerlich, aber das Baden schöner ist.

Lernziele: 1–5

9. Unabhängigkeit und Selbständigkeit entwickeln: Autonomie[75]

9.1 Begründung und Lernziele

„Wenn (. . .) Kinder es schaffen, alle auftauchenden Konflikte des Spiels mit Hilfe der . . . ‚Grundfähigkeiten des Rollenhandelns' zu lösen, ohne mehrfach die Kindergärtnerin zu beanspruchen mit Sätzen wie etwa: ‚Tante, der Rolf läßt mich immer gar nicht schrauben', oder: ‚Tante, wie macht man das?', dann haben sie über ihr Spiel selbst bestimmt, haben sich *autonom* verhalten.

In diesem Beispiel geht es um das Spiel zweier gleichberechtigter Spielpartner, um eine Situation also, die nicht durch angemaßte oder faktische Macht bereits eng vorstrukturiert ist. Solche ‚symmetrischen Interaktionen' setzt das Modell idealtypisch voraus, und in solchen Situationen ist die ‚Balance' zwischen eigenen Bedürfnissen und Erwartungen anderer vorstellbar. In den meisten Realsituationen aber ist die Bedürfnisbefriedigung des einen durch die faktische Macht des anderen bereits stark eingeschränkt, und die deutliche Wahrnehmung der Interessen des anderen erzeugt häufig ein Gefühl von Ohnmacht. Autonomes Handeln ist also schon durch die Merkmale der Situation behindert, die Qualifikationen zur Durchsetzung berechtiger Autonomieansprüche müssen in solchen Fällen demnach eine Veränderung der Merkmale der Situation anzielen.

Da die Veränderung von Machtstrukturen zumeist nicht individuell gelingt, ist ‚solidarisches Verhalten' – also das Bewußtsein der gleichen Lage und die Organisation gemeinsamer Handlungen – eine notwendige Erweiterung des Autonomiekonzepts.

---

75 In vielen pädagogischen Veröffentlichungen wird als Leitidee das *„autonome Verhalten"* hervorgehoben (vgl. z. B. Arbeitsgruppe Vorschulerziehung, München 1974 a, 18 ff.). In die gleiche Richtung weisen in etwa Begriffe wie *„Innenkontrolle"* (vgl. dazu Liermann/Müller, 1971 b, 35 ff.), *„Selbststeuerung"* (ebd.) oder *„Selbständigkeit"* (vgl. z. B. Sesamstraße 1, Köln 1973, 43 ff.).

Am Beispiel: Schüler der ersten Klasse, die vom Lehrer aufgefordert werden, am Nachmittag eine Broschüre auszutragen, könnten sich zunächst darüber verständigen, daß sie ja eigentlich schwimmen gehen wollten, sie könnten einander klar machen, daß der Lehrer sie mit Hilfe der tatsächlichen Macht seiner Rolle als Botenjungen gebraucht. Sie könnten erkennen, daß bei individuellem Protest unter Umständen negative Folgen auf der Ebene von Betragensnoten zu erwarten wären, daß diese Sanktionen jedoch ausbleiben könnten, wenn die Schüler auf die Zumutung gemeinsam antworten und mit dem Lehrer über deren Angemessenheit diskutieren würden."[76]

Weitere Merkmale des gemeinten Verhaltens sind[77]:

- Das Verhalten wird nicht nur nach den Forderungen und der erwarteten Anerkennung der sozialen Umwelt ausgerichtet.
- Selbständigkeit.
- Geringe Ängstlichkeit.
- Resistenz (Widerstandskraft) gegen Verführung zu unvernünftigen Handlungen.
- Resistenz gegen das Anpassen und reibungslose Funktionieren in einem engen, von anderen vorgeschriebenem Rahmen.
- Nichtaufgabe der eigenen Interessen und Nicht-Verleugnung des eigenen Selbst (Durchsetzungsfähigkeit).
- Berechtigten Forderungen der Umwelt wird entsprochen und man kann sich den Interessen und Bedürfnissen anderer durchaus auch anpassen.
- Man kann auf Belohnung, Anerkennung und Zuwendung verzichten, wenn die eigentlichen Interessen und Ziele gefährdet sind.
- Handlungen werden selbständig beurteilt, die Ziele des Handelns in autonomen Akten selbst gesetzt.
- Konflikte werden selbständig gelöst.
- Die eigenen Meinungen und Intentionen werden selbständig dargelegt und durchgesetzt.
- Keine Steuerung von starren, unveränderlichen Normen.
- Befähigung zum Abschätzen, inwieweit die eigenen Ansprüche der Realität angemessen und in ihr erfolgreich umzusetzen sind.

---

76 Arbeitsgruppe Vorschulerziehung: Anregungen I: Zur pädagogischen Arbeit im Kindergarten, München 1974 a, S. 21.

77 Vgl. Liermann, L./Müller, K.: Training zur Kooperation, in betrifft: erziehung, 6/1971 b, S. 35 u. 38.

– Innere und äußere Ansprüche werden versöhnt, die eigenen Bedürfnisse werden adäquat im Rahmen des möglichen befriedigt.[78]

Zu diesem Teilaspekt sozialen Verhaltens muß jedoch klar betont werden: Der sehr hohe Anspruch, „autonomes Verhalten" fördern zu wollen, kann selbstverständlich nicht durch einige Lerneinheiten und Spiele eingelöst werden. Dies ist undenkbar ohne die hauptsächlich prägenden günstigen Interaktionsstrukturen in der Familie und auch der alltäglichen Kommunikationszusammenhänge in der pädagogischen Einrichtung[79]. In diesem Abschnitt können also nur einige zusätzliche, lediglich unterstützende Hinweise angeboten werden.

Lernziele

1. Das Verhalten nicht nur nach den Forderungen und der erwarteten Anerkennung der sozialen Umwelt ausrichten.[80]
2. Eigenen Wertmaßstäben folgen.
3. Widerstandskraft gegen Konformitätsdruck von Bezugspersonen und -gruppen im engeren und weiteren sozialen bzw. gesellschaftlichen Umfeld zeigen.
4. Die eigenen Meinungen, Intentionen, Triebe, Bedürfnisse, Ansprüche und Interessen usw. erkennen und selbständig darlegen können.
5. Strategien, die zur Verfolgung und Durchsetzung der eigenen Interessen geeignet sind, finden und verwirklichen können.[81]
6. Innere und äußere Ansprüche aufeinander abstimmen können.[82]

---

78 Liermann/Müller weisen noch auf folgende Gesichtspunkte hin: Solche Verhaltensmerkmale stehen in engem Zusammenhang mit der Entwicklung eines positiven *Selbstkonzeptes* (Selbstbildes, Selbstwertgefühls). (Vgl. dazu Abschnitt 5.) Es steht außerdem „in enger Verbindung mit der Entwicklung von Ich-Stärke wie der Erwerb von Frustrations- und Ambiguitätstoleranz und der Fähigkeit, auf zukünftige Erfolge warten zu können, ohne sich mit rasch einstellenden Teilerfolgen zufrieden zu geben. Die Förderung der Ich-Stärke gilt als das wesentliche Ziel von Erziehung."

(Liermann, L./Müller, K.: Training zur Kooperation, in: betrifft: erziehung, 6/1971 b, S. 35).

79 Diese Faktoren sind es vor allem, die primär Gegenstand der Bemühungen z. B. über Elternarbeit werden sollten. (Vgl. Stange, W.: Elternarbeit und Sozialerziehung, in: Hielscher, H. (Hrsg.): Materialien zur sozialen Erziehung im Kindesalter, Heidelberg 1974, S. 140 ff.

80 Belohnung für Wohlverhalten.

81 Z. B. Hilfe holen, argumentieren, begründen und Kompromisse finden usw.

82 Z. B. – adäquat im Rahmen der Möglichkeiten die eigenen Bedürfnisse befriedigen können, eigene Interessen nicht aufgeben und gleichzeitig in der Lage sein, berechtigten Forderungen der Umwelt zu entsprechen (d. h. sich den Interessen und Bedürfnissen anderer auch anzupassen).

9.2 Spiel- und Lernvorschläge

(145) *Im Sandkasten*

Material: ohne

Spieler: Kleingruppe

Spieldauer: 15–20 Minuten

Spielanleitung:
Der Erzieher erzählt eine Problemsituation: Oliver, Inka und Anette spielen im Sandkasten. Sie haben sich einen Bauernhof, Straßen und Berge gebaut. Plötzlich kommt ein großer Junge und ruft: „He, da will ich jetzt spielen.“ Er zertrampelt alles. Was sollen Oliver, Inka und Anette tun? Die Situation wird besprochen, die Gruppe sucht gemeinsam nach Lösungen und probiert sie im Rollenspiel aus.

Weitere Problemsituationen:

- Rüdiger bringt einen neuen Freund mit nach Hause. Die Mutter sagt ihm, er solle mit diesem Jungen nicht mehr spielen, „denn der ist mir nicht ordentlich genug!“
- Vater stellt die Kindersendung ab, weil er eine andere Sendung sehen will (Fußballspiel).
- Sabine will heute mal ihren rosafarbenen Pulli und die rote Hose anziehen. Ihre Mutter sagt: „Das sieht ja unmöglich aus. Zieh sofort etwas anderes an.“
- Heute gibt es Blumenkohl zum Mittagessen. Monika kann Blumenkohl nicht ausstehen. Sie sagt: „Ich mag das nicht!“ Vater schaut sie böse an: „Du ißt, was auf den Tisch kommt!“
- Rainer hat mit seinem größeren Bruder Harro gemeinsam ein Zimmer. Harro hat im ganzen Zimmer sein Spielzeug ausgebreitet. Die Mutter verlangt von ihm, daß er noch vor dem Abendbrot aufräumen soll. Als sie das Zimmer verläßt, sagt Harro: „Los, Rainer! Jetzt räumst du mit auf, sonst gibt es Prügel!“
- Jens ist der stärkste Junge auf dem Spielplatz. Arno und Sybille haben Angst vor ihm. Jens schaut die beiden drohend an und sagt leise: „Los, schubse die Andrea mal in die Pfütze. Die ist so doof!“
- Regine hat zum Geburtstag einen ganz tollen Ball bekommen. Sie rennt mit Ursula und Walli vor das Haus. Dort beginnen sie fröhlich zu spielen. Da öffnet sich ein Fenster und Herr Huber schaut grimmig heraus: „Hört sofort auf, hier zu spielen. Das ist mir zu laut. Ich brauche meine Ruhe!“
- Nach dem Abendbrot spielen Anja und Thomas noch im Wohnzimmer. Sie tollen und toben. Anja kitzelt den Thomas, der unheimlich lachen muß. Es

macht beiden sehr viel Spaß. Der Vater dreht sich ärgerlich in seinem Sessel um und schimpft: „Könnt ihr denn nicht mal einen Moment leise sein! Nicht mal in Ruhe fernsehen kann man!"

– Das Wetter ist sehr schlecht. Es regnet. Jörg und Sybille spielen im Treppenhaus. Da öffnet sich die Tür und Frau Maier brüllt heraus: „Ruhe hier! Im Treppenhaus wird nicht gespielt! Unverschämtheit!"

– Dagmar und Jochen wollen nach draußen zum Spielen. In der Tür steht Konrad. Er versperrt ihnen den Weg: „Hier kommt ihr nicht durch!"

Lernziele: 1–6

(146) *Sich wehren, lohnt sich*

Material: Handpuppen

Spieler: Großgruppe

Spieldauer: 10–20 Minuten

Spielanleitung:
Situationen wie im Spiel 145 werden vom Erzieher im Puppenspiel dargestellt (evtl. entsprechende visuelle Unterstützung durch ein selbstgezeichnetes Bild oder eine Bilderfolge).

Methodisch bieten sich folgende Varianten an:

a) Die Geschichte wird zusammenhängend zu Ende erzählt. Wichtig ist es dabei, daß die positiven autonomen Verhaltensweisen (z. B. sich wehren gegen Größere) erfolgreich sind (stellvertretende Verstärkung!).

b) Günstiger im Sinne des angestrebten Lernziels ist es jedoch, wenn die Spielhandlung an den entscheidenden Stellen unterbrochen wird und die Kinder einbezogen werden, indem sie neue Lösungen finden sollen. Diese werden jeweils durchprobiert. Entscheidend ist, daß zum Schluß eine Problemlösung aufgrund positiver autonomer Verhaltensweisen erfolgreich ist!

Lernziele: 1–6

(147) *Man muß sich nur wehren!*

Material: ohne

Spieler: Kleingruppe

Spieldauer: 10–20 Minuten

Spielanleitung:
Im Rollenspiel werden Problemsituationen, die autonomes Verhalten erfordern[83], durchgespielt. Positive Verhaltensweisen können auch durch die Gruppe direkt verstärkt werden, indem Reime oder Lieder gerufen bzw. gesungen werden wie:

„Hast gut gemacht, hast gut gemacht! Drum wirst du von uns angelacht!"

„Man muß sich nur wehren, man muß sich nur wehren und die Fragen stellen, die andere stören!"[84]

Lernziele: 1–6

(148) *Rollergeschichte*

Material: Darstellung 22 „Rollergeschichte"

Spieler: Kleingruppe

Spieldauer: etwa 20 Minuten

Spielanleitung:
In der vierteiligen Bilderfolge wird ein Konflikt zwischen zwei Kindern in seiner stufenweisen Entwicklung dargestellt.

Für den Einstieg in das Gruppengespräch ist es günstig, wenn die Kinder die Bilder zunächst einmal unabhängig von der Reihenfolge beschreiben und dann ein wenig über den Ablauf der Geschichte spekulieren.

Im Gespräch über diesen Konflikt soll schwerpunktmäßig herausgearbeitet werden, daß dasjenige Kind, das mit dem Roller fahren möchte, sein Vorhaben in unangemessener Form zu realisieren versucht, indem es die Eigentumsverhältnisse mißachtet. Es geht also nicht um die Lösung des Konfliktes, sondern um die Erörterung der Frage: „Wie hätte der Konflikt vermieden werden können?", d. h. welche Form der Interessenvertretung wäre für den „Möchte-gern-Rollerfahrer" erfolgversprechend gewesen? Dieses Kind hätte seinen Wunsch beispielsweise eher durchsetzen können, wenn es erstens den Rollerbesitzer um Fahrerlaubnis gebeten und zweitens ihm ein anderes Spielzeug zum Tausch angeboten hätte.

Lernziele: 4, 5

---

83 Vgl. Spiel Nr. *145*.

84 Die große Gripsparade, Schallplatte, Wagenbach-Verlag, Berlin 1973.

(149) *Erwachsene erzwingen den Vortritt*

Material: ohne

Spieler: Kleingruppe

Spieldauer: etwa 20 Minuten

Spielanleitung:
Eine alltägliche Erscheinung ist die, daß Erwachsene Kinder nicht als gleichwertige Partner anerkennen und ihnen gleiche Rechte nicht zugestehen. Darauf bezieht sich die folgende Situation: Ein Kind müßte in einem Laden rechtmäßig als nächstes bedient werden, doch es wird in der Reihe nach hinten gedrängt und an seiner Steller steht jetzt ein Erwachsener. Die Tatsache, daß niemand daran Anstoß nimmt, kennzeichnet die Selbstverständlichkeit dieser Handlungsweise. Der Erzieher beschreibt zunächst nur diese Situation und die Kinder berichten ihre Erfahrungen. Im weiteren Verlauf sollten folgende Fragestellungen in der Gruppe diskutiert werden:

1. Warum läßt sich das Kind zurückdrängen? (z. B. Angst vor Erwachsenen)
2. Wie könnte das Kind seine Interessen wahrnehmen? (verbale Reaktionen wie z. B. „Ich war aber vor ihnen da!" oder „Jetzt bin ich dran!")
3. Wie werden die Erwachsenen auf die verschiedenen denkbaren Äußerungen reagieren?

Die erarbeiteten Lösungsvorschläge können unter Berücksichtigung der letzten Frage im Rollenspiel umgesetzt werden.

Lernziele: 1–6

(150) *Kind als Laufbursche*

Material: Darstellungen 20 und 21 „Kind als Laufbursche", Spielblatt 18 „Wer tut was?"

Spieler: Kleingruppe

Spieldauer: 20–30 Minuten

Spielanleitung:
Hier geht es um die Darstellung eines Konflikts zwischen Kindern und Erwachsenen. Mit diesem Material verfolgen wir drei Ziele: Einerseits sollen die Absichten der Erwachsenen erkannt werden, andererseits müssen auch die Bedürfnisse der Kinder berücksichtigt werden, und der dritte Schritt ist das Abwägen zwischen beiden Bestrebungen.

Es soll nicht bestritten werden, daß Kinder Erwachsenen helfen sollen, wenn es die Situation erfordert. Es ist aber problematisch, wenn die Erwachsenen ihre Autorität so mißbrauchen, daß viele lästige und unbeliebte Arbeiten auf die

Kinder abgeschoben werden. Hierbei werden die Bedürfnisse und Interessen der Kinder stark unterdrückt.

Die aufgezeigten Situationen sind Kindern hinlänglich bekannt, so daß eine Konfrontation mit den Bildern ausreichend Gesprächsstoff liefert.

Darstellung 20 zeigt, wie ein Junge Aufträge von seiner Mutter bekommt und dadurch bei seiner Tätigkeit gestört wird. Darstellung 21 zeigt einen Jungen, der Hausarbeiten ausführt.

Die Reihenfolge der Darstellungen 20 und 21 ist beliebig. Es kann durchaus mit dem zweiten Bild (Nr. 21) begonnen werden, wobei dann im Gespräch das Verhalten des Jungen erforscht werden soll. Wenn im Gespräch ein Kompromiß zwischen den Anforderungen der Erwachsenen und den Bedürfnissen des Kindes gefunden wurde, kann das Spielblatt 18 „Wer tut was?" eingesetzt werden. Dieser Bogen zeigt drei Kinder und Eltern sowie durch Gegenstände symbolisierte Aufgaben, die die Personen ausführen könnten.

Die Kinder sollen durch Einzeichnen von Pfeilen die anfallenden Arbeiten gerecht aufteilen und die Zuordnung im Gespräch begründen.

Lernziele: 1–6

10. Zusammenarbeiten und Helfen: Kooperation

10.1 Begründung und Lernziele

Beispiel

Die Erzieher haben eine Menge großer Kartons in den Raum gestellt. Ein Ziel wird nicht vorgegeben. Die Erzieher warten ab, ob und wie die Kinder sich spontan, neugierig und phantasievoll mit dem Material auseinandersetzen. Zunächst spielen die Kinder einzeln mit den Kartons: Für den einen ist es ein Auto, für den anderen ein Haus, für den dritten eine Lokomotive. Nach einiger Zeit wird es einzelnen Kindern zu langweilig. Sie nehmen Kontakt miteinander auf und beschließen, eine „riesige" Stadt zu bauen, mit einem Rathaus, einem Bahnhof und einem Zug. Sie legen gemeinsam die einzelnen Aufgaben fest, helfen sich gegenseitig, ändern und verbessern. Das so gegenüber der Ausgangssituation entstandene größere, vielfältigere Produkt wird später gemeinsam angemalt. Die Kinder sind stolz auf „ihre" Stadt und spielen noch sehr lange lustbetont und intensiv.

Der hier beschriebene Prozeß der Zusammenarbeit, der gemeinsamen Aufgaben- und Zielfestlegung und -bewältigung, der — nicht nur in den Augen der Kinder — zu vielfältigeren Ergebnissen geführt hat, wird als *„Kooperation"* bezeichnet.

Kooperatives Verhalten, das heißt Erkennen und Durchsetzen von gemeinsamen Bedürfnissen und Interessen, ist eine wichtige Aufgabe sozialer Erziehung. Wenn

Foto: Ingeborg Ullrich

es nicht gelingt, in der Familie und in vorschulischen Einrichtungen entsprechende Lernprozesse anzubahnen bzw. teilweise zu vermitteln, werden die Kinder hilflos Phänomenen einer sozialen Umwelt gegenüberstehen, in der Prinzipien und Verhaltenskategorien vorherrschen wie Leistungsdruck, Konkurrenzverhalten, Kontakt- und Kommunikationsarmut, Außenseitersituationen.

Wer nur Konkurrenzdenken gelernt hat, wird sich nicht solidarisch verhalten können. Mit der Vermittlung von kooperativen Arbeitstechniken allein wird das Problem jedoch nicht gelöst. Damit die Kooperationsfähigkeit nicht nur ein formales Mittel individueller Arbeitserleichterung darstellt, muß bei den Kindern ein solidarisches Bewußtsein entwickelt werden, das von der Notwendigkeit überzeugt ist, daß die Bewältigung von sozialen Mißständen und Abhängigkeiten ein gemeinsames Interesse ist, das es gemeinsam zu vertreten gilt.

Ein kooperatives Bewußtsein setzt nicht nur voraus, daß die Menschen ihre Situation erkennen, sich ihrer Interessen und Ziele bewußt werden, sondern daß sie auch lernen, ihre Möglichkeiten und Grenzen zur gemeinsamen Veränderung einzuschätzen.

Kooperationsspiele und -übungen können auch als Beitrag für die Vermittlung solidarischen Verhaltens angesehen werden, denn zu ihren Zielen gehören auch:

Techniken und Einstellungen kooperativen Handelns wie Absprache, Einigung, Verbündete gewinnen, Strategien finden, Verantwortlichkeit gegenüber der Gruppe, Sicherheit im Umgang mit anderen, Zurückstellung von individuellen

Bedürfnissen usw. Diese Aspekte werden in den vorherrschenden Spielen, die zum größten Teil auf den Prinzipien Wettbewerb und Gewinn aufbauen („Wer ist der Sieger?"), kaum gelernt. Dennoch gibt es eine Reihe von Spielen, besonders Interaktionsspiele und Spielaktionen, die diesen Zielen entgegenkommen.

Ein ebenso vernachlässigter Aspekt kooperativen Verhaltens ist die Befähigung zum gegenseitigen Helfen. Im Gegensatz zu den bisher beschriebenen Problembereichen der Kooperation, die sich in der Tendenz auf prinzipiell gleich starke, mit gleichen Chancen versehene Personen bezogen, soll es im hier gemeinten Problemfeld „Helfen" um Situationen gehen, in denen Einzelne deutlich geringere Entwicklungschancen haben, also „hilfsbedürftig" sind. Beispiele wären die Situationen von behinderten Kindern, von alten Leuten, kleineren Kindern usw. Es sind relativ „einseitig" akzentuierte Situationen der Kooperation: Jemand, der über einen größeren Handlungsraum verfügt, hilft jemandem, der nicht darüber verfügen kann — ohne direkte Gegenleistungen. Es geht also um Verhaltensweisen, die nicht geleitet werden von egoistischen Motiven, sondern von sozialer Verantwortlichkeit. Helfen ist ein Sonderfall kooperativen Verhaltens, der Basisqualifikationen erfordert wie das Einfühlen und Mitfühlen mit Benachteiligten[85].

Lernziele

1. Bereitschaft entwickeln zur Zusammenarbeit mit anderen und verstehen, daß Zusammenarbeit nützlich ist und Spaß macht.
2. Andere akzeptieren und in das Handeln einbeziehen können.
3. Verantwortung für die Gruppe übernehmen können, d. h. die subjektiven Bedürfnisse und Interessen zugunsten von Gruppeninteressen zurückstellen können.
4. Techniken kooperativer und solidarischer Handlungsformen zur Realisierung von Gruppenzielen einsetzen können.
5. Die Notwendigkeit zur Hilfeleistung erkennen können.[86]
6. Anderen helfen können.

---

85 Vgl. Abschnitt 3 (Andere wahrnehmen und verstehen).

86 Z. B. erkennen, daß man nicht nur bekannten Menschen oder nur älteren Leuten hilft, sondern allen, die Hilfe benötigen.

(151) *Gruppen bilden*

Material: ohne

Spieler: Großgruppe

Spieldauer: 5–10 Minuten

Spielanleitung:
Die Kinder bewegen sich frei im Raum. Der Erzieher ruft eine Zahl (von zwei bis fünf). Die Kinder sollen so schnell wie möglich die entsprechende Gruppe bilden. Der Erzieher verteilt dann zusätzliche Aufgaben: z. B.

- sich miteinander anfassen und möglichst schnell alle vier Wände des Raumes berühren,
- mit dem kleinen Finger anfassen und einen Kreis bilden,
- alle Nasen zusammenstecken.

Lernziele: 1, 2

(152) *Transportspiel*

Material: ohne

Spieler: Großgruppe

Spieldauer: etwa 5 Minuten

Spielanleitung:
Die Kinder verteilen sich im Raum und suchen sich einen Partner. Der Erzieher gibt ihnen die Aufgabe, gemeinsam verschiedene Gegenstände pantomimisch zu transportieren, z. B. ein schweres Paket, eine Leiter, einen Eimer Wasser, eine Glasscheibe usw.

Lernziele: 1, 2

(153) *Maschine*

Material: ohne

Spieler: Großgruppe

Spieldauer: etwa 5 Minuten

Spielanleitung:
Die Kinder bewegen sich wie Roboter im Raum und finden allmählich zur Gruppe zusammen. Die Bewegungen sollen fortgeführt werden, ohne zu gehen.

Schließlich soll gemeinsam eine Maschine entwickelt werden, die ineinandergreift.

Lernziele: 1–4

(154) *Denkmal*

Material: ohne

Spieler: Großgruppe

Spieldauer: 5–10 Minuten

Spielanleitung:
Die Kinder finden sich zu Paaren zusammen. Ein Kind ist der „große Meister", das andere sein „Modell". Der Meister modelliert sein Modell, das in der ihm gegebenen Haltung verharren muß, zu einem Teil eines Denkmals. Anschließend werden alle Modelle zu einem größeren Denkmal zusammengefügt. Rollentausch.

Variation: Während des Spiels darf nicht gesprochen werden.

Lernziele: 1–4

(155) *Das große Rennen*

Material: Luftballons

Spieler: Großgruppe

Spieldauer: 5–10 Minuten

Spielanleitung:
Die Kinder stellen sich nebeneinander an einer Wand des Raumes auf und suchen sich einen Partner. Jedes Paar klemmt sich einen Luftballon (Ball) zwischen die Stirnen und faßt sich mit beiden Händen an. In dieser Position sollen sie den Raum durchqueren, ohne dabei den Ballon zu verlieren und sich loszulassen.

Variation: In Dreier- oder Vierergruppen bauen die Kinder ein „Fahrzeug" oder „Ungeheuer" aus ihren Körpern und versuchen so, den Raum zu durchqueren.

Lernziele: 1, 2

(156) *Wer hilft?*

Material: ohne

Spieler: Großgruppe

Spieldauer: 5–10 Minuten

Spielanleitung:
Alle Kinder verteilen sich im Raum. Ein Kind beginnt und versucht, ein anderes zu ticken. Wenn das verfolgte Kind „Wer hilft" ruft, muß ihm ein anderes zur Hilfe kommen und es anfassen. Mit einem Partner darf das Kind nicht mehr getickt werden.

Lernziele: 1, 2

(157) *Kreidestriche*[87]

Material: Kreide für Markierungen

Spieler: Großgruppe

Spieldauer: 5–10 Minuten

Spielanleitung:
Der Erzieher zieht viele Kreidestriche auf dem Boden. Die Zwischenräume bedeuten eine Schlucht, einen Berg usw. Die Kinder sollen sich gemeinsam über die schwierigen Stellen helfen.

Lernziele: 1, 2

(158) *Haus – Baum – Hund*[88]

Material: Papierbögen, Malstifte

Spieler: Großgruppe

Spieldauer: 10–15 Minuten

Spielanleitung:
Jeweils zwei Kinder sitzen nebeneinander und haben zusammen *ein* Blatt Papier und auch nur *einen* Stift vor sich liegen. Ohne sich vorher abzusprechen, sollen sie den Stift gemeinsam in die Hand nehmen und gemeinsam ein Haus, einen Baum und einen Hund (oder ähnliches) zeichnen. Sie dürfen dabei nicht sprechen. Wenn das Bild fertig ist, stellen alle Kinder ihre Bilder zu einer „Kunstausstellung" zusammen.

Lernziele: 1, 2

---

87 Vgl. Nemetschek, P./van Lessen, S. (Hrsg.): Ene mene miste Rappelkiste, Weinheim/Basel 1975, S. 53.

88 Vgl. Antons, K.: Praxis der Gruppendynamik, Göttingen 1973, S. 197.

(159) *Zeichne weiter*[89]

Material: Papier, Malstifte

Spieler: Großgruppen

Spieldauer: 10–15 Minuten

Spielanleitung:
Der Erzieher bereitet große Papierbögen mit jeweils einer gezeichneten Figur vor.

Beispiele:

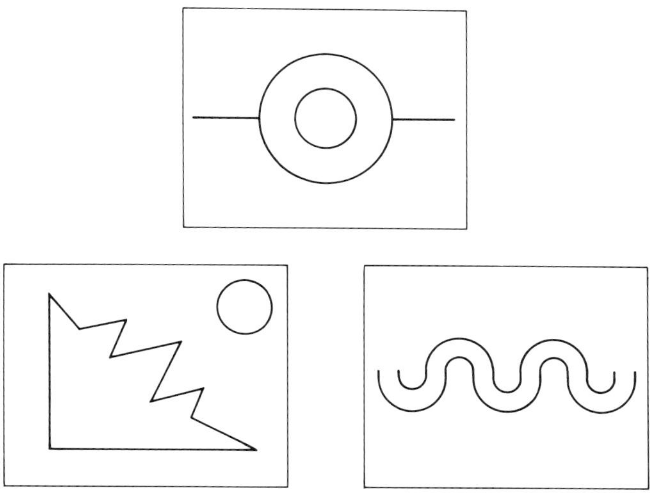

Die Kinder werden in Kleingruppen geteilt. Jede Gruppe bekommt einen der Papierbogen und entwickelt die Zeichnung darauf gemeinsam weiter.

Variation: die Kinder sollen den Figuren möglichst originelle Namen geben.

Lernziele: 1–4

89 Vgl. Barth/Rohrer/Fischer: Malen, Spielen, Musikmachen, Gelnhausen 1973, S. 92.

(160) *Fortsetzungszeichnen*[90]

Material: Papier, Malstifte

Spieler: Kleingruppe

Spieldauer: 10–15 Minuten

Spielanleitung:
Das erste Kind zeichnet heimlich den Anfang eines lustigen Tieres oder einer Person auf ein Stück Papier und faltet das Papier so um, daß nur zu sehen ist, wo der nächste weiterzeichnen muß usw. (z. B. würde man bei einem halb fertigen Pferd nur die beiden Striche vom Rücken und vom Bauch sehen). Das Blatt wird dann an das nächste Kind weitergegeben.

Lernziele: 1, 2

(161) *Es brennt*

Material: ohne

Spieler: Großgruppe

Spieldauer: 10–15 Minuten

Spielanleitung:
Ein Kind verläßt den Raum, währenddessen wird im Raum ein Gegenstand (Schlüssel, Spielzeug usw.) versteckt. Das Kind wird wieder hereingerufen und es fängt an, den Gegenstand zu suchen. Dabei wird es von den anderen durch Zurufe unterstützt. Kommt es in die Nähe des versteckten Gegenstandes, rufen alle: „Warm"; kommt es näher: „Heiß"; steht es dicht davor, rufen alle: „Es brennt".

Lernziele: 1, 2

(162) *Puzzle suchen*

Material: Puzzlespiel

Spieler: Großgruppe

Spieldauer: etwa 20 Minuten

Spielanleitung:
Der Erzieher versteckt die Teile eines Puzzles im Raum. Die Kinder sollen nun paarweise und an den Händen gefaßt möglichst viele Teile suchen. Die einzelnen

90 Vgl. Nemetschek, P./van Lessen, S. (Hrsg.): Ene mene miste Rappelkiste, Weinheim/Basel 1975, S. 53.

Teile werden zum Tisch getragen, an dem sich ein weiteres Paar befindet, das die Aufgabe hat, das Puzzle zusammenzusetzen.

Lernziele: 1, 2

(163) *Kim-Spiel*

Material: Streichhölzer, Papier und Malstifte

Spieler: Großgruppe

Spieldauer: etwa 20 Minuten

Spielanleitung:
Der Erzieher legt aus Streichhölzern vier einfache Muster. Die Kinder haben ca. eine Minute Zeit, sich die Muster einzuprägen, damit sie sie nachzeichnen können. Dann wird ein Tuch darüber gedeckt. Die Kinder versuchen, zunächst einzeln, die Muster aus dem Gedächtnis aufzuzeichnen. Nach einer bestimmten Zeit (ca. eine Minute) kommen alle zurück in den Kreis und vergleichen ihre Zeichnung mit dem Original.

Anschließend wird das Spiel ein zweites Mal durchgeführt, mit dem Unterschied, daß die Kinder sich in Dreier- bis Fünfergruppen verteilen und die Muster gemeinsam aus dem Gedächtnis aufzeichnen. Danach setzen sich alle wieder in den Kreis und überprüfen die Richtigkeit und Vollständigkeit ihrer Zeichnungen. Wichtig ist, daß der Erzieher in diesem Zusammenhang auf die vermutlich unterschiedlichen Einzel- und Gruppenergebnisse hinweist und die Kinder Gründe dafür finden läßt.

Lernziele: 1, 2

(164) *Türme bauen*[91]

Material: Bauklötze

Spieler: Großgruppe

Spieldauer: 10–15 Minuten

Spielanleitung:
Eine bestimmte Anzahl (z. B. fünf) Dreiergruppen sowie eine entsprechende Anzahl Einzelkinder (fünf) bekommen gleich viele Bauklötze. Sie erhalten die Aufgabe, innerhalb von drei Minuten einen möglichst hohen Turm zu bauen. Anschließend werden die errechneten Turmhöhen der Einzelkinder mit denen der

---

91 Vgl. Hielscher, H.: Erlernen von Kooperation, in: Hielscher, H. (Hrsg.): Materialien zur sozialen Erziehung im Kindesalter, Heidelberg 1976, 2. Aufl., S. 117.

Dreiergruppen verglichen. In einem Gespräch werden die Gründe für die verschiedenen Höhen gefunden.

Lernziel: 1

(165) *Riesenschlange*

Material: s. u.

Spieler: Großgruppe

Spieldauer: 5—10 Minuten

Spielanleitung:
Die Kinder versuchen eine möglichst lange Schlange aus allem verfügbaren Material zu knüpfen. Z. B. werden Taschentücher, Hemden, Gürtel, Schnüre, Schals usw. so aneinander gebunden, daß die Schlange nicht auseinanderfällt. Im Freien können auch Grashalme, Blätter, Blumen usw. benutzt werden.

Lernziele: 1, 2

(166) *Wir bauen eine Stadt*

Material: Bauklötze, Schachteln, Pappkartons

Spieler: Kleingruppe

Spieldauer: ab 30 Minuten

Spielanleitung:
Aus Bauklötzen oder Pappkartons und Schachteln verschiedener Größen soll eine Stadt gebaut werden. Die Kinder sollen miteinander besprechen und planen, welche Gebäude (z. B. Häuser, Wohnblocks, Türme usw.) sie bauen wollen und wer welche Aufgaben übernimmt. Wenn die Stadt fertig ist, können Spielzeugautos und andere Spielsachen in das Spiel mit einbezogen werden.

Lernziele: 1—4

(167) *Kunstwerk*

Material: Zeitungen, Kleidungsstücke, Wäscheklammern, Farbe, Draht, Becher, Schnur usw.

Spieler: Kleingruppe

Spieldauer: ab 30 Minuten

Spielanleitung:
Der Erzieher stellt unterschiedliche Materialien im Raum bereit. Die Kinder bekommen die Aufgabe, ein Gebilde (Kunstwerk) daraus anzufertigen.

Variation: Das Gebilde wird auf einem öffentlichen Platz aufgestellt, und die Passanten werden um ihre Meinung darüber befragt.

Lernziele: 1–4

(168) *Henne und Habicht* [92]

Material: ohne

Spieler: Großgruppe

Spieldauer: etwa 20 Minuten

Spielanleitung:
Die Kinder wählen ein Kind zum „Habicht"; die übrigen sind die „Hühner". Die Hühner bilden eine offene Kette und laufen im Raum umher. Der Habicht versucht nun, das letzte Huhn der Kette zu fangen – die Kette bemüht sich, das zu verhindern. Gelingt es dem Habicht trotzdem, so muß sich das gefangene Huhn bei ihm anhängen.

Das Fangen wird für den Habicht mit zunehmender Kette immer schwieriger. Das letzte Huhn wird neuer Habicht.

Lernziele: 1–4

(169) *Katze und schwache Maus*[93]

Material: ohne

Spieler: Großgruppe

Spieldauer: 10–20 Minuten

Spielanleitung:
Die Kinder bilden einen Kreis. Eine „Maus" steht im Kreis – eine „Katze" außerhalb des Kreises. Um die Maus zu fangen, muß die Katze versuchen, in den Kreis zu gelangen. Die Kinder im Kreis sollen das verhindern.

---

92 Vgl. Leetz, M. u. a.: Korbacher Interaktionsspiel- und Übungskatalog, in: Der Spielkreis, Beiheft Nr. 2, 1972, S. 18.

93 Ebd.

Variation: Eine Katze wird ausgewählt – die anderen sind Mäuse. Die Mäuse bestimmen eine „schwache" Maus, die vor der Katze geschützt werden soll. Die Katze darf aber nicht erfahren, wer die „schwache" Maus ist. Die Katze und die Mäuse stellen sich an den Enden des Spielfeldes gegenüber auf und laufen dann aufeinander zu. Die Katze versucht dabei eine Maus abzuschlagen, ehe sie das Spielfeld durchlaufen hat. Die gefangenen Mäuse scheiden aus. Das Spiel wird solange wiederholt, bis alle Mäuse abgeschlagen sind. Die Mäuse gewinnen das Spiel, wenn es ihnen gelingt, ihre „schwache" Maus bis zuletzt zu schützen.

Lernziele: 1–4

(170) *Verstecken*

Material: ohne

Spieler: Großgruppe

Spieldauer: 10–20 Minuten

Spielanleitung:
Das bekannte Versteckspiel wird abgewandelt: Statt eines Kindes stehen zwei Partner in der Ecke und halten sich die Augen zu, während sich die anderen Kinder verstecken. Die beiden Sucher dürfen sich absprechen, wie sie vorgehen wollen (z. B. ein Kind bleibt in der Ecke stehen, damit die anderen sich nicht freimachen können, während das andere Kind auf Jagd geht). Die Versteckten sind dann gefangen, wenn sie vorher berührt und anschließend am „Baum" angeschlagen wurden.

Lernziele: 1, 2

(171) *Brezel-Spiel*

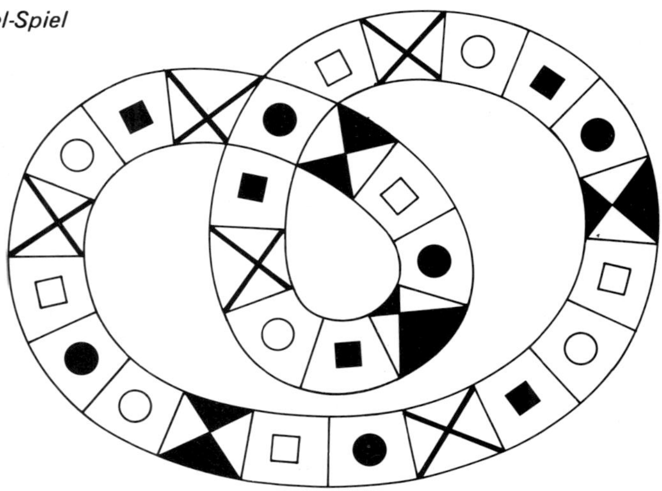

Material: großer Papierbogen

Spieler: Kleingruppe

Spieldauer: 10—30 Minuten

Spielanleitung:
Der Erzieher zeichnet auf ein großes Stück Papier eine große „Brezel", bestehend aus aneinandergereihten Kästchen. Die Kästchen können mit sich wiederholenden Zeichen (z. B. Kreuz, Punkt u. ä.) ausgemalt werden. Die Kinder sollen mögliche Spielregeln zu diesem Spielplan erfinden. Jeder Vorschlag wird ausprobiert und eventuell ergänzt.

Variation: Im Freien kann die „Brezel" entsprechend größer auf den Boden gezeichnet werden.

Lernziele: 1—4

(172) *Helfen, wenn es notwendig ist*

Material: Darstellung 19 „Helfen wenn es notwendig ist"

Spieler: Kleingruppe

Spieldauer: etwa 20 Minuten

Spielanleitung:
Darstellung 19 zeigt eine schwangere Frau, die einen Mülleimer wegtragen will, einen Handwerker, der mit seinem Werkzeug beladen ist, eine alte Frau, die an einem Einkaufsnetz schwer zu tragen hat, sowie einen Jungen, der kaum noch den Weg vor sich erkennen kann, so hoch ist der Stapel Bücher, den er trägt.

Die Bilder haben für die Kinder erfahrungsgemäß einen großen Aufforderungscharakter, d. h. sie beginnen oft, spontan den Inhalt zu beschreiben, Fragen zu stellen, über Gründe zu spekulieren usw. Das sollte der Erzieher, wenn die Bilder im Stuhlkreis gezeigt werden, unbedingt unterstützen.

Der Erzieher kann die Kinder anregen, Geschichten über die einzelnen Personen zu erzählen (Was war vorher, was geschieht hinterher? usw.). Die Umsetzung solcher Geschichten in ein Rollenspiel könnte den Abschluß bilden.

Dafür sollten ähnliche Gegenstände als Rollenspielrequisiten vorhanden sein. Die Kinder erfahren in der Auseinandersetzung mit diesen vier Situationen z. B., daß man einer schwangeren Frau schwere Arbeiten abnehmen sollte, da sie sich während der Schwangerschaft ohnehin nicht immer wohl fühlt[94], daß man ältere Menschen immer unterstützen sollte (und auch warum), schließlich aber auch, daß selbst junge Menschen Hilfe benötigen können. Der junge Mann

---

94 Querverweis: Aufgreifen des Themas innerhalb der Sexualerziehung.

kann zwar schwere Sachen tragen, hat aber durch die vielen Sachen, die er mitzunehmen hat, keine Hand mehr frei, um sich beispielsweise eine Tür zu öffnen.

Lernziele: 5, 6

(173) *Wie kann ich helfen?*

Material: Spielblätter 13–17 für jedes Kind

Spieler: Kleingruppe

Spieldauer: etwa 20 Minuten

Spielanleitung:
Zur Vertiefung des Themas „Helfen" bekommen die Kinder fünf Spielblätter. Auf den Blättern Nr. 13–16 ist jeweils eine Person gezeigt, die schwer zu tragen hat, daneben befindet sich ein Freiraum. In diesen Freiraum sollen die Kinder sich selbst zeichnen. Auf Spielblatt 17 finden sie dann Gegenstände, die die Personen tragen. Die Kinder sollen diejenigen Gegenstände, die sie selbst den vier Personen abnehmen könnten, ausschneiden und zur eigenen Person kleben.

In einem Gruppengespräch wird die eigene Wahl begründet. In diesem Gespräch sollte deutlich werden, daß die dargestellten Personen in ihrer Handlungsfreiheit eingeengt sind und eine Hilfeleistung durch Außenstehende dringend erforderlich ist.

Variation: Das Nachspielen der Situationen macht den Kindern in der Regel viel Spaß. In einem Rollenspiel können die Kinder ausprobieren, wie sie einer Person, die viel zu tragen hat, helfen können, wenn sie ihr allein oder zu zweit begegnen.

Lernziele: 5, 6

(174) *Behinderte*

Material: Darstellung 18 „Behindertes Kind im Rollstuhl"

Spieler: Kleingruppe

Spieldauer: 10–15 Minuten

Spielanleitung:
In Anlehnung an das Thema „Helfen, wenn es notwendig ist" (siehe Darstellung 19) kann beim Problem der Behinderten – gemeint sind zunächst körperlich Behinderte – ein zusätzliches Lernziel der Sozialerziehung angestrebt werden: Abbau von Vorurteilen gegenüber Minderheiten (hier: Behinderte).

Die Notwendigkeit des Helfens wird auf Darstellung 18 besonders dadurch deutlich, daß sich vor dem Eingang (Ladentür) eine Stufe befindet und auch Türgriffe da sind, so daß es für eine Person im Rollstuhl allein kaum möglich ist, in das Gebäude zu gelangen.

Das Gruppengespräch sollte über die Umweltprobleme von Behinderten (schmale Türen, Stufen, Rolltreppen usw.) hinausgehen. Um die Kinder zu provozieren, ist auf Darstellung 18 auch ein Kind abgebildet, das verwundert zum behinderten Kind schaut. Damit soll deutlich werden, daß viele Menschen Behinderten gegenüber unsicher sind. Sie haben nicht gelernt, wie sie sich Behinderten gegenüber verhalten sollen. Aus Unwissenheit sehen sie Behinderte als etwas Besonderes an.

Die Kinder können Vermutungen darüber anstellen, was die drei Kinder auf dem Bild gerade denken, was als nächstes passieren könnte, was sie selbst tun würden, wenn sie eines von den drei Kindern wären.

Für einen sinnvollen Lernprozeß wäre es wichtig, zu versuchen, die Isolierung der Behinderten zu brechen, indem auch ein behindertes Kind in die Gruppe aufgenommen wird. Das Gefühl des Ausgeliefertseins erfahren die Kinder real, wenn die Möglichkeit besteht, einen Rollstuhl zu benutzen.

Lernziele: 5, 6

(175) *Ein behindertes Kind spielt mit*

Material: Spielblätter 9—12 für jedes Kind

Spieler: Kleingruppe

Spieldauer: 10—20 Minuten

Spielanleitung:
Die Eingliederung der Behinderten in das Spiel der gesunden Kinder (sicher auch eine Form der emotionalen Hilfe) ist das Thema dieser Spielblätter. Sie zeigen Spielsituationen und ein Kind im Rollstuhl, das ausgeschnitten und den Spielsituationen zugeordnet werden soll. Die Lösungen sollen im Gruppengespräch begründet werden und auf die Realisierbarkeit hin überprüft werden. Die Kinder sollen von den Behinderten im Rollstuhl nichts unmögliches verlangen und darüber sprechen, in welcher Situation sie ihr Spiel auf das behinderte Kind einstellen müßten.

Lernziele: 5, 6

10.3 Weitere Anregungen und Materialien

Hielscher, H.: Erlernen von Kooperation, in: Hielscher, H. (Hrsg.): Materialien zur sozialen Erziehung im Kindesalter, Heidelberg 1976, 2. Aufl. (Quelle und Meyer).

Neben zahlreichen Spielvorschlägen enthält der Beitrag außerdem Hinweise auf geeignete Bilderbücher, Gedichte und Lieder.

11. Über Kommunikation sprechen: Rückmeldung und Metakommunikation

11.1 Begründung und Lernziele

Beispiel:
Stefan fällt auf durch häufige laute, aggressive und störende sprachliche Einwürfe beim Gesprächskreis, der Stillarbeit usw. Die anderen Kinder sind „sauer" auf ihn. Keiner spielt gern mit ihm. Wenn Stefan nun nicht irgendwelche Mitteilungen über die Wirkungen seines Verhaltens erhält, bezieht er die abweisenden Reaktionen der anderen Kinder vielleicht auf andere Merkmale (z. B. Aussehen usw.) und deutet: „Man mag mich nicht!"

Eine direkte und offene kurze Mitteilung (z. B. „Wenn du beim Gesprächskreis laut bist, ärgere ich mich immer und bin ganz sauer auf dich!"), die aber noch keinerlei Begründung, Kommentar, Analyse usw. enthält, wird als *Rückmeldung* bezeichnet.

Unter *Rückmeldungen* (oder auch Feed-back) wollen wir *einseitige* Mitteilungen an eine andere Person oder Gruppe verstehen vom Typ der folgenden Aussagen:

So kommt das bei mir an.

Das wird bei mir ausgelöst (Wahrnehmungen, Gefühle usw.).

So sehe ich dich in dieser Situation.

So sehe ich dich im allgemeinen.

So schätze ich dich ein.

Mir gefällt an dir, . . .

Mir mißfällt an dir, . . .

Diese Aussagen überschneiden sich z. T. Sie sind unterschiedliche Formulierungen des gleichen Problems.

Unter Rückmeldung wollen wir also *nicht* mehr die Antwort des Gesprächspartners fassen, das wechselseitige Gespräch über das Problem, das Begründen, Analysieren, Formulieren von Fragen, Suchen und Forschen nach Ursachen – kurzum jenen wechselseitigen Verständigungsprozeß, den wir im folgenden als *Metakommunikation* bezeichnen wollen.

Durch Rückmeldungen bekommen Kommunikationspartner Informationen, die unterstützende Wirkung haben können bei der Entwicklung der Persönlichkeit und vor allem von zwischenmenschlichen Beziehungen.

Nur wenn die Wirkungen des eigenen Verhaltens auf andere uns bewußt werden, sind Verhaltensänderungen möglich.

Rückmeldungen haben jedoch oft auch destruktive (zerstörerische) Wirkungen, nämlich dann, wenn sie nicht konkret und direkt, sondern indirekt gegeben werden.

Beispiel:

Erwin will morgens nicht neben Henning sitzen (eine Aufgabe nicht gemeinsam durchführen). Erwin macht ein mürrisches, ärgerliches und abweisendes Gesicht dazu. Das liegt daran, daß Henning beim Basteln und Kneten — welches eine Lieblingsbeschäftigung von Erwin ist — ständig unruhig, lustlos, unkonzentriert ist und Erwin knufft. Da eine direkte und konkrete Rückmeldung darüber aber nicht erfolgt, muß Henning denken, daß Erwin ihn insgesamt ablehnt. Eine Änderung des Sozialverhaltens ist so nicht möglich.

Günstige Formen der Rückmeldung sind für die Kommunikation von Erwachsenen (also auch Erziehern) herausgefunden worden. Sie gelten unseres Erachtens in ähnlicher Weise auch für die Kommunikation von Kindern.

Rückmeldungen sollten *nicht* verletzen oder „anklagen, befehlen, Urteile fällen, verurteilen, sich in Beschimpfungen ergehen oder den anderen ins Unrecht setzen" und es vermeiden, den Kommunikationspartner „in eine unterlegene Position zu manövrieren"[95].

Die Rückmelde-Problematik hat in unserem Zusammenhang eine zweifache Bedeutung:

1. Der Erzieher muß ständig ein gutes Modell im Hinblick auf das hilfreiche Geben von Rückmeldungen gegenüber Kindern sein.
2. Der Erzieher sollte weiter darauf achten, daß die Kinder untereinander sich in vergleichbarer Weise beim Geben von Rückmeldungen verhalten.

Eines sei klar hervorgehoben, um möglichen Mißverständnissen zu begegnen: Zwar werden auch von Kindern ständig — meistens unbewußt — Rückmeldungen gegeben. Trotzdem erscheint es fraglich, ob man ihnen die aus gruppendynamischen Übungen bekannte Technik des Gebens von Rückmeldungen einschließlich der dazu notwendigen Regeln bereits vermitteln kann. Aber es erscheint durchaus als möglich, daß auf einem einfacheren Niveau Teilaspekte der Technik erfahrbar gemacht werden. So sind Übungen möglich, in denen Kinder im Schutze bestimmter Spielregeln und unter Aufsicht des Erziehers Rückmeldungen erhalten über ihr gegenwärtiges Verhalten.

---

95 Schwäbisch, L./Siems, M.: Anleitung zum sozialen Lernen für Paare, Gruppen und Erzieher, Reinbek bei Hamburg 1974, S. 68.
Die Autoren nennen für die Kommunikation von Erwachsenen (!) außerdem folgende Regeln für hilfreiche Rückmeldungen (auch „Feedback" genannt):

„1. Gib Feed-back, wenn der anderes es auch hören kann.
2. Feed-back soll so ausführlich und konkret wie möglich sein.
3. Teilen Sie Ihre Wahrnehmungen als Wahrnehmungen, Ihre Vermutungen als Vermutungen und Ihre Gefühle als Ihre Gefühle mit.
4. Feed-back soll den anderen nicht analysieren.
5. Feed-back soll auch gerade positive Gefühle und Wahrnehmungen umfassen."

Bei den folgenden Spielvorschlägen (vor allem den Spielen Nr. 180 bis 187 ist auf die Verwirklichung positiver Verhaltensweisen zu achten (nicht nur durch modellhafte Vorgaben, sondern auch durch Unterbinden problematischer Verhaltensweisen wie *verletzender* Rückmeldungen oder Übertreibungen bei positiven Rückmeldungen). Einige Kinder neigen dazu, harte und verletzende Rückmeldungen zu formulieren — gerade auch gegenüber sensibleren und empfindsameren Kindern. Falls diese Gefahr nicht auszuschließen ist, sollte man die Spiele Nr. 180 bis 187 zunächst lieber weglassen. Mögliche negative Wirkungen, auch wenn die noch so gering wären, würden eindeutig den Zielsetzungen unseres Programms widersprechen.

Wichtig ist auf jeden Fall, daß die Kinder sensibilisiert werden für die unerwünschten Wirkungen von destruktiven Rückmeldungen. Dazu wollen die Spiele Nr. 176 bis 179 ein Betrag sein. Sie sollten auf jeden Fall durchgeführt werden. Erst wenn diese Spiele häufiger gespielt worden sind und der Erzieher den Eindruck gewinnt, daß gegenseitige Rücksichtnahme, Einfühlungsvermögen und Sensibilität in bezug auf negative Rückmeldungen sichergestellt sind, sollte zu den Spielen Nr. 180 bis 187 übergegangen werden. Dabei ist es auch hilfreich, wenn bei — im Einzelfall notwendigen — negativen Rückmeldungen durch das Nennen zusätzlicher positiver Aspekte die Annahme der Rückmeldung durch das Kind erleichtert wird. In dieser Frage kommt sehr stark die Geschicklichkeit des Erziehers zum Tragen: Er sollte bei den einzelnen Spielen die Rückmeldesituation variabel und flexibel jeweils so gestalten, daß auch positive Rückmeldungen möglich werden.

Ein Teilaspekt, der auf jeden Fall realisiert werden sollte, ist der Einsatz der Spiele als Rückmeldeübung der Kinder gegenüber dem Erzieher: „So sehen wir dich!" Dieser Aspekt wird leider viel zu selten berücksichtigt. Dabei kann der Erzieher viel über sich und sein Verhalten erfahren, vorausgesetzt, er schafft ein Klima, in dem Kindern offene und direkte Rückmeldungen möglich sind und der Erzieher in diesem Bereich zunächst einmal lange zuhören kann und nicht gleich jede Rückmeldung analysiert, bespricht, abweist usw.

Gehen wir nun noch jenem bereits angesprochenen Aspekt ein wenig nach, der über die einseitige Mitteilung im Sinne von „Rückmeldung" hinausgeht, also der wechselseitigen Auseinandersetzung über die Art und Weise der verwirklichten Kommunikation.

Dazu ein Beispiel, das auf den ersten Blick diesen Aspekt gar nicht abzudecken scheint:

Kurz bevor die Kinder nach Hause gehen bzw. abgeholt werden, soll aufgräumt werden. Manuela bestürmt die Erzieherin jedoch pausenlos mit Fragen aus der Lerneinheit zur Sexualerziehung vom vergangenen Tag. Erzieherin: „Furchtbar, Manuela, du räumst aber auch nie richtig auf!" Eigentlich hatte sie sagen wollen: „Es ärgert mich, wenn du mich so kurz vor Schluß aufhältst, weil ich nicht so gerne den Rest allein wegräumen möchte!" Manuela fühlt sich mißverstanden und ungerecht behandelt. Sie zeigt einen enttäuschten, betroffenen Gesichtsausdruck und geht wortlos fort.

In dieser beispielhaften Situation sind sowohl von der Erzieherin als auch von Manuela in einem wechselseitigen Prozeß Aussagen „gesendet" worden über die Art und Weise ihrer gemeinsamen Kommunikation. Solche Aussagen, Kommentare, Gespräche usw. können positiven Inhalts oder — wie in unserem Beispiel — auch negativen Inhalts sein.

Im Unterschied zur „Rückmeldung" sollen in diese Kategorie keine *einseitigen* Mitteilungen vom Typ „So kommt das bei mir an!" oder „So sehe ich dich!" fallen, sondern wechselseitige Prozesse der Kommentierung und Analyse der realisierten Kommunikation, die wir als *Meta-Kommunikation* (also Kommunikation über Kommunikation)[96] bezeichnen.

Dieser wechselseitige Prozeß kann nun sehr unterschiedlicher Qualität sein. Er kann sehr offen und direkt erfolgen oder — wie in unserem Beispiel — auch indirekt.

Indirekt und nicht offen ablaufende Prozesse der Kommentierung und Beurteilung verwirklichter Kommunikation sind besonders gefährlich. Das läßt sich an unserem Beispiel verdeutlichen. Wenn die Erzieherin die Frage stellen würde, ob Manuela böse auf sie sei, könnte Manuela durchaus antworten: „Wieso? Hab' ich doch gar nicht gesagt!" Dieses Dementieren ermöglicht die *Mehrdeutigkeit* nonverbaler Aussagen[97].

Diese Form des wechselseitigen Gesprächs über Kommunikation ist selbstverständlich nicht besonders hilfreich, weil sie ein großes Störungs- und Konfliktpotential (Mißverständnisse usw.) in sich birgt. Hilfreiche Meta-Kommunikation kann nur direkt und offen sein.

---

96 Vgl. Watzlawick, P. u. a.: Menschliche Kommunikation, Bern/Stuttgart/Wien 1972, S. 41 ff. — vgl. zum Begriff auch Schwäbisch, L./Siems, M.: Anleitung zum sozialen Lernen für Paare, Gruppen und Erzieher, Reinbek bei Hamburg 1974, S. 250 f.

97 Weitere Beispiele für nicht direkte und nicht offene Aussagen, die die wechselseitige Verständigung über die realisierte Kommunikation erschweren, sind die folgenden. Dabei sind hier allerdings nur Einzelaussagen zur Verdeutlichung herausgelöst worden und nicht längere Sequenzen.

Indirekte sprachliche metakommunikative Aussage:

Die Erzieherin spricht mit einem Kind, das mit Wachskreide ein Haus malt und macht eine Reihe von Verbesserungsvorschlägen. Das Kind fühlt sich jedoch bedrängt und will lieber den eigenen Vorstellungen entsprechend malen. Es formuliert dies aber nicht direkt, sondern sagt: „Du bist eine alte Meckerziege!"

Widersprüchliche Aussagen, vor allem als Widerspruch zwischen dem nonverbalen (Mimik, Gestik, Tonfall) und dem verbalen Teil:

Die Erzieherin sagt einem Kind, das sie nicht mag (sichtbar über ihre Mimik) das Gegenteil.

Um bei unserem Beispiel zu bleiben:

Die Erzieherin hätte statt der indirekten Formulierung „Furchtbar, Manuela, du räumst aber auch nie richtig auf!" gesagt: „Es ärgert mich, wenn du mich so kurz vor Schluß aufhältst, weil ich nicht so gerne den Rest allein wegräumen würde. Ich verstehe gut, daß dich das alles sehr interessiert – vielleicht können wir morgen früh noch einmal darüber reden! Jetzt geht es aber nicht, weil ich gleich weg muß. Ich würde mich aber freuen, wenn du mir beim Aufräumen helfen könntest!" In diesem Fall wäre Manuela direkt über die Motive der Erzieherin informiert worden. Sie wären ihr einsichtig und verständlich geworden, und sie bräuchte nicht ebenfalls indirekt zu reagieren (und mit einem betroffenen Gesichtsausdruck wegzugehen).

Leider erhalten Kinder innerhalb der familialen Sozialisationsprozesse nicht immer Gelegenheit, offene, hilfreiche Meta-Kommunikation zu erlernen. Solche Vorgänge sind in vielen Familien unüblich, ja fast tabuisiert: Gespräche über Kommunikation zwischen Eltern dürfen (wenn sie überhaupt stattfinden) häufig nicht mit angehört werden. Ebenso selten sind Gespräche über die Eltern-Kind-Beziehung unter direkter Beteiligung der Kinder[98].

Doch selbst, wenn es zu Gesprächen über die zwischenmenschlichen Beziehungen kommen sollte, machen sich vielfach zusätzliche Störfaktoren bemerkbar wie:

affektive Aussagen über den anderen, kein Ansprechen auch positiver Seiten des Partners, undifferenzierte Schwarzweißmalerei, Entwertung von Aussagen (z. B. Eltern vertrösten ihre Kinder mit Zusagen, ohne daß Handlungen folgen)[99].

Außerdem ermutigen Eltern ihre Kinder kaum zur Mitteilung positiver und negativer Gefühlsäußerungen. „Ein Kind, das Ängste und Schwächen zugibt, wird getadelt, verlacht (besonders, wenn es ein Junge ist), oft durch Bagatellisierungen und Hinweise auf ‚schneidige' Altersgenossen entmutigt. So wird es zu Taktiken und Verleugnungen gezwungen; es lernt, sich unklar, d. h. dementierbar auszudrücken, um nicht so verletzbar zu sein"[100].

---

98 Vgl. Mandel, A./Mandel, K. H.: Einübung in Partnerschaft durch Kommunikationstherapie und Verhaltenstherapie, in: Mandel, A. u. a.: Einübung in Partnerschaft durch Kommunikationstherapie und Verhaltenstherapie, München 1972, 4. Auflage, S. 62

99 Vgl. Mandel, A./Mandel, K. H.: Einübung in Partnerschaft durch Kommunikationstherapie und Verhaltenstherapie, in: Mandel, A. u. a.: Einübung in Partnerschaft durch Kommunikationstherapie und Verhaltenstherapie, München 1972, 4. Auflage, S. 63

100 Mandel, A./Mandel, K. H.: Einübung in Partnerschaft durch Kommunikationstherapie und Verhaltenstherapie, in: Mandel, A. u. a.: Einübung in Partnerschaft durch Kommunikationstherapie und Verhaltenstherapie, München 1972, 4. Auflage, S. 55. Im Original z. T. hervorgehoben.

Schließlich unterbleiben offene Gespräche auch dadurch, daß Konflikte (und auch Kritik) vielfach als beschämend erlebt werden [101]. Das dürfte sich auch auf andere problemlosere metakommunikative Bereiche übertragen.

Diese Feststellungen verweisen mit großem Nachdruck auf die Notwendigkeit, Kindern als Gegengewicht – sozusagen „kompensatorisch" – ständig und systematisch Lernangebote zur Förderung metakommunikativen Verhaltens zu unterbreiten!

Wie könnte dies geschehen?

Zunächst einmal ist festzuhalten, daß einige der schon beschriebenen bzw. noch zu beschreibenden Fähigkeitsbereiche bereits metakommunikative Teilfertigkeiten darstellen. Dazu zählen insbesondere die Abschnitte „Andere wahrnehmen und verstehen" sowie „Eigenwahrnehmung sensibilisieren"[102], und z. T. auch „Hilfreich Zuhören"[103].

Diese Teilfertigkeiten sind sehr wichtig im Zusammenhang mit metakommunikativen Vorgängen (Gesprächen). An dieser Stelle sollen nur noch über sie hinausgehende Gesichtspunkte erwähnt werden:

1. Ganz entscheidend hängt das Funktionieren und Gelingen der Metakommunikation von dem ab, was man grob umreißen kann mit dem Begriff des „offenen Klimas" innerhalb der Kindergruppe und vor allem zwischen dem Erzieher und den Kindern. Und dies ist in der Regel nur dann vorhanden, wenn offene metakommunikative Mitteilungen (auch z. B. Kritik am Erzieher) nicht bestraft, sondern verstärkt und gefördert werden. Das ist nur möglich in einem *angstfreien* Gesamtklima. Angstfreiheit wiederum schließt aus, daß innerhalb der Kindergruppe Leistungsdruck und Konkurrenzdenken herrschen, der Erzieher eine autoritäre Machtposition einnimmt oder einen Erziehungsstil bevorzugt, der auf Erzeugung von Angst (z. B. Angst vor Liebesentzug) basiert.

2. Über das Merkmal der Angstfreiheit hinaus muß die Gesamtatmosphäre gekennzeichnet sein durch Freundlichkeit, gegenseitige Akzeptierung und Entspannung.

3. Nur unter den genannten Bedingungen – und da gibt es keine Ausnahme – wird verhindert, daß metakommunikative Aussagen (Botschaften) indirekt statt direkt gesendet werden oder daß sie unklar bzw. widersprüchlich (und damit dementierbar) formuliert werden (um nicht verletzbar zu sein). Das alles ist auch besonders wichtig zur Auflösung bereits entstandener Konfliktsituationen.

---

101 Vgl. Mandel, A./Mandel, K. H.: Einübung in Partnerschaft durch Kommunikationstherapie und Verhaltenstherapie, in: Mandel, A. u. a.: Einübung in Partnerschaft durch Kommunikationstherapie und Verhaltenstherapie, München 1972, 4. Auflage, S. 64

102 Abschnitte 3 und 5 in diesem Kapitel.

103 Abschnitt 13 in diesem Kapitel.

Metakommunikative Fertigkeiten werden außer in den Rückmeldespielen vor allem in den Spielen Nr. 192 bis 193 angesprochen. Voraussetzung sind die Spiele des Abschnitts 3.

Lernziele

1. Kennzeichnende Merkmale der Kommunikation erkennen und beschreiben können.[104]
2. Hilfreiche (nichtverletzende) Rückmeldungen verstehen und anwenden können.
3. Die Wirkungen von destruktiven[105] Rückmeldungen verstehen und vermeiden können.
4. Rückmeldungen über das eigene Verhalten aushalten können.
5. Über die verwirklichte Kommunikation nachdenken und sprechen können.[106]
6. Kommunikationsschwierigkeiten (-konflikte)[107] wahrnehmen, erkennen und aussprechen können.
7. Gemeinsam im Gespräch über die Kommunikation nach Lösungen suchen können.[108]
8. Metakommunikative Gespräche desensibilisiert[109] führen und eine hilfreiche, wohlwollend-akzeptierende Haltung einnehmen können.
9. Metakommunikative Aussagen direkt (statt indirekt) formulieren können.

---

104 Atmosphäre, Störungen, Rollenverteilung, Macht-, Herrschafts-, Dominanzäußerungen, Offenheit, emotionales Klima (Wertschätzung, Angstfreiheit oder nicht, Konkurrenzdruck, Entspanntheit, symmetrische oder komplementäre Beziehungen usw.), Regeln, die die Art der Kommunikation in der Gruppe ordnen und Regelverletzungen, Bedeutung und Stellenwert eigener und fremder Gefühle, eigene Stellung im Kommunikationsprozeß, Kommunikationsschwierigkeiten (indirekte, widersprüchliche Aussagen usw.).

105 Z. B. indirekte statt direkte, verletzen, anklagen, verurteilen, beschimpfen, befehlen, den anderen in eine unterlegene Position bringen oder ins Unrecht setzen usw.

106 Reflektieren, nach Gründen und Erklärungen suchen können, die verwirklichte Kommunikation verstehen können, Fragen stellen können zur verwirklichten Kommunikation, Gründe und Ursachen finden.

107 Z. B. die Verletzung von Kommunikationsregeln oder indirektes, statt direktes Senden von Botschaften, unklares und widersprüchliches Formulieren.

108 Z. B. Regeln und Abmachungen vereinbaren.

109 Angstfrei, aggressionsfrei usw.

11.2 Spiel- und Lernvorschläge

(176) *Paul und Paula*

Material: Handpuppen (nicht zwingend notwendig)

Spieler: Großgruppe

Spieldauer: etwa 20 Minuten

Spielanleitung:
In diesem *Puppenspiel* geht es um das Problem ungünstiger, verletzender Rückmeldungen, also um nicht-direkte Verhaltensweisen, die der andere nicht oder falsch verstehen kann und die ihn emotional sehr treffen: Wenn Hanna z. B. beim Malen immer sehr ungestüm ist und sehr oft den Farbtopf umstößt, kann man beobachten, daß die anderen Kinder, die Hanna sonst eigentlich ganz gern mögen, einfach nur sagen: „Geh weg! Du bist doof!" oder „Komm bloß nicht her!"

Hanna kann aus diesen Äußerungen heraus selbstverständlich nicht die Motive für die teilweise Zurücksetzung verstehen und fühlt sich mit ihrer ganzen Person abgelehnt und zurückgesetzt. Sie reagiert darauf sehr niedergeschlagen. Diese Problematik muß von den Kindern wahrgenommen und verstanden werden.

Dahin führt das folgende Puppenspiel, das der Erzieher den Kindern vorspielen oder auch nur als Geschichte erzählen kann.

Paul und Paula sind Freunde. Sie mögen sich sehr gern. Wenn sie sich sehen, lachen sie, umarmen sich und schmusen miteinander.

Paul hört es nun besonders gern, wenn Zeitungen rascheln. Immer wenn er ganz froh und glücklich ist, holt er sich eine Zeitung und fängt ganz lange an zu rascheln. Das geht so: (Rascheln mit der Zeitung) „Oh, Mmm, herrlich, wunderbar!" (Paul tritt ab, Paula tritt auf.) Paula aber hört gern Musik und kleine Glöckchen klingeln. Das Rascheln von Zeitungen mag sie überhaupt nicht: „I-gittigitt. Ähh! Furchtbar! Schrecklich! Entsetzlich!"

Aber geredet haben die beiden noch nie darüber, was sie eigentlich gern mögen und was nicht!

Heute besucht Paul seine Paula wieder. Er stürmt ins Zimmer und ruft: „Oh, wie bin ich froh! Wie bin ich glücklich, wieder bei dir zu sein, meine liebe Paula!" Er nimmt sich die Zeitung vom Tisch und fängt an zu rascheln: „Oh! Mmm! Wunderbar! Herrlich! Ich bin ja so glücklich!"

Paula aber kann das Rascheln nicht hören. Sie hält sich die Ohren zu: „Du bist blöd! Geh weg! Hau ab! Du bist doof!"

Paul läßt vor Schreck die Zeitung fallen: „Oh, wie schrecklich, Paula mag mich nicht mehr! Sie hat gesagt, ich bin blöd und soll weggehen! Ich bin ja so traurig!" (Weinen)

Das Problem wird an die Kinder weitergegeben: Wie kommt das bloß? Was machen wir nur? Wie geht es weiter? Die Kinder versuchen, die Aussagen von Paul und Paula zu analysieren und zu erklären.

Ähnliche Geschichten von Paul und Paula sind ohne größeren Aufwand zu konstruieren, z. B.: Paula sammelt so gern Schrauben und Dosen, die sie in einer großen Tasche mit sich herumträgt. Das Klappern und Klimpern ist für sie ein Hochgenuß, für Paul aber ein Graus.

Lernziele: 1, 3, 5, 6, 7

(177) *Pit und Pitti*

Material: Handpuppen

Spieler: Großgruppe

Spieldauer: etwa 20 Minuten

Spielanleitung:
In diesem Puppenspiel wird die Problematik aus Spiel 176 noch etwas konzentrierter aufgegriffen. Pit und Pitti sind die Hauptdarsteller. Pit ist in einer Situation, in der er Rückmeldungen geben muß.

Beispiel:[110]
Pitti ist beim Basteln immer so wild, daß Pit gestört wird. Heute will Pitti nun wieder beim Basteln neben Pit sitzen. Der weist sie jedoch ab und gibt Pitti eine indirekte Rückmeldung: „Du bist doof!"

Pitti geht erschrocken, zusammengesunken und traurig weg.

Sie kommt dann zurück und fragt noch einmal, ob sie neben Pit sitzen darf. Pit: „Du bist blöd!" Das wiederholt sich nun sehr oft und schnell hintereinander. Dabei werden weitere typische Äußerungen von Kindern, die indirekte, sprachliche, negative Rückmeldungen darstellen, genannt:

---

110 Weitere Beispiele für Anlässe, Gründe, die Kinder zu irgendwelchen Rückmeldungen veranlassen:

Ein anderes Kind schubst und drängt sich immer vor, will immer Recht haben, nimmt anderen immer etwas weg, zeigt Aggressivität, provoziert usw., stört (ist laut), riecht unangenehm, ist ungewaschen, streitet zu viel, ist gemein, hinterhältig, gibt an und übertreibt, stößt ständig die Farben um beim Malen, meckert immer an den Bildern der anderen Kinder herum, ein Kind wird von einem anderen abgelehnt (A mag B nicht): Du sollst nicht mein Freund sein, ein Kind soll nicht mitspielen, A soll nicht mit B nach Hause gehen, zu Hause spielen, zum Geburtstag kommen, dort schlafen, Meinungsverschiedenheiten (Du hast unrecht), Rollenprobleme: der Star dominiert zu sehr.

Ich find' dich doof! Hau ab! Laß mich zufrieden! Ich will nicht mit dir spielen! Du bist blöd! Bleib bloß da! Geh weg! Komm bloß nicht her! Ich kann dich nicht seh'n! Du kriegst auch keinen Bonbon! Was stehst du so da?[111]

Alle diese Äußerungen sind *indirekt* und übermitteln nicht den eigentlichen Grund der Ablehnung. Diese Verhaltensweisen können somit auf ganz andere Aspekte bezogen werden, z. B. als Ablehnung der ganzen Person. (Er mag mich nicht!)

Das betroffene Kind hat also keine Chance, durch Beseitigung des störenden Punktes, den es ja nicht kennt, die Beziehung zu verbessern. Es fühlt sich abgelehnt und ausgestoßen (Gefühle der Niedergeschlagenheit und Traurigkeit).

Die besondere Schwierigkeit ist, daß es in der Tat zu kritisierende Teilaspekte an der anderen Person geben kann. Nur sollte Kritik in einer warmherzigen, hilfreichen und unterstützenden Weise mitgeteilt werden, damit sie *erträglich* ist. Diese Aussagen gelten auch für das Verhalten des *Erziehers* gegenüber den Kindern.

Wichtig ist, daß die Rückmeldung nicht einfach so stehenbleibt, sondern daß die betroffene Person hilfreiche Unterstützung bekommt bei notwendigen Änderungen, die erreicht werden können im Schutze einer wertschätzenden Atmosphäre und gegenseitiger Akzeptierung.

An das Spiel schließt sich ein Gruppengespräch mit den Kindern an:

Pitti weiß nicht, warum Pit so zu ihr ist.

Wie fühlt sich jemand, wenn der so wie Pitti behandelt wird? Was könnte Pit besser machen? Wie soll es weitergehen? Wie können wir Pitti helfen?[112]

Lernziele: 1, 3, 5, 6, 7

---

111 Typische indirekte Rückmeldungen, die nonverbal übermittelt werden:
unfreundlich anschauen, mißmutiges Gesicht machen, weggehen, über die Mimik und Gestik provozieren (Zunge ausstrecken). Aggressiv werden (schubsen, etwas zerstören), jemanden auslachen usw.
Diese Formen lassen sich nur leider kaum im Puppenspiel darstellen.

112 Zusammenfassend kann also gesagt werden: Zunächst muß gelernt werden, wahrzunehmen, daß solche Reaktionen falsch entschlüsselt werden, dann, wie sich jemand fühlt, der so negativ bedacht wird, pauschal abgelehnt wird usw. In einem dritten Schritt muß überlegt werden, wie man es besser machen kann.

(178) *Das tut mir weh!*

Material: ohne

Spieler: Kleingruppe

Spieldauer: 10–20 Minuten

Spielanleitung:
Die vorgeschlagenen Lösungen aus dem Spiel Nr. 177 sollten auch im Rollenspiel durchgespielt werden.

Dabei ist zu bedenken, daß die Rolle der Pitti verständlicherweise z. T. belastend ist, während die Rolle des Pit einigen Kindern sogar besonderen Spaß macht. Daher ist es nun wichtig, um nicht falsche Lernprozesse in Gang zu setzen bzw. die angestrebten Lernziele zu gefährden, daß die Rollen in einem zweiten Durchgang getauscht werden. Außerdem ist besonders auf das Herausfinden von befriedigenden Lösungen zu achten: z. B. Pit erklärt Pitti direkt, wodurch er sich gestört fühlt, und sagt anschließend: „Aber sonst mag ich dich gern – nur diese eine Sache nicht!" Pitti verspricht, am Tisch vorsichtiger zu sein. „Darf ich dann bei dir sitzen?" Pit: „Ja, komm her!" Beide umarmen sich.

Das Vorspielen positiver Verhaltensweisen (auch im Puppenspiel) ist wegen der möglichen Prozesse des *Modell-Lernens* sehr wichtig!

Lernziele: 1, 2, 3, 5, 6, 7, 9

(179) *Wie fühlt sich einer, wenn man sagt, man mag ihn nicht?*

Material: Kartensatz A, daraus die Karten 2–6, 8, 10, 11, 13, 15–18 und 22

Spieler: Kleingruppe

Spieldauer: 10–20 Minuten

Spielanleitung:
Die Kinder sitzen im halboffenen Stuhlkreis. Der Erzieher nimmt eine Karte vom Stapel und nennt dazu eine Situation[113], z. B.: „Paul sagt zu Paula: Magst du mich?" Wie die Geschichte weitergeht, seht ihr auf diesen Bildern. Er zeigt die Karte: „Was hat Paula wohl gesagt?" „Wie fühlen sich die beiden?" Dabei sind verschiedene Lösungen möglich. Wird z. B. die Karte Nr. 15 (ein Kind ist wütend und droht) gehoben, kann das Paula sein oder bereits Paul in seiner Reaktion auf Paulas Antwort.

---

113 Eine Variation wäre es, wenn keine genaue Situation genannt wird, sondern einfach eine Karte aus dem Kartensatz A gezeigt wird mit der Bemerkung: „Paula hat etwas zu Paul gesagt. Wie fühlt sie sich? Was hat Paul wohl vorher gesagt?"

In diesem Fall kann man darüber sprechen: Wie könnte man Paul helfen? (Trösten, Streicheln usw.)

Es geht in diesem Spiel darum, die Kinder dafür zu sensibilisieren, welche emotionalen Wirkungen bestimmte Antworten (Rückmeldungen) auf den anderen haben können.

Lernziele: 1, 3, 5, 6

(180) *Kleidertausch*

Material: ohne

Spieler: Kleingruppe

Spieldauer: etwa 10 Minuten

Spielanleitung:
Zwei Kinder tauschen ihre Kleidung und schlüpfen sozusagen in die Person des anderen. Sie stellen ihn in einem Rollenspiel so dar, wie sie ihn bisher wahrgenommen haben. (Dies ist eine direkte Rückmeldung für das andere Kind): Ich sage oft . . ., Ich bin . . . ., Ich möchte am liebsten immer . . .

Lernziele: 1, 2, 3, 4

(181) *Kind erraten*

Material: ohne

Spieler: Großgruppe

Spieldauer: etwa 15 Minuten

Spielanleitung:
Ein Kind verläßt den Raum. Die Gruppe bestimmt inzwischen ein zweites Kind, das geraten werden soll. Das erste Kind kommt wieder herein, und die Gruppe nennt Eigenschaften, Verhaltensweisen, Auffälligkeiten, Ereignisse des betreffenden Tages, bis das Kind rät, wer es ist. Das Nennen der Merkmale ist für das beschriebene Kind eine Form der Rückmeldung. Ein besonderer Vorteil dieses Spieles ist es, daß die Kinder präzise Merkmalsbeschreibungen geben müssen (keine Übertreibungen).

Lernziele: 1, 2, 3, 4

(182) *Foto-Spiel*

Material: Fotos „Mimik, Gestik, Situationen". Ein Foto jedes Kindes. Selbstgezeichnete Bilder oder Fotos aus Zeitschriften

Spieler: Kleingruppe

Spieldauer: etwa 15 Minuten

Spielanleitung:
Die Kinder sitzen im Stuhlkreis oder am Gruppentisch.

Eine soziale Situation (z. B. Streit, Zuneigung usw.) wird durch ein Bild (Illustriertenfoto) vorgegeben. Die Gesichter der Personen sind mit Papier überklebt. Von allen Kindern sind kleine Fotos der Gesichter vorhanden. Sie werden auf die Leerstellen der Gesichter gelegt. Damit geben die Kinder Rückmeldung darüber, wie sie andere in bestimmten Situationen sehen. Der gleiche Spieleffekt läßt sich auch so erreichen: Als Situationsbilder werden die Fotos oder der Kartensatz A benutzt. Die Fotos der Kinder werden dann einfach daneben gelegt.

Lernziele: 1, 2, 3, 4

(183) *Flaschendrehen*

Material: Flasche

Spieler: Großgruppe

Spieldauer: etwa 15 Minuten

Spielanleitung:
Der Erzieher formuliert eine Frage, z. B.: „Sage mir, wer heute viel gestritten, wer anderen geholfen hat, laut, freundlich war usw." (gleichermaßen positive und negative Gesichtspunkte).[114] Die Flasche wird in der Mitte des Stuhlkreises gedreht. Derjenige, auf den der Flaschenhals zeigt, antwortet. Die gleiche Spielidee läßt sich auch verwirklichen, wenn die Kinder im Kreis sitzen und sich einen Ball zurollen oder einen Gegenstand, z. B. ein geknotetes Taschentuch, zuwerfen.

Lernziele: 1, 2, 3, 4

(184) *Kofferpacken*

Material: ohne

Spieler: Großgruppe

Spieldauer: etwa 15 Minuten

114 Siehe zu weiteren Gesichtspunkten Spiel Nr. 192.

Spielanleitung:
Die Kinder sitzen im Stuhlkreis.

Ein Kind verläßt den Raum. Die anderen einigen sich, welche *Eigenschaften* oder konkreten Verhaltensweisen (wie bei Spiel Nr. 183) „eingepackt" werden sollen. Die Aufgabe des ersten Kindes besteht nun darin, durch Fragen herauszubekommen, wer gemeint ist: „Was hast du (noch) eingepackt?" „Was habt ihr (noch) eingepackt?"

Vorübung: Kleidungsstücke einpacken

Lernziele: 1, 2, 3, 4

(185) *Gefühlskarten*

Material: Kartensatz A, daraus die Karten 1–3, 5–11, 15–18, 21–27, 29–32

Spieler: Kleingruppe

Spieldauer: 15–20 Minuten

Spielanleitung:
Der Erzieher trifft eine Auswahl aus beiden Kartensätzen, so daß jede Karte 2mal im Spiel ist und alle Kinder verschiedene Karten haben.

Die Kinder sitzen im Stuhlkreis.

Jedes Kind hat einige Karten[115] in der Hand.

Der Erzieher stellt Fragen nach folgendem Muster:

Wie habt ihr (z. B.) Peter heute beim Basteln empfunden?

Wie habt ihr den Erzieher heute beim Vorlesen der Geschichte empfunden?

Wie habt ihr die Gruppe heute beim Frühstück empfunden?

Wie hast du dich gefühlt, als ich ein wenig böse wurde? usw.

Als Antwort zeigen die Kinder die entsprechende Karte.

Der Erzieher richtet die Fragen reihum an die Kinder. Vorher wird vereinbart, daß die Frage an den Nachbarn weitergegeben werden kann, wenn das betreffende Kind unter seinen Karten keine hat, mit der es antworten möchte.

Lernziele: 1, 2, 3, 4

115 Vgl. Spiel Nr. 187.

(186) *So sehe ich dich*

Material: Spielplatte B, Setzsteine, Kartensatz A

Spieler: Kleingruppe

Spieldauer: 10–30 Minuten

Spielanleitung:
Es sollen bestimmte gegensätzliche Merkmale eines Kindes beschrieben werden (z. B. traurig–fröhlich). Diese Merkmale werden auf der rechten und linken Seite des Spielfeldes (siehe Abbildung) symbolisch dargestellt durch entsprechende Karten.[116] Es soll nun eine Aussage gemacht werden über jedes Merkmal. Das geschicht dadurch, daß ein Setzstein entweder auf die rechte oder linke Seite des Spielfeldes gelegt wird.[117]

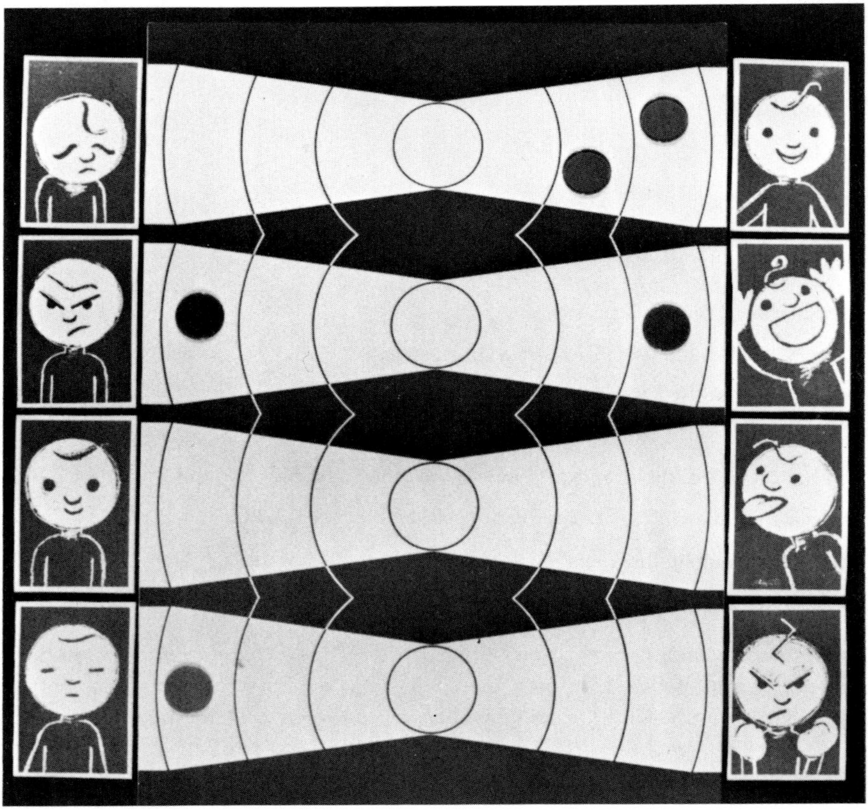

116 Vgl. Abbildung.

117 Die Intensität des Merkmals (z. B. nur ein klein wenig trotzig oder sehr trotzig) kann dadurch gekennzeichnet werden, daß der Setzstein näher zu dem Emotionskärtchen (bzw. zur Mitte) gelegt wird (breites oder schmales Feld). Vgl. auch Anmerkung 51.

Es sollte jeweils eine eingegrenzte Situation genannt werden, auf die sich die Rückmeldung beziehen soll. (Beispiel: „Wie habt ihr Peter heute beim Freispiel empfunden?")

Das Spiel wird zunächst ohne Verbalisierung gespielt. Es ermöglicht so die Teilnahme von sprachlich noch unterentwickelten oder gehemmten Kindern. Später sollten eine Verbalisierung des Vorgangs und ein Gruppengespräch angestrebt werden.

Der Erzieher sollte dieses Spiel äußerst behutsam einsetzen. Der Verlauf und die Wirkungen des Spiels hängen sehr stark ab vom Verhalten und von der Planung des Erziehers (z. B. Nennen der Situation, Auswahl der Karten, Nennen zusätzlicher positiver Aspekte, Unterbinden verletzender Rückmeldungen usw.). Bei unüberlegter Anwendung und in einer wenig stabilen Gruppe können sich bei negativen Rückmeldungen starke emotionale Wirkungen ergeben. Das spricht jedoch nicht prinzipiell gegen das Spiel, da die Kinder sich untereinander ohnehin tagtäglich diese Rückmeldungen erheblich direkter und weniger hilfreich und reflektiert geben.

Grundsätzlich sollten Spiele, in denen negative Rückmeldungen möglich sind, nicht zu Anfang, sondern eher gegen Ende von Sozialerziehungsprogrammen durchgeführt werden.

Der Spielverlauf läßt sich idealtypisch etwa in folgenden Variationen denken:[118]

1. Ein Kind stellt dar, wie es ein anderes wahrnimmt: „So sehe ich dich!"
2. Die Gruppe stellt dar, wie sie ein einzelnes Kind sieht: „So sehen wir dich!" In diesem Fall werden die Spielmarken benutzt. Es können mehrere Spielmarken aufeinandergelegt werden, wenn mehrere Kinder einer Meinung sind.
3. Ein Kind stellt dar, wie es die Gruppe sieht: „So sehe ich euch!"
4. Die Gruppe stellt sich selbst dar: „So sehen wir uns!" In dieser Form stellt das Spiel nicht nur eine Rückmeldung dar, sondern fällt auch in den Bereich „Sensibilisierung der Eigenwahrnehmung"[119]. Dafür bieten sich insbesondere die Karten mit mehreren Figuren an.
5. Einzelne Kinder oder die Gruppe stellen den Erzieher dar: „So sehen wir dich!"
6. Der Erzieher stellt einzelne Kinder oder die Gruppe dar: „So sehe ich euch!"
7. Die Kinder stellen ihre Eltern dar: „So sehe ich meinen Vater und meine Mutter!" Diese Version des Spiels ist von besonderer Wichtigkeit. Hier lassen sich sehr gut intensivere Gespräche über familiäre Probleme anschließen.[120]

---

118 Vgl. auch die Spiele zur Selbstwahrnehmung (Nr. 115 ff.).

119 Vgl. Abschnitt *5* Spiel 115.

120 Diese Form der Rückmeldung kann man gut auf einem Elternabend besprechen.

8. Der Erzieher (später ein Kind) legt die Setzsteine. Dieses muß sehr eindeutig erfolgen und mit möglichst wenigen Steinen. Die Gruppe rät: Wer könnte gemeint sein?

9. Ein Kind legt zunächst in einer Farbe ein Selbstbild („So sehe ich mich!"). Dann legt ein anderer (oder die Gruppe) auf denselben Spielplan in einer anderen Farbe das Fremdbild („So sehe ich dich!"). Anschließend sollte über mögliche Diskrepanzen oder Übereinstimmungen gesprochen werden.

Lernziele: 1, 2, 3, 4

(187) *So ist er zu uns*

Material: Kartensatz A, daraus die Karten 1–3, 5–11, 15–18, 21–27, 29–32

Spieler: Klein- oder Großgruppe

Spieldauer: 10–20 Minuten

Spielanleitung:
Es wird ein Stuhlkreis gebildet. Der Erzieher spielt mit. Die Karten sind gleichmäßig auf die Mitspieler verteilt. Der Erzieher nennt Problemsituationen (z. B. Helfen beim Aufräumen, beim Spiel, beim Nachhausegehen usw.), auf die sich die Antwort (Rückmeldung) beziehen soll. Darauf wird durch Flaschendrehen ein Kind bestimmt, über das durch Hochheben der entsprechenden Karte eine Aussage gemacht werden soll: So ist sie zu mir (zu uns).

Lernziele: 1, 2, 3, 4

(188) *Tonband-Rückmeldung für die Gruppe*

Material: Tonbandgerät

Spieler: Großgruppe

Spieldauer: 10–20 Minuten

Spielanleitung:
Es hat sich als günstig erwiesen, als Rückmeldung für die Gesamtgruppe hin und wieder ein Tonbandgerät[121] laufen zu lassen und gemeinsam abzuhören: Was ist passiert? Wie haben wir uns verhalten? Wie wurden Streit und Konflikte gelöst? Wer hat viel erzählt? Wer hat gestört? Hat der Erzieher zu viel geredet?

Lernziele: 1, 2, 3, 4

---

121 Ein Videogerät wäre sicher noch günstiger. Doch kann zur Zeit leider noch nicht davon ausgegangen werden, daß Kindergärten damit ausgestattet werden.

(189) *Gefühlsuhr*

Material: Kartensatz A, daraus eine Auswahl

Spieler: Klein- oder Großgruppe

Spieldauer: 5–10 Minuten

Spielanleitung:
Nach folgendem Modell läßt sich aus Pappe und mit den Karten leicht die dargestellte ,,Gefühlsuhr" herstellen.

Die Kinder sollen nach jeder Stunde durch das Einstellen des Zeigers rückmelden, wie sie das Verhalten des Erziehers oder der Gruppe fanden. Die Kinder sollten jedoch auch zu jedem anderen Zeitpunkt *spontan* den Zeiger einstellen können, z. B. um Störungen und Schwierigkeiten anzumelden. Die gemeinsam vereinbarte Regel sollte sein, daß ein sofortiges Gespräch stattfinden muß, in dem das betreffende Kind zuerst das Wort hat.

Lernziele: 1, 2, 3

(190) *Nonverbale Rückmeldung*

Material: ohne

Spieler: Großgruppe

Spieldauer: 10–15 Minuten

Spielanleitung:
Der Erzieher gibt folgende Spielsituation vor:

„Wir haben alle keinen Mund und können nicht sprechen. Wir wollen dem anderen aber doch zeigen, daß wir uns freuen, ärgern usw. . . .“

Es werden dann Situationen genannt wie:

– Der versprochene Ausflug in den Zoo wird vom Vater plötzlich wütend abgesagt, weil er sich über den Chef geärgert hat,

– ein Kind nimmt einem anderen ein beliebtes Spielzeug weg,

– Auslachen,

– an den Haaren ziehen,

– jemanden umarmen,

– jemanden streicheln,

– jemandem etwas schenken usw. . . .

Die Kinder sollen nur die nonverbalen Reaktionen (Rückmeldungen) auf die einzelnen Verhaltensweisen darstellen, z. B.: Abweisung, Angst, Wut, Enttäuschung, Schämen, Zuneigung, Schrecken, Freude, Trotz. Diese Reaktionen äußern sich z. B. so: Abwehr mit den Händen, lachen, streicheln, umarmen usw. *Voraussetzung:* unmittelbar vorausgegangene Interaktionsspiele zur Lockerung, zum Ausdruck von Gefühlen usw.[122]

Lernziele: 1, 2

112 Vgl. Abschnitt 2, 3 und 4.

(191) *Blitzlicht*[123]

Material: Kartensatz A, daraus die Karten 1—3, 5—11, 15—18, Spielmarken

Spieler: Kleingruppe

Spieldauer: 5—15 Minuten

Spielanleitung:
Der Erzieher bittet die Kinder zu sich (einen Stuhlkreis zu bilden, sich im Halbkreis auf den Teppich zu setzen o. ä.) und legt eine Auswahl des Kartensatzes A in eine Reihe. Jedes Kind (auch der Erzieher) äußert sich reihum zu der Frage: „Wie fühle ich mich im Moment?" Die Antwort erfolgt dadurch, daß jedes Kind eine Spielmarke zu der Karte legt, die seinem derzeitigen Gefühl entspricht und durch sprachliches Benennen des Gefühlszustandes (aber noch keine Begründung, keine Folgerungen!). So kann sichtbar gemacht werden, was jeder im Moment fühlt und denkt. Eine Diskussion und Reflexion gibt es erst, wenn jedes Kind eine Stellungnahme abgegeben hat. Dazu können Fragen gestellt werden wie in Spiel 192. Dieses Spiel bietet sich vor allem dann an, wenn der Erzieher das Gefühl hat, die Kinder würden unruhig, aggressiv, gelangweilt oder auch, wenn er wissen möchte, wie eine bestimmte Aktivität ankommt.

Lernziele: 2—4

Spezielle Spiel- und Lernvorschläge zum Teilaspekt „Meta-Kommunikation"

(192) *Was meinst du dazu?*

Material: Ball

Spieler: Großgruppe

Spieldauer: 10—20 Minuten

Spielanleitung:
Die Kinder sitzen im Kreis auf dem Fußboden. Der Erzieher rollt einem Kind einen Ball zu und stellt eine metakommunikative Frage:

Wie reden, streiten, arbeiten, helfen wir? Hören wir zu? Unterbrechen wir uns?

Was ärgert uns?

Wovor hast du (haben wir) Angst im Kindergarten?

Wer bestimmt bei uns immer? (Wer ist der Anführer oder „Boß"?)

Wer darf nie bestimmen?

Wer spielt zusammen?

---

123 Schwäbisch, L./Siems, M.: 1974, S. 242.

Wer läßt wen nicht mitspielen?

Wer sind Freunde?

Wer mag sich nicht?

Wer geht mit wem nach Hause?

Wer streitet mit wem?

Was mögen wir am liebsten im Kindergarten?

Bei der Beantwortung der Frage soll das Kind, das den Ball bekommt, auch den Erzieher mit berücksichtigen.

Anfangs rollt das Kind den Ball an den Erzieher zurück, der dann eine zweite Frage formuliert und den Ball einem anderen Kind zurollt. Später übernimmt dann dasjenige Kind die nächste Fragestellung, das den Ball zugerollt bekam.

Wesentlich ist es, nach dem jeweils genannten Problem eine Zusatzfrage anzuschließen wie: Warum ist das so? (Ursachen, Erklärungen finden) Welche Folgen stellen sich ein? Wie können wir es besser machen? usw. Bei dieser Zusatzfrage dürfen auch die restlichen Kinder mitdiskutieren.

Vielfach ist es auch leichter, wenn die Situationen und Verhaltensbereiche noch weiter präzisiert werden: Wie sind wir beim Aufräumen, in der Pause, beim Austeilen der Getränke, beim Nachhausegehen, beim Basteln? Wie waren wir heute beim Ausflug?

Die Aussagen über die Kommunikation in der Gruppe sollen zwar sprachlich erfolgen, doch werden Stellungnahmen erleichtert, wenn anfangs zunächst die Karten „Traurig, fröhlich, frech" gehoben werden und dies dann begründet wird.

Variation:
Als Ausgangspunkt und Gesprächsanreiz zur Besprechung der Kommunikation in der Gruppe (Nachdenken, Reflektieren über die Kommunikation) kommen weitere Möglichkeiten in Frage:

- Spiel „So sehe ich dich in bezug auf die Gruppe"[124]
- Gefühlsuhr[125]
- Tonbandaufnahmen über das Gruppengeschehen
- „Momentaufnahmen" durch die Frage: „Wie gehen wir gerade miteinander um?" („Wie sind wir zueinander?")

Lernziele: 1, 5, 6, 7, 8, 9

---

124 Vgl. Spiel 186.

125 Vgl. Spiel 189.

(193) *Wie ist das eigentlich bei uns?*

Material: ohne

Spieler: Klein- oder Großgruppe

Spieldauer: 10–20 Minuten

Spielanleitung:
Die Kommunikation in Kindergruppen läßt sich auch an Merkmalen diskutieren wie Gruppenstrukturen und Rollenverteilungen. Typische Rollen wären: der Neue, der Anführer oder der „Boß", der Außenseiter, der Clown. Die Thematisierung dieser Probleme kann erfolgen über das Erzählen von Geschichten.[126]

Beispiel:
Burkhardt ist fünf Jahre alt. Er kann schon prima Fußball spielen und ist ganz schön stark. Manfred und Björn sind seine Freunde. Aber sie haben auch ein wenig Angst vor ihm, weil er beide schon einmal verprügelt hat. Deshalb tun sie auch immer, was Burkhardt sagt. Auch die anderen Kinder im Kindergarten tun immer das, was er sagt. Wenn sie in der Pause etwas spielen wollen, bestimmt das Burkhardt. Wie ist das eigentlich bei euch?

Ähnliche Geschichten lassen sich zu den anderen Rollen leicht erfinden. Wesentlich ist es, daß die Geschichte einen deutlichen Bezug hat zu den Problemen der eigenen Gruppe. Dann kommt es in der Regel ohne Schwierigkeiten zu Gruppendiskussionen, in denen Wahrnehmungen und Beobachtungen über die durch Rollenverteilungen beeinflußte Kommunikation in der eigenen Gruppe mitgeteilt, über Gründe, Ursachen und Problemlösungen gesprochen wird.

Lernziele: 1, 5, 6, 7, 9

---

126 Vgl. auch die Spiele 145 und 192.

12. Verhaltenswünsche äußern

12.1 Begründung und Lernziele

Beispiel
Marion bringt eine Tüte Bonbons mit in den Kindergarten. Sie nimmt sich einen in buntes Papier eingewickelten Bonbon und beginnt, ihn genüßlich zu lutschen. Olaf hat sie beobachtet. Er kommt näher und fragt: „Was hast du denn da?" Marion erkennt sogleich, was er wirklich will: „Möchtest du einen haben?" Olaf nimmt freudestrahlend einen Bonbon entgegen.

Auch in diesem Beispiel fand ein Kommunikationsprozeß statt. Der kennzeichnende Aspekt war dabei, daß *indirekt* und versteckt durch Olaf ein Wunsch übermittelt wurde. Marion hat, obwohl der Wunsch nicht direkt formuliert wurde, den an sie gerichteten Wunsch sofort richtig entschlüsselt und erfüllt.

In fast allen Mitteilungen innerhalb von Kommunikationsprozessen werden indirekte Verhaltenswünsche mitgesendet wie Bitten an den anderen, wie er sich ihm gegenüber verhalten sollte.

Zu einer befriedigenden Kommunikation gehört selbstverständlich ein möglichst hohes Maß an gegenseitiger Erfüllung von Verhaltenswünschen.

Nun ist es aber bezeichnend für die Kommunikation von Erwachsenen und auch von Kindern, daß es immer wieder in diesem Bereich zu schwerwiegenden Störungen und Konflikten kommt. Durchaus erfüllbare Verhaltenswünsche bleiben unbefriedigt.

Solche Störungen äußern sich konkret und beobachtbar bei kleinen Kindern auf vielerlei Art.

1. Verhaltenswünsche werden nicht direkt, sondern indirekt durch nonverbalen (nichtsprachlichen) Ausdruck in Mimik und Gestik geäußert.

Beispiel: Ein Junge spielt mit einer für ihn wunderschönen Mädchenpuppe. Zwei andere Jungen aus der Gruppe lachen ihn aus. Der etwas schüchterne und sensible Junge macht ein betroffenes Gesicht und wagt nichts zu sagen. Seine Mimik stellt im Grunde genommen eine Botschaft dar, die den Verhaltenswunsch verschlüsselt enthält: „Hört bitte auf, mich zu hänseln. Das tut mir weh!" Die über die Mimik gesendete Botschaft ist den beiden anderen Jungen jedoch nicht direkt verständlich und kann unterschiedlich und auf vielfache Weise interpretiert werden.

2. Wünsche werden indirekt ausgedrückt durch Handlungen.

Beispiele:
a) Ein Kind gibt einem anderen wortlos ein Match-Box-Auto. Dahinter verbirgt sich der Verhaltenswunsch „Ich möchte so gern, daß du mit mir spielst." Dieser indirekt formulierte Verhaltenswunsch muß dem Partner jedoch nicht unbedingt verständlich sein und so könnte die Erfüllung des Wunsches verhindert werden.

b) Ein Kind stört durch aggressive Handlungen. Dahinter verbirgt sich der Verhaltenswunsch an die Erzieherin: „Bitte kümmere dich mehr um mich und sei netter zu mir!"

3. Auch der sprachliche Ausdruck von Wünschen kann indirekt erfolgen. Sie werden versteckt und kaum erkennbar formuliert.

Beispiele:
a) Oliver möchte, daß Petra mit ihm spielt. Er steht neben Petra, die gerade mit Wachsstiften malt und sagt: „Was machst du denn da?"

b) Eine Gruppe von vier Kindern baut aus Bauklötzen eine Brücke. Jan steht daneben, das halbfertige, in den Konturen bereits gut erkennbare Bauwerk aufmerksam musternd. Er sagt dann: „Das wird aber eine blöde Brücke!" Eigentlich hatte er gemeint: „Ich möchte ungeheuer gerne mitspielen." Seine indirekte Wunschäußerung macht jedoch eine angemessene Erfüllung unmöglich. Im Gegenteil: Sie schafft sogar noch einen manifesten Konflikt in der Gruppe.

4. Die Verhaltenswünsche werden *widersprüchlich und mehrdeutig* übermittelt.

In dieser Kategorie der Störungen sind verschiedene Varianten möglich:

a) Die durch Worte formulierte Botschaft widerspricht der gleichzeitig durch nichtsprachliche Zeichen (z. B. Mimik) gesendeten.

Beispiel: Der Erzieher sagt dem Kind: „Ich möchte, daß wir uns vertragen (gut miteinander auskommen)." Gleichzeitig macht er ein abweisendes Gesicht.

b) Es wird etwas gesagt, aber der Inhalt enthält nicht den Wunsch. Dieser wird nur nonverbal (durch ein bestimmtes Verhalten) übermittelt.

Beispiel: Ein Kind sagt zu der Erzieherin: „Du hast aber einen schönen roten Rock an!" Es blickt dabei aber bittend und auffordernd. Es möchte an die Hand oder in den Arm genommen werden.

5. Viele Wünsche werden überhaupt nicht (also auch nicht indirekt) geäußert, weil Ängste und Hemmungen bestehen.[127]

6. Ein weiterer Grund für eine unzureichende Wunscherfüllung dürfte darin begründet liegen, daß jemand für eine realisierte Wunscherfüllung (oder auch für kleine Anstrengungen auf dem Wege dorthin) nicht verstärkt wird.[128]

Abschließend sei noch angemerkt, daß auch in dem hier zur Diskussion stehenden Teilbereich kommunikativen Verhaltens familiale Sozialisations- und Erziehungsbedingungen für die ungünstig ausgeprägte Fähigkeit, Verhaltenswünsche zu äu-

---

127 Vgl. Mandel, A./Mandel, K. H.: Einübung in Partnerschaft durch Kommunikationstherapie und Verhaltenstherapie, in: Mandel, A. u. a.: Einübung in Partnerschaft durch Kommunikationstherapie und Verhaltenstherapie, München 1972, 4. Auflage, S. 223 f.

128 Ebd. S. 209 f.

ßern und zu erfüllen, verantwortlich gemacht werden können. Der dort stattfindende negative Lernprozeß läßt sich u. a. so kennzeichnen:

„– Wünsche, die einem wichtig sind und erfüllbar wären, werden ohne Begründung bzw. einsichtigen Grund nicht erfüllt.

– Eigene Wünsche zu äußern ist sinnlos, da die Eltern besser wissen, was das Kind braucht.

– Bestimmte Wünsche darf man gar nicht haben.

In unserer Gesellschaft ist es auch heute noch schwierig, ‚*ich* fühle', ‚*ich* empfinde', ‚*ich* möchte', ‚*ich* ekle mich', ‚*ich* würde mich freuen', zu sagen. Viele, die heute erwachsen sind, haben das nie gelernt."[129]

Gelernt haben sie allerdings die beschriebenen indirekten Formulierungen von Verhaltenswünschen. Das gilt – wie bereits dargelegt – auch für die Kinder. Daher sind alternative Lernangebote auch in diesem Bereich sinnvoll und notwendig.

Lernziele

1. Die Bedeutung gegenseitiger Erfüllung von Verhaltenswünschen verstehen.
2. Offene, direkte Verhaltenswünsche formulieren können.[130]
3. Indirekte Wünsche wahrnehmen und erkennen können.

---

129 Vgl. Mandel, A./Mandel, K. H.: Einübung in Partnerschaft durch Kommunikationstherapie und Verhaltenstherapie, in: Mandel, A. u. a.: Einübung in Partnerschaft durch Kommunikationstherapie und Verhaltenstherapie, München 1972, 4. Auflage, S. 223 f.

130 Z. B. auch Angstfreiheit im Hinblick auf das direkte, offene Formulieren von Verhaltenswünschen (ohne Hemmungen usw.).

4. Über Wünsche reden können.[131]
5. Andere für verwirklichte Wunscherfüllung (auch teilweise) verstärken können.
6. Nicht akzeptable Verhaltenswünsche direkt (statt indirekt) und nicht verletzend zurückweisen können.
7. Die Entstehung von Konflikten im Bereich der gegenseitigen Erfüllung von Verhaltenswünschen verstehen.[132]

12.2 Spiel- und Lernvorschläge

(194) *Zauberring*

Material: Ring

Spieler: Großgruppe

Spieldauer: etwa 15 Minuten

Spielanleitung:
Nach der Melodie „Ringlein, Ringlein, du mußt wandern" geht der Ring durch den Kreis. Zum Schluß des Liedes bleibt der Ring bei einem Kind. Dieses darf einen Verhaltenswunsch an ein anderes Kind (oder auch an die Gruppe, den Erzieher usw.) äußern, während es den Ring dreht.

Dabei ist es günstig, in abgestuften Schwierigkeiten von relativ allgemeinen und oberflächlichen Wünschen (z. B. „Alle Kinder sollen hüpfen") langsam zu speziellen Verhaltenswünschen (z. B. „Du sollst netter zu mir sein, mir kein Spielzeug mehr wegnehmen . . .!" usw.) vorzugehen. In manchen Fällen mag es auch hilfreich sein, wenn der Erzieher modellhafte Beispiele nennt.

Lernziel: 2

(195) *Wunschkarten*

Material: Kartensatz A, daraus die Karten 21–32 aus beiden Sätzen

Spieler: Großgruppe

Spieldauer: 10–20 Minuten

---

131 Z. B. indirekte Wünsche aussprechen können und über wahrgenommene Verhaltenswünsche Rückmeldeprozesse einleiten können (Rückfragen usw.).

132 Z. B. Kommunikationskonflikte durch die indirekte statt direkte, durch widersprüchliche und mehrdeutige Formulierung von Wünschen.

Spielanleitung:
Aus Stühlen wird ein Kreis gebildet (Anzahl: entsprechend der Hälfte der Kinder). Die Kinder bilden einen inneren und einen äußeren Kreis. Auf den Stühlen liegen die Karten, auf denen soziale Aktionsformen zu sehen sind (Umarmen, Streicheln . . .). Ein Kind hebt eine Karte auf, die einen Wunsch symbolisieren soll (und die das andere Kind nicht sieht). Das Kind formuliert jetzt den entsprechenden Wunsch: „Ich möchte gern, daß du mich umarmst!" usw. Der Wunsch wird anschließend realisiert.

Auf ein Zeichen hin rücken die Kinder des einen Kreises weiter, und das Spiel beginnt von neuem.

Variationen:
1. Das Spiel mit einer Auswahl aus den Fotos „Mimik, Gestik, Situationen" durchführen.
2. Nach Musik gehen und beim Abbrechen der Musik eine Karte heben.
3. Statt des Kreises bilden die Kinder eine Doppelschlange, und nur jeweils eines der ersten Kinder hebt eine Karte vom Stapel auf.

Lernziel: 2

(196) *Wünsche raten*

Material: Spielmarken

Spieler: Großgruppe

Spieldauer: 10–20 Minuten

Spielanleitung:
Die Kinder sitzen in einem doppelten Stuhlkreis, so daß sich jeweils zwei Kinder gegenübersitzen. Aufgabe ist es, einen Wunsch aus dem emotionalen Bereich des Partners zu erraten (Variation: durch drei Fragen herausbekommen). Gelingt dies, bekommt das Kind eine Spielmarke (Verstärker) von seinem Partner.

Wichtig ist der immer wieder verwendete, stereotype Einleitungssatz: „Ich glaube, ich weiß, wie ich zu dir sein soll . . ."

Entscheidend ist auch, daß der Erzieher den Kindern zu Beginn ein modellhaftes Beispiel gibt: „Ich glaube, ich weiß, wie ich zu dir sein soll. Ich soll beim Aufräumen nicht so schimpfen?"

Haben beide Partner ihr Spiel beendet, rückt ein Stuhlkreis weiter. Nun wird das gleiche Spiel mit neuen Partnern begonnen.

Eine Hilfe kann es sein, wenn zusätzlich die Verhaltensbereiche genannt werden, auf die sich die Wünsche beziehen sollen (durch sprachliche Vorgabe allein oder auch durch zusätzliches Bildmaterial unterstützt):

„Jetzt raten wir alle, wie wir zum anderen sein sollen beim Spielen, auf dem Hof, nachmittags . . ."

Lernziele: 3, 4

(197) *Wünsche erzählen*

Material: ohne

Spieler: Großgruppe

Spieldauer: etwa 10 Minuten

Spielanleitung:
Gleiche Spielanordnung wie im Spiel Nr. 196. Es geht lediglich um eine andere Aufgabenstellung. Jeder soll dem Partner gegenüber einen Wunsch äußern.

„Du sollst 'mal neben mir sitzen!" „Du sollst mich nicht immer so schubsen!" usw.

Lernziele: 2, 4

(198) *Welche Möglichkeiten gibt es, Wünsche zu formulieren?*

Material: ohne

Spieler: Kleingruppe

Spieldauer: 10–20 Minuten

Spielanleitung:
Es werden Problemsituationen vorgegeben, in denen es darauf ankommt, Verhaltenswünsche zu äußern.

Die Kinder sollen sich Möglichkeiten der Problemlösung überlegen: Was könnte man tun? Wie kommt man zum Ziel (direkt, indirekt)? Wie verstärkt man jemanden für erfüllte Wünsche?

Die Problemsituationen können auf verschiedene Weise vorgegeben werden:

- Erzählen einer Szene
- Bildvorlagen
- Puppenspiel
- Rollenspiel
- Kombination der o. a. Methoden.

Beispiele für solche Problemsituationen:

- Drei Kinder spielen zusammen. Ein viertes Kind steht daneben und möchte gerne mitspielen.

– Peter hört, daß Klaus mit einem Kind vereinbart, zusammen nach Hause zu gehen, das er gerade selbst fragen wollte. Was soll er tun?

Lernziele: 1–5

(199) *Was will er nur? (Kommunikationsstörungen bei der Wunscherfüllung)*

Material: Handpuppen, Puppengeschirr, verschied. Lebensmittel

Spieler: Großgruppe

Spieldauer: etwa 20 Minuten

Spielanleitung:
Im Puppenspiel wird eine Spielhandlung vorgegeben: Es klappt nicht bei der gegenseitigen Erfüllung von Verhaltenswünschen, weil sie z. B. indirekt und nonverbal statt direkt (verbal) formuliert werden.

Beispiel: Kasper sieht seinem Freund beim Essenkochen zu. Es stehen viele Töpfe usw. herum. Alle Kinder wissen, daß seine Lieblingsspeise Schokoladensuppe ist. Er möchte gern probieren und zeigt ständig auf das Gewirr von Töpfen (mit der entsprechenden Geste und ständigem „mm"!, „mm"!). Sein Freund reicht ihm zunächst eine Zwiebel, dann eine Kartoffel usw., worauf Kasper sich jeweils enttäuscht abwendet. Die Kinder werden ins Spiel einbezogen, indem Kasper die Kinder um Rat fragt. Warum erreicht Kasper sein Ziel nicht? Was könnte er tun?

Im Gespräch wird versucht, den Kindern einsichtig zu machen, weshalb direktes Ausdrücken von Verhaltenswünschen wichtig ist.

– Ähnliche Geschichten zu den anderen Störungsmöglichkeiten (vgl. S. 176 f.) sind leicht zu konstruieren.

Lernziele: 2, 3, 4, 7

(200) *Indirekte Wünsche erraten*

Material: ohne

Spieler: Kleingruppe

Spieldauer: etwa 10 Minuten

Spielanleitung:
Der Erzieher schildert Situationen, in denen Verhaltenswünsche indirekt ausgedrückt werden.

Die Kinder sollen raten, welcher Wunsch gemeint sein könnte: Was will er?

Beispiele:
- Der Erzieher geht über den Pausenhof. Petra kommt herbei und zieht an seiner Hand. Was will sie?
- Klaus spielt mit einer Puppe. Drei andere Jungen hänseln ihn. Er macht ein betretenes, trauriges Gesicht. Was wünscht er sich?
- Olaf steht neben Marion. Sie hat eine Tüte Bonbons. Olaf sagt: „Was hast du denn da?"
- Heide schenkt Udo ein Match-Box-Auto und sagt gar nichts.
- Jan schaut zu, wie Sylvia, Udo und Claas eine Brücke bauen. Er sagt: „Das wird aber eine blöde Brücke!" Was will er?
- Bodo hat einen Ball in der Hand. Lars fragt: „Wo willst du denn hin?"
- Astrid und Jörg bauen im Sandkasten eine Autobahn. Sybille steht daneben und sagt gar nichts. Will sie etwas – oder nicht?

Lernziele: 2, 3, 4, 7

(201) *Das kann ich leider nicht für dich tun*

Material: Handpuppen

Spieler: Kleingruppe

Spieldauer: 15–20 Minuten

Spielanleitung:
Auch das nicht-verletzende Zurückweisen von Verhaltenswünschen, die nicht annehmbar sind, fällt vielen Kindern schwer. Es wird ein Gruppengespräch geführt.

Ausgangspunkt sind Konfliktsituationen von folgender Struktur: Ein Verhaltenswunsch muß zurückgewiesen werden, man weiß aber nicht, wie das geschehen könnte, ohne dem Partner wehzutun.

Am geschicktesten ist es, diese Ausgangslage im Puppenspiel vorzustellen und dann die Kinder einzubeziehen: Was können wir tun?

Beispiel:
Peter hat das Glück, daß er zuhause richtig herumtoben darf. Jan war mit großer Freude schon einige Male dabei. Eines Tages hat Peter nun die Idee: „Weißt du, eigentlich könnten wir doch heute auch mal bei dir zu Hause herumtoben!" Jan muß diesen Wunsch jedoch zurückweisen, weil er weiß, daß es zu Hause großen Streit mit der in dieser Hinsicht sehr empfindlichen Mutter geben wird. Die Frage an die Kinder lautet: Was könnte Jan jetzt dem Partner sagen, ohne ihn zu sehr zu enttäuschen?"

Lernziele: 6, 7

12.3 Weitere Anregungen

12.3.1 Im Anschluß an die genannten Spiele sollten – soweit bereits möglich – Gespräche zur Auswertung bzw. zum Einsichtigmachen, Verständlichmachen der Beobachtungen und Erfahrungen durchgeführt werden. Ebenso bedeutsam sind Gespräche über Normen und Regeln bei der Wunscherfüllung (z. B. Einhalten von Versprechen).

12.3.2 Auch in vielen allgemein bekannten Kinderspielen müssen Wünsche formuliert werden, z. B. in „Mein rechter Platz ist leer"[133].

13. Hilfreich zuhören

13.1 Begründung und Lernziele

Beispiel 1
Jan hat versucht, einen möglichst hohen Turm aus Bauklötzen zu bauen. Schon nach einer relativ geringen Höhe stürzt der Turm zusammen. Jan macht einen niedergeschlagenen Eindruck. Sein Gesichtsausdruck signalisiert, daß er dem Weinen nahe ist. Verhalten des Kommunikationspartners Petra: „Oh, nun bist du aber enttäuscht!" Jan: „Und wie!"

Beispiel 2
Elke steht weinend in der Puppenecke: „Walli hat mir den Teddy weggenommen!" Ulla: „Da mußt du aber auch besser aufpassen!"

In diesen beiden Problemsituationen wird ein sehr unterschiedliches Verhalten verwirklicht, das erfahrungsgemäß ebenso unterschiedliche Wirkungen erzeugt.
Im ersten Beispiel signalisiert Petra ihrem Gegenüber, daß sie ihn versteht, beschreibt, wie sie sein gefühlsmäßiges Erleben sieht: „Oh, nun bist du aber enttäuscht!" Jan fühlt sich verstanden, was sehr hilfreiche, unterstützende Wirkungen für ihn hat.

Das ist beim zweiten Beispiel nicht der Fall. Das Verständnis der Gefühlslage von Elke wird von Ulla nicht übermittelt, sondern es werden ihr sogar Vorhaltungen gemacht.

Leider kann man immer wieder beobachten, daß nicht nur Kinder untereinander, sondern auch gerade die Eltern und berufsmäßigen Erzieher in Kindergärten und Schulen, in emotional belastenden Problemsituationen wenig hilfreiche Verhaltensweisen zeigen.

---

133 Vgl. Spiel 23.

Beispiele dafür sind:

„– dem Gesprächspartner seine Gefühle ‚nehmen', daß heißt, ihm vermitteln, daß er diese Gefühle gar nicht haben und äußern dürfte;

– dem Gesprächspartner Gefühle der Unterlegenheit und Bedeutungslosigkeit vermitteln;

– dem Gesprächspartner vermitteln, daß man ihm nicht zutraut, daß er mit Hilfe unserer partnerzentrierten Reaktionen allein eine Lösung für sein Problem finden wird."[134]

– Wechsel des Themas ohne Erklärung.

– Beenden des Blickkontaktes.

– Interpretationen (Belehren des Gesprächspartners, welche Gefühle hinter seinem Handeln stehen).

– Ratschläge und Überredung.

– Verneinung der Gefühle.

In psychisch belastenden Problemsituationen, in denen man den Kommunikationspartner unterstützen will, kommt es dagegen auf der Basis einer echten emotionalen Wertschätzung in sehr starkem Maße auf die richtige Form[135] der Reaktion[136] an.

Beispiele:

„Alle Reaktionen, die dem Gesprächspartner vermitteln,

– daß seine Gefühle und Gedanken verstanden, akzeptiert und nicht-wertend gehört und aufgenommen werden;

– daß man aktiv engagiert und beteiligt am Gespräch ist;

– daß man sich selbst offen mit seinen eigenen Gedanken und Gefühlen in das Gespräch einbringt."[137]

– Aktives, aufmerksames und akzeptierendes Zuhören.[138]

---

134 Schwäbisch, L./Siems, M.: Anleitung zum sozialen Lernen für Paare, Gruppen und Erzieher, Reinbek bei Hamburg 1974, S. 104, zum folgenden: vgl. ebd.

135 Und weniger auf den Inhalt der Reaktion.

136 Vgl. Schwäbisch, L./Siems, M.: Anleitung zum sozialen Lernen für Paare, Gruppen und Erzieher, Reinbek bei Hamburg 1974, S. 97 ff.

137 Ebd., S. 103.

138 Vgl. hierzu und zum folgenden ebd.

- Inhaltliche Wiederholung der Aussage des Partners.
- Verbalisierung der gefühlsmäßigen Erlebnisinhalte (In-Wort-Fassen der Gefühle, die aus der Äußerung herausgehört werden).
- Wahrnehmungsüberprüfung (Fragen).
- Informationssuche.
- Mitteilung der eigenen Gefühle.

Verschiedene Stufen des partnerzentrierten Gespräches

Stufe I[139]

Man kann dem Partner auch Verständnis signalisieren, ohne seine Gefühle in Worte zu fassen. Derartige Signale, die die Bereitschaft zum Zuhören und Verstehen ausdrücken, sind:
Nicken mit dem Kopf, freundlich zugewandter Blick, Körper zuneigen, Äußerungen wie: „Ja, Hm, Genau, Aha usw." (Verständnisvolles Zuhören)

Stufe II[140]

Die Äußerungen des Gesprächspartners werden in eigenen Worten noch einmal wiederholt (also kein einfaches „Nachplappern").

Stufe III[141]

Anders als bei Stufe II soll hier nicht der gesamte Inhalt der Aussage wiederholt werden, sondern vor allem die Gefühle, die hinter den Aussagen stehen. (Verbalisieren emotionaler Erlebnisinhalte)
Oft sind diese Gefühle indirekt ausgedrückt. Die Aufgabe auf dieser Stufe des partnerzentrierten Gespräches ist es nun, diese in direkte Äußerungen zu überset-

---

139 Vgl. Schwäbisch, L./Siems, M.: Anleitung zum sozialen Lernen für Paare, Gruppen und Erzieher, Reinbek bei Hamburg 1974, S. 111 f.

140 Vgl. ebd., S. 112 f.

141 Vgl. ebd., S. 113 ff.

zen. Ihre Mitteilung hilft dem Partner dann beim besseren Erkennen und Wahrnehmen seiner Gefühle.[142]

Die hilfreichsten Verhaltensweisen sind solche, die auf der III. Stufe verwirklicht werden. Sie vermitteln dem Partner ein tiefes Gefühl des Verstandenseins, tragen zu seinem psychischen Wohlbefinden bei und bewirken eine *wohlwollende Kommunikation.* Und dies wiederum ist ja eines der wichtigsten Lernziele der Sozialerziehung! Außerdem kann es dem Partner helfen, seine Gefühle besser wahrzunehmen und zu erkennen. (Auch das dürfte in Zukunft zu einem verbesserten Kommunikationsprozeß führen.)

Die beschriebenen Zusammenhänge auf Stufe III werden von Gordon[143] als „Aktives Zuhören" beschrieben. Er geht davon aus, daß in Kommunikationsprozessen Botschaften zwischen Personen (Sender und Empfänger) ausgetauscht werden. Diese können verschiedene Bedeutungen haben und auch verschieden entschlüsselt werden.[144]

Beim Aktiven Zuhören geht es für den Empfänger darum, „zu verstehen, was der Sender empfindet oder was seine Botschaft besagt. Darauf formuliert er sein Verständnis mit eigenen Worten (Code) und meldet es zur Bestätigung an den Sender zurück. Der Empfänger sendet *keine* eigene Botschaft – zum Beispiel ein Urteil, eine Meinung, einen Rat, ein Argument, eine Analyse oder eine Frage. Er meldet

---

142 „Ziel des partnerzentrierten Gespräches ist es also, dem anderen die Möglichkeit zu geben, all seine Gedanken und Gefühle frei auszudrücken. Wenn wir uns zu stark auf den Inhalt seines Problems konzentrieren, dann kann es sein, daß wir ihn von seinen Empfindungen ablenken. Das kann schon zu Beginn eines Gespräches wichtig werden.

Nehmen wir einmal an, Ihr Kind kommt zu Ihnen und sagt: „Die anderen Kinder sind alle so gemein, dauernd ärgern sie mich." Wenn Sie jetzt nur Interesse an dem Inhalt äußern, indem Sie zum Beispiel fragen: „Wie heißen denn die Kinder, die dich ärgern?" „Warum ärgern die dich denn?" oder „Wie machen die das?", dann kann es sein, daß Sie dadurch das Gespräch in eine Richtung lenken, die für das Kind unwichtig ist. Denn vorrangig ist, daß Ihr Kind traurig und ärgerlich ist. Im Moment verbindet es selbst diese Gefühle mit dem Verhalten der anderen Kinder; könnte es aber seine Empfindungen von Trauer und Ärger schon besser ausdrücken, dann wäre es möglich, daß es zu ganz neuen Einsichten gelangen würde. Vielleicht würde es herausbekommen, daß es traurig ist, weil es sich selbst beim Spielen als ungeschickt erlebt oder weil der beste Spielkamerad im Augenblick lieber mit einem anderen Kind spielt. Diese Einsichten besitzt das Kind im Augenblick noch nicht, und Sie hindern es daran, Einsichten zu erhalten, wenn Sie sich zu stark auf den Inhalt konzentrieren und durch Ihre Reaktionen das Gespräch in diese Richtung lenken.

Erst wenn wir dem Partner vermitteln, daß wir seine Gefühle verstehen und akzeptieren, dann helfen wir ihm, sie auch selbst anzunehmen, und das macht seine Gedanken frei für neue Einsichten."

(Schwäbisch, L./Siems, M.: Anleitung zum sozialen Lernen für Paare, Gruppen und Erzieher, Reinbek bei Hamburg 1974, S. 107 f.

143 Vgl. Gordon, T.: Familienkonferenz, Hamburg 1972.

144 Vgl. dazu auch Kapitel 3 und 4.

nur das zurück, was nach seinem Gefühl die Botschaft des Senders bedeutete – nicht mehr und nicht weniger."[145]

Der Autor nennt einige Beispiele für Aktives Zuhören:

„1. *Kind* (weinend): Klaus hat mir mein Lastauto weggenommen.

Elternteil: Darüber ärgerst du dich sicher – du magst es nicht, wenn er das tut.

Kind: Stimmt.

2. *Kind:* Ich habe niemanden zum Spielen, seit die Familie von Joachim in Urlaub gefahren ist. Ich weiß einfach nicht, was ich hier tun soll, um mich zu unterhalten.

Elternteil: Du vermißt Joachim beim Spielen und weißt nicht, womit du dir die Zeit vertreiben könntest.

Kind: Ja, ich wünschte, mir fiele etwas ein.

3. *Kind:* Mensch, habe ich eine schreckliche Lehrerin dieses Jahr. Ich mag sie nicht. Sie ist ein alter Miesepeter.

Elternteil: Das klingt, als ob du richtig enttäuscht von deiner Lehrerin bist.

Kind: Das bin ich auch wirklich."[146]

Es leuchtet sicher ein, wenn gefordert wird, daß Eltern und Erzieher sich den beschriebenen Verhaltensweisen annähern sollten. Es wäre jedoch sicher vermessen und übertrieben zu fordern, Kinder müßten als ausgefeilte Technik der Gesprächsführung bereits etwas beherrschen, was uns Erwachsenen doch so unendlich schwer fällt. Andererseits erscheint es uns nach unseren Erfahrungen jedoch als möglich, *einige Elemente* der beschriebenen hilfreichen Verhaltensweisen *ansatzweise und vorbereitend* (d. h. in Vorformen – diese Einschränkung ist hervorzuheben) bereits Kindern zu vermitteln. Dazu zählen unseres Erachtens die folgenden Merkmale, die mancher Praktiker in seinem Kindergarten sicher hin und wieder schon beobachtet hat:

– Das Wahrnehmen und Erkennen von emotionalen Problemsituationen. („Andrea ist traurig, weil Petra nicht mit ihr nach Hause gehen will!")

– Hilfreiches Zuhören durch das Einnehmen einer wohlwollenden und wertschätzenden Haltung und das Mitteilen der Bereitschaft zum Zuhören. Beispiel: Kalli hat sich mit seinem Freund Ulrich gestritten und geprügelt. Er sitzt schluchzend auf seinem Stuhl. Silke beobachtet ihn, geht dann auf ihn zu und legt den Arm um ihn.

---

145 Gordon, T.: Familienkonferenz, Hamburg 1972, S. 59. Im Original z. T. hervorgehoben.

146 Ebd., S. 58 f.

– Die kurze direkte Mitteilung, daß man die Gefühle des anderen versteht. (Formulieren der von anderen gesendeten Signale in eigenen Worten.)

  Beispiel: Silke sagt zu Kalli: „Du bist wohl ganz schön enttäuscht (traurig) wegen Ulrich!" Kalli: „Und wie!"

Solche und ähnliche Verhaltensweisen können – wie gesagt – durchaus vereinzelt in Kindergruppen beobachtet werden. Sie werden jedoch nicht durchgängig und regelmäßig verwendet. Die Mehrzahl der Kinder verwendet diese Verhaltensweisen als typische Muster nur selten oder überhaupt nicht. Hilfreiches Zuhören ist also keine Selbstverständlichkeit. Es muß gelernt und geübt werden. In den Familien sind die Lernmöglichkeiten dafür aus den verschiedensten Gründen zur Zeit leider nicht besonders groß.[147]

Lernprozesse in der gewünschten Richtung können in Spielen und Übungen zumindest angebahnt und vorbereitet werden. Dabei spielen auch Prozesse des Modellernens eine Rolle (z. B. über Puppenspiele, Rollenspiele usw.). Darüberhinaus sollte aber auch versucht werden, den Kindern einsichtig zu machen, weshalb hilfreiches Zuhören die Beziehungen verbessert (Verstehen, Bewußtwerden). In einem Gespräch im Anschluß an ein Puppenspiel formulierte es Helga einmal so: „Wenn einer traurig ist, hat er es gern, wenn man ihn tröstet! Dann ist er hinterher auch wieder netter zu mir und den anderen!"

Lernziele

1. Sich einfühlen können in andere in psychisch belastenden Problemsituationen.[148]
2. Anderen zuhören können.
3. Die Bereitschaft zum Zuhören und Verstehen signalisieren können.[149]
4. Anderen mitteilen können, daß man ihre Gefühle versteht und akzeptiert.[150]
5. In solchen Gesprächssituationen eine wertschätzende emotionale Haltung einnehmen können.[151]
6. Verstehen, weshalb „hilfreiches Zuhören" die Beziehung verbessert.

---

147 Z. B. Reizbarkeit und Erschöpfung der Eltern, die nach erfolgter beruflicher Tätigkeit kaum die Zeit und die Kraft zu ausgedehnten hilfreichen Gesprächen finden können.

148 Gefühle hinter sprachlichen Mitteilungen wahrnehmen und erkennen können, Gefühle, die durch den anderen indirekt (vor allem nonverbal) ausgedrückt werden, in direkte Äußerungen übersetzen können.

149 Beispiele: mit dem Kopf nicken, freundlich anschauen, Äußerungen wie „Ja, hm, genau, aha" usw.

150 Bestandteil dieser Fähigkeit ist es auch, Äußerungen des Gesprächspartners in eigenen Worten wiederholen zu können, die Richtigkeit von Entschlüsselungen überprüfen zu können (rückmelden, was die Mitteilung nach Ansicht des Empfängers bedeutet).

151 Die Gefühle des anderen akzeptieren.

13.2 Spiel- und Lernvorschläge

(202) *Wie fühlst du dich?*

Material: ohne

Spieler: Kleingruppe/Großgruppe

Spieldauer: 10–15 Minuten

Spielanleitung:
Der Erzieher stellt durch Gestik und Mimik Gefühle dar. Die Kinder sollen die Gefühle erraten und nachmachen. Nach und nach übernehmen einzelne Kinder die Rolle des Erziehers in diesem Spiel. Die Darstellung der Gefühle kann zu regelrechten Spielszenen erweitert werden.[152] Dieses Spiel ist eine Vorübung.

Variation: Durch Stimmen dargestellte Gefühle erraten (Kasper, Handpuppen).
Lernziel: 1

(203) *Sage mir, wie ich mich fühle!*

Material: Kartensatz A, 2 x 32 Karten, Spielmarken

Spieler: Klein- oder Großgruppe

Spieldauer: 15–20 Minuten

Spielanleitung:
Die Kinder sitzen sich gegenüber an einem Tisch. Beide Kinder haben vor sich einen Stapel Karten in der gleichen Reihenfolge liegen. Kind A beschreibt die durch das oben liegende Bild ausgedrückten Gefühle, indem es B direkt anspricht: „Du bist jetzt traurig!" Kind B bestätigt die Genauigkeit der Beschreibung und gibt dem Gegenüber eine Spielmarke.

Variation:
Die Kinder sitzen im Stuhlkreis. Der Erzieher hat einen vollständigen Satz Karten. Die Kinder erhalten je eine Karte. Der Erzieher beschreibt nun nicht direkt die Gefühle, die durch die oben liegende Karte ausgedrückt werden, sondern ein Ereignis, bei dem er entsprechende Gefühle hatte. „Gestern ging ich zum Einkaufen. Plötzlich stand ein riesiger Hund vor mir!" Dasjenige Kind, auf dessen Karte „Angst" oder „Erschrecken" symbolisiert wird, hebt diese Karte und sagt: „Du hast Angst bekommen!" bzw. „Du hast dich ganz schön erschrocken!". Diese direkte wörtliche Anrede ist sehr wichtig. Es sollte darauf geachtet werden, daß aus diesem Spiel kein Wettspiel entsteht, daß alle Kinder drankommen und auch gute Lösungschancen haben (z. B. dadurch, daß der Erzieher Kindern, die große Verbalisierungsschwierigkeiten haben, zunächst sehr einfache Karten gibt).

Lernziele: 1, 4

---

152 Vgl. auch die Spiele in Abschnitt 3 und 4.

(204) *Wie fühlt er sich jetzt wohl?*

Material: ohne

Spieler: Kleingruppe

Spieldauer: 15–20 Minuten

Spielanleitung:
Bei diesem Spiel geht es um das Sich-einfühlen-Können in belastende Problemsituationen.

Emotional belastende Situationen werden vorgegeben, z. B. durch:

– Puppenspiel,
– Erzählen von Geschichten, Kurzszenen usw.,
– Zeigen von Situationsbildern,
– Kombinationen aus den o. a. Methoden.

Beispiele für solche Situationen:[153]

– Björn hat sich mit seiner Freundin Heike gestritten.
– Sylvias Spielzeug geht entzwei.
– Oles Mutter schimpft mit ihm.
– Martina stürzt mit dem Fahrrad.
– Nina verliert auf dem Weg zum Einkaufen einen Teil des Geldes.
– Niko darf nicht mit seinem Freund spielen.

Die Situationen werden besprochen und diskutiert anhand von Leitfragen:

Wie fühlen sich die Kinder?[154]

Wie könnten wir helfen? usw.

Lernziele: 1, 2, 6

(205) *Jetzt bist du wohl ganz traurig?*

Material: Fotos „Mimik, Gestik, Situationen“ (entsprechende Auswahl)

Spieler: Kleingruppe

Spieldauer: etwa 15 Minuten

Spielanleitung:
Die Kinder sitzen im Kreis. Die Fotos liegen verdeckt in der Mitte. Nacheinander heben die Kinder ein Foto ab und sprechen das Bild direkt an und formulieren

---

153 Weitere Problemsituationen finden sich in Spiel *121* und *124*.

154 Evtl. anfangs einschätzen durch Karten aus dem Kartensatz A „Traurig – fröhlich – frech“, vgl. auch Spiel Nr. *59*.

die Gefühle der fotografierten Person. („Du hast dir sicher weh getan . . ." „Du bist jetzt wohl sehr traurig?")

Variation:
Die Kinder sitzen in einem inneren und einem äußeren Kreis. Die Kinder im inneren Kreis haben jeweils ein Foto in der Hand. Das Kind im äußeren Kreis muß nun das auf dem Foto festgehaltene Gefühl in Worte fassen, z. B. „Du bist jetzt wohl ganz traurig?". Dann rücken auf ein Zeichen hin beide Kreise – in entgegengesetzter Richtung – einen Platz weiter, und das Spiel beginnt von neuem.

Lernziele: 1, 3, 4

(206) *Ich verstehe dich*

Material: ohne

Spieler: Kleingruppe

Spieldauer: etwa 20 Minuten

Spielanleitung:
Die Grundregel dieses Spiels ist die gleiche wie im Spiel 205. Der Unterschied besteht darin, daß der Erzieher Kurzszenen erzählt, die sich auf die Kinder im inneren Kreis beziehen sollen. Sie sind also die hilfsbedürftigen Personen. Die anderen Kinder sollen ihrem Gegenüber mit dem Fortgang der Geschichte – die in regelmäßigen Abständen abgebrochen wird mit dem Satz: „Und da sagst du zu ihm . . ." – das Gefühl mitteilen, das sie wahrnehmen und ihm Wertschätzung/Mitgefühl signalisieren. Der Erzieher fordert die Kinder reihum dazu auf, so daß nicht alle Kinder gleichzeitig reden.

Modellhafte Vorgaben für sprachliche Äußerungen durch den Erzieher können anfangs hilfreich sein.

Beispiel:
„Martin bekommt von seinem Onkel fünf DM geschenkt. Dieses erzählt er dir freudestrahlend. Da sagst du zu ihm: . . . Er will sich dafür ein langersehntes Spielzeugauto kaufen und läuft schnell los. Dabei kommt er ins Stolpern und stürzt ganz fürchterlich. Du sagst zu ihm: . . . Er hält sich sein Knie, und der Schmerz verschwindet langsam. Da sagst du zu ihm: . . . Plötzlich bekommt er einen großen Schreck. Die fünf DM sind weg! Da sagst du zu ihm: . . . Vor Wut schmeißt er sich auf den Bürgersteig und trommelt mit den Fäusten auf die Steinplatten. Da sagst du zu ihm: . . . Ein hastig dahineilender, unaufmerksamer Mann stolpert mit seinen Füßen über Martin. Er schnauzt ihn an: ‚Du Dummkopf, was hast du auf dem Bürgersteig zu suchen!' Da sagst du zu Martin: . . ."

Lernziele: 1, 3, 4, 5, 6

(207) *Was sag ich ihm?*

Material: Handpuppen

Spieler: Großgruppe

Spieldauer: etwa 15 Minuten

Spielanleitung:
Problemsituationen wie im Spiel 206 werden im Puppenspiel vorgegeben. Der Erzieher bricht die Spielhandlung in regelmäßigen Abständen ab; bezieht die Kinder ein und fragt sie: „Wie fühlt sich dieses Kind nun? Was soll ich nun zu ihm sagen?" usw.

Lernziele: 1–4, 6

14. Bekräftigungen geben

14.1 Begründung und Lernziele

Beispiel

Gudrun spielt mit Burkhardt. Sie möchte das Spielzeug haben, mit dem er gerade spielt. Sie quengelt herum und sagt schließlich: „Gib mir das Auto! Ich brauche das!" Burkhardt kümmert sich nicht um sie. Gudrun beginnt noch mehr und nun auch für den Erzieher deutlich vernehmbar zu quengeln. Der Erzieher ärgert sich über den Streit und den Krach und sagt zu Burkhardt: „Nun gib ihr doch schon das Auto!" Mißmutig schiebt er Gudrun das Spielzeug hinüber und nimmt sich ein anderes Auto.

Werden die in dieser Situation beschriebenen Verhaltensweisen häufiger wiederholt, dürfte es kaum verwundern, wenn Gudrun in Zukunft regelmäßiger zu quängeln beginnt, um ein begehrtes Spielzeug zu bekommen. Die Verhaltensweise des Erziehers, die dazu führte, daß Gudrun Erfolg mit ihrem Verhalten hatte und sie dazu bringt, es in Zukunft häufiger zu zeigen, bezeichnet man als *Bekräftigung* oder auch als *Verstärkung*. Die damit bei Gudrun eingeleiteten psychischen Prozesse bezeichnet man als Lernen.

„Unter Bekräftigungslernen ist folgender Vorgang zu verstehen: Wird eine Verhaltensweise eines Individuums von einem angenehmen Zustand (angenehmen Reiz) begleitet oder gefolgt (verstärkt, bekräftigt, bestätigt), so tritt diese mit hoher Wahrscheinlichkeit in Zukunft häufiger bzw. mit größerer Intensität auf. Bekräftigungen (Bestätigungen, Verstärkungen) können materieller Art sein, z. B. Geld, Süßigkeiten u. a. oder psychologischer Art in Form von anerkennenden Worten, zustimmenden Äußerungen, Ermutigung und Lächeln. Bekräftigungen,

die das Individuum als echten Ausdruck der Wertschätzung durch andere empfindet, scheinen hinsichtlich tiefgreifender Verhaltensänderungen besonders günstig.

Der beim Bekräftigungslernen gegebene Sachverhalt wurde schon vor Jahrzehnten von Thorndike (1911) auf Grund zahlreicher, meist tierpsychologischer Untersuchungen aufgezeigt und von ihm als das „Gesetz des Effektes" formuliert: Von den Verhaltensweisen eines Individuums in einer Situation werden unter sonst gleichen Bedingungen diejenigen Verhaltensweisen stärker fixiert bzw. in Zukunft häufiger realisiert, die von einem befriedigenden, angenehmen Effekt begleitet werden oder denen ein solcher Effekt folgt.

Hinsichtlich der praktischen Bedeutung kann angenommen werden, daß ein größerer Teil des menschlichen Verhaltens und Erlebens sowie deren Änderungen wesentlich durch diese Art des Lernens bewirkt wird. Bekräftigungslernen ist ein zuverlässiger Vorgang zur Stärkung und Aufrechterhaltung von Verhaltensweisen . . ."[155]

Diese Zusammenhänge spielen eine zentrale Rolle in allen sozialen Situationen, seien sie nun bewußt als Methode der Verhaltensformung praktiziert oder rein zufällig bzw. unbewußt und ungeplant wirksam. Ein sehr großer Teil der Änderungen menschlichen Verhaltens läßt sich auf diese Lernart zurückführen. Das gilt für die Kommunikationsprozesse zwischen Erwachsenen, zwischen Kindern oder Kindern/Erwachsenen.[156]

155 Tausch, R./Tausch, A. M.: Erziehungspsychologie, Göttingen 1973, S. 74

156 Zur weiteren Information über das Verstärkungslernen sei verwiesen auf die Einführung von Patterson, G. R./Gullion, E.: Mit Kindern leben, Wien/Köln/Graz 1974, S. 9 ff.

Es gibt verschiedene Arten von Bekräftigungen (Verstärker):

1. *Nicht-soziale Verstärker*, z. B. Spielsachen, Bonbons, aber auch bestimmte Aktivitäten (Filme ansehen, Spiele, Geschichten erzählen usw.)

2. *Soziale Verstärker* aus dem verbalen Bereich („Prima, hast du gut gemacht." „Schön!" usw.) und aus dem nonverbalen Bereich. (In den Arm nehmen, streicheln, anerkennende Gesten usw.)[157]

Die Bedeutung der Verstärkung im Kommunikationsprozeß liegt darin, daß wir in der Regel mit solchen Menschen gern kommunizieren, freundschaftliche Beziehungen unterhalten, zusammen sind, die uns eine Menge positiver Verstärker geben.

Dabei sind die sozialen Verstärker selbstverständlich am wichtigsten.

„. . . Jeder, Kind wie Erwachsener, muß ein Mindestmaß an sozialer Verstärkung erhalten. Geschieht dies nicht, kann es sein, daß ein Gefühl der Unausgeglichenheit, der Bedrücktheit entsteht. Der Erwachsene oder das Kind, die wenige oder keine sozialen Verstärkungen erhalten, würden sich allmählich zu ziemlich unausgeglichenen Menschen entwickeln. Viele Hausfrauen befinden sich in dieser Situation, da sie nur in geringem Ausmaß soziale Verstärkungen erhalten. Das liegt daran, daß Kinder das Verhalten ihrer Mütter nicht sehr oft verstärken, und Ehemänner sind meistens zu sehr mit ihrem Beruf beschäftigt.

. . .

Wenn der Ehemann zu sehr mit seiner Arbeit beschäftigt ist und kein besonderes Interesse an kleinen Kindern hat, dann werden seiner Frau soziale Verstärker vorenthalten, und sie beginnt, sich unausgeglichen zu fühlen.

. . .

Bekommt eine Mutter zu wenig Verstärkungen, dann ist auch nicht zu erwarten, daß sie ihrem Mann oder ihren Kindern viele soziale Verstärker geben wird. Sie wird vielmehr versuchen, deren Verhalten zu ändern, indem sie darauf aus sein wird, das Unbehagen und die Unannehmlichkeiten ihres Ärgers zu vermeiden.

. . .

Durch Schreien und Schimpfen beeinflußt sie zwar das Verhalten ihres Mannes und ihrer Kinder; allmählich muß sie das jedoch so oft tun, daß die Familie anfängt, ihr aus dem Weg zu gehen. Somit bekommt sie dann sogar noch weniger soziale Verstärker.

. . .

Das führt dazu, daß sie jetzt noch unausgeglichener und verärgerter ist. In dieser verfahrenen Situation steht am Ende eine Familie, die ihre Mutter schlecht erzogen hat, und eine Mutter, die ihre Familie schlecht erzogen hat."[158]

157 Vgl. Kern, H. J.: Verhaltensmodifikation in der Schule, Stuttgart 1974, S. 140.

158 Patterson, G. R./Gullion, E.: 1974, S. 23. Im Original z. T. hervorgehoben.

Man kann also sagen, daß es ein elementares menschliches Bedürfnis ist, *Verstärkungen* oder *Bekräftigungen* zu erhalten.

Weshalb soll nun das Phänomen der Bekräftigung/Verstärkung zum Lerngegenstand innerhalb der systematischen Sozialerziehung mit Kindern gemacht werden?

1. Die beschriebenen kommunikativen Zusammenhänge sind nicht nur bedeutsam zwischen Erwachsenen oder Erwachsenen und Kindern, sondern auch zwischen Kindern selbst.
2. Untersuchungen ergaben immer wieder den negativen Befund, daß Eltern im familialen Erziehungsprozeß ein zu geringes Ausmaß positiver Bekräftigungen realisieren.[159]

   Aus diesen Gründen müssen Gegenerfahrungen in den anderen Erziehungsinstitutionen ermöglicht werden.

   Das ist möglich. Das Bekräftigungsverhalten von Kindern läßt sich positiv ändern durch systematisch organisierte Prozesse des Beobachtungslernens (z. B. durch das Zeigen von Filmen).[160]
3. Der Kommunikationsprozeß zwischen dem Erzieher und den Kindern verläuft besonders dann gut, wenn auch der Erzieher von den Kindern bekräftigt wird. Daher sollten Kinder dieses Verhalten systematisch üben können. Der Erzieher wird ihnen dadurch vermutlich ebenfalls mehr soziale Verstärker geben.

   Das gleiche gilt für die Kommunikation der Kinder untereinander.

Alle diese Gründe sprechen dafür, Bekräftigungen auch innerhalb eines Programms systematischer Sozialerziehung zu trainieren.[161]

Lernziele

1. Die Bedeutung von Bekräftigungen im Kommunikationsprozeß verstehen können.[162]

---

159 Vgl. Tausch, R./Tausch, A. M.: Erziehungspsychologie, Göttingen 1973, S. 102 ff.

160 Ebd., S. 59 f.

161 Wohlgemerkt: Es geht hier zunächst um Sozialerziehung als eigenständigem Lernbereich und nicht um Sozialerziehung als ständigem Lernprinzip. Für den zweiten Aspekt — der wegen seiner großen Bedeutung ständig mitbedacht werden muß — gilt selbstverständlich:

Der Erzieher selbst hat ein gutes Modell für das Geben von positiven Bekräftigungen zu sein. Sonst wäre der Lernerfolg in den Lerneinheiten zur Bekräftigung wohl kaum zu gewährleisten.

162 a) Wir kommunizieren (unterhalten freundschaftliche Beziehungen) eher mit Menschen, die uns eine Menge positiver (vor allem sozialer) Verstärker geben.

b) Jeder Mensch braucht ein Mindestmaß an sozialer Verstärkung (Folge sonst z. B.: Gefühle der Unausgeglichenheit, der Bedrücktheit), d. h. es ist ein elementares menschliches Bedürfnis, Bekräftigungen bzw. Bestätigungen zu erhalten.

c) Wer zu wenig soziale Verstärker erhält, neigt dazu, anderen ebenfalls wenige zu geben.

2. Wünsche nach Bekräftigung bei anderen wahrnehmen können.

3. Vielfältige Verhaltensweisen der Bekräftigung kennen.

4. Andere bekräftigen können.

5. Über diese kommunikativen Verhaltensweisen reden können.[163]

14.2 Spiel- und Lernvorschläge

(208) *Sprechchor*

Material: ohne

Spieler: Großgruppe

Spieldauer: etwa 15 Minuten

Spielanleitung:
Der Erzieher spielt mit den Kindern zunächst irgendein Ratespiel, wie z. B. „Kinder verstecken" oder „Kleider vertauschen" (ein Kind, das den Raum verlassen hat, soll anschließend erraten, welches Kind inzwischen versteckt wurde oder welche Kleidungsstücke vertauscht wurden).

Bei richtiger Lösung gibt es eine direkte Verstärkung durch die Gruppe durch einen Sprechchor: „Wie klug du bist, wie klug du bist . . ." („Hast fein gemacht, drum wirst du von uns angelacht . . ." „Hast aufgepaßt . . ." usw.).

Wichtig ist es, nach gestuften Schwierigkeitsgraden die Aufgabe zu wählen, damit alle Kinder eine Lösung finden und damit eine Verstärkung erhalten.

Bei diesem Spiel handelt es sich um eine Vorform der Verstärkungsspiele.

Lernziel: 4

(209) *Der hilflose Kasper*

Material: Handpuppen

Spieler: Großgruppe

Spieldauer: etwa 15 Minuten

Spielanleitung:
Im Spiel mit Puppen werden Situationen nach folgendem Muster dargestellt: Kasper stellt sich hilflos bei einem Problem. Er will positiv verstärken (loben), weiß aber nicht, wie er es anfangen soll. Er fragt nun die Kinder, die über mögliche Lösungen und ihre Bedeutung reden.

---

163 Dazu gehört auch die Fähigkeit, andere auf die Notwendigkeit von Bekräftigungen hinweisen zu können.

Beispiel: Burkhardt hat ihm beim Aufräumen des Spielzeugs geholfen. Er will sich jetzt bedanken, lieb zu ihm sein usw.

In diesem Spiel geht es vor allem um verbale Verstärker.

Lernziele: 1, 2, 3, 4, 5

(210) *Das hast du gut gemacht oder Ich mag dich*

Material: ohne

Spieler: Großgruppe

Spieldauer: etwa 15 Minuten

Spielanleitung:
Der Erzieher beginnt mit allgemeinen Interaktionsübungen (Lockerungsübungen usw., z. B. im Raum umhergehen, Hände schütteln, in die Augen sehen[164]). Auf ein Zeichen hin, z. B. mit dem Tambourin, machen die Kinder den nächsten Mitspieler zum Partner und stellen sich in einer Reihe (oder in einem Doppelkreis) gegenüber. Dann erzählt der Erzieher Kurzszenen, z. B.:

Euer allerbester Freund ist ganz lange verreist gewesen. Er will euch jetzt besuchen, und ihr wollt ihm zeigen, daß ihr euch sehr freut und ihn sehr gerne mögt!

Du hast dein Frühstücksbrot vergessen. Klaus gibt dir etwas ab. Marion hat gesagt, daß du neben ihr sitzen sollst. Ester fragt dich: „Willst du nicht mit uns spielen?"

Es wird bei jeder Kurzszene angesagt, wer welche Rolle spielt (wer z. B. der verreiste Freund ist). Ein Gespräch kann sich anschließen.

Das Aufstellen in einer Reihe kann später weggelassen werden, weil sonst leicht eine etwas gezwungene Atmosphäre entstehen könnte.

Es kann auch durchaus praktikabel sein, bei der ersten Begegnung mit diesem Spiel die Spielregel zu vereinfachen und lediglich die nonverbalen Verstärker anzusagen: anlächeln, mit dem Kopf nicken, auf die Schulter klopfen, wohlwollend nicken, streicheln, zublinzeln, umarmen, Kußgeben usw.

Es ist sehr wichtig bei diesem Spiel, wie auch bei allen anderen dieses Programms, daß die Kinder langsam dazu kommen, selbst die Initiative zu ergreifen und eigene Situationen (Kurzszenen) erfinden und ansagen, d. h. das Spiel in die eigene Hand nehmen.

---

164 Spiel 1 und 3.

Wichtig ist auch dabei, daß die Kinder dann die einzelnen Aktionen immer wieder verbal einleiten („Und jetzt begegnen wir einem Menschen, den wir sehr gerne mögen, dem wir danken wollen, den wir loben wollen, zu dem wir nett sein wollen usw.!") und daß die Grundregel befolgt wird, nur *nonverbal* zu verstärken.

Lernziele: 1, 3, 4, 5

(211) *Der Tintenfisch*

Material: ohne

Spieler: Großgruppe

Spieldauer: etwa 15 Minuten

Spielanleitung:
Der Erzieher erzählt folgende Geschichte, in der nonverbale Verstärker enthalten sind:

„Erinnert ihr euch noch an die kleinen schnellen Humuhumu-elee-elee Fischchen und den Tintenfisch? Wie sie den Tintenfisch überrumpelten, weil sie ihn so zum Lachen brachten und dadurch die Chance hatten, ihm zu entkommen? Was meint ihr wohl, wie das weiterging, als sie sich das nächste Mal trafen?

Ja, der Tintenfisch freute sich sehr, die Fischchen wiederzusehen! Er war der Meinung, daß es in der Welt nicht besonders lustig zugehe. Jahr und Tag hatte er nicht mehr gelacht, bevor die Fischchen ihm etwas vorgetanzt hatten. Das Wiedersehen machte ihm solchen Spaß, daß er alle seine Arme öffnete und rief, sie sollten doch zu ihm kommen. Dann umarmte er sie, drückte sie, und darauf schwammen alle eng aneinandergeschmiegt umher; wie ein einziger Klumpen bewegten sie sich auf und nieder . . ."[165]

Diese Geschichte wird von den Kindern nachgespielt.

Es können auch weitere Verstärker in die Spielhandlung eingebaut werden.

Lernziele: 3, 4

(212) *Die wunderbare Reise (Schmuseland)*[166]

Material: ohne

Spieler: Großgruppe

Spieldauer: 15–20 Minuten

---

165 Krantz, M.: 1972, S. 114 f. Im Original z. T. hervorgehoben.

166 Nach einer Idee von: Kinder- und Jugendtheater „rote grütze": darüber spricht man nicht. München 1974, S. 69 ff.

Spielanleitung:
In diesem Spiel geht es um lustvolle nonverbale Verhaltensweisen, die den Charakter von Verstärkern gewinnen können.

Der Erzieher erzählt:

Wir machen jetzt eine wunderbare Reise in ein geheimnisvolles Land mit einer ebenso geheimnisvollen Stadt. In dieser Stadt muß man in den Straßen immer das tun, was der Name der Straße sagt: Wenn ich zum Beispiel die „Hüpfstraße" ansage, müssen alle Kinder hüpfen. Wir setzen uns jetzt alle hintereinander auf den Fußboden und bilden dabei eine Schlange. Wir sitzen jetzt in unserem Flugzeug. Die Motoren beginnen zu brummen, erst leise, dann immer lauter. (Die Kinder stellen das Geräusch durch Summen und Brummen dar und stehen langsam auf. Die Schlange setzt sich in Bewegung durch den Raum. Das Summen bzw. die Reise können auch durch rhythmische Tambourinschläge oder durch Musik untermalt werden.) So — jetzt kommt das geheimnisvolle Land in Sicht. Und da ist sie schon, die geheimnisvolle Stadt. Wir setzen langsam an zur Landung. Schon sind wir unten. In diesem fremden, geheimnisvollen Land und in dieser unbekannten Stadt geht man wohl besser nicht allein. Ihr sucht euch einen Partner. „Wo sind wir denn?" (Alle halten Ausschau.) Ach, da steht es ja: „Umarmland!" (Alle Kinder umarmen sich.) Und noch einmal umarmen! Doch schon geht es weiter: Schnell, eine Schlange bilden.

In dieser Art geht es weiter durch die verschiedensten Straßen. Die zeitlichen Abstände zwischen den einzelnen Straßen sollten kurz sein, damit die nonverbalen Aktivitäten schnell aufeinander folgen.

Die weiteren Straßen:

Streichelstraße, Kußstraße, Hüpfstraße, Ins-Ohr-Flüsterstraße, Kraulstraße, Anfaßstraße, Kitzelstraße, Lachstraße, Brummstraße, Glucksstraße, Tröstestraße, Kneifstraße, Heulstraße, Schreistraße, Knuddelstraße, Abrubbelstraße, Pustestraße, Rülpsstraße, Schlafstraße, Schnarchstraße, Kuschelstraße, Einseifstraße, Tobestraße, Schleichstraße, Jubelstraße usw.

„und da ist ja wieder die Umarmstraße und dort die Streichelstraße und dahinten unser Flugzeug . . .!"

Die einzelnen Straßennamen können auch immer wieder im Rhythmus gerufen werden.

Wichtig wäre es, daß die Reise und die Schlange durch die Einfälle und Ideen der Kinder selbst verändert und neu gedeutet werden. Sie fallen erfahrungsgemäß immer anders aus, wenn die Kinder die Chance erhalten, die Spielgestaltung phantasievoll zu übernehmen. Wenn aus der Schlange also plötzlich eine Rakete, ein Pferd oder eine Lokomotive wird, so ist das ganz im Sinne der Spielidee.

Lernziele: 3, 4

(213) *Ich finde gut an dir . . .*

Material: Spielmarken, zusätzlich Ball

Spieler: Großgruppe

Spieldauer: etwa 15 Minuten

Spielanleitung:
Die Kinder sitzen im Kreis auf dem Boden. Ein Kind beginnt und rollt einem anderen einen Ball zu. Das Kind, das den Ball bekommt, sagt nun über das erste Kind etwas Positives: „Ich finde gut an dir . . .", z. B. Persönlichkeitseigenschaften, Fähigkeiten (z. B. Sport), besondere Leistungen und positives soziales Verhalten am betreffenden Tag.

Zunächst sollte der Erzieher modellhaft Beispiele vorgeben. Bei diesem Spiel ist es von besonderer Bedeutung, die mögliche Übertreibungsgefahr auszuschalten (Vereinbaren einer entsprechenden Regel).

Bedeutsam an diesem Spiel ist, daß dasjenige Kind, das den Ball rollt, entscheiden kann, von wem es eine solche Verstärkung erhalten möchte.[167] Die Spielregel kann erweitert werden: Wenn dem Kind die erhaltene Bekräftigung gefällt, kann es seinem „Bekräftiger" eine Spielmarke geben.

Lernziele: 1, 2, 4, 5

14.3 Weitere Anregungen

1. Puppenspiel:

Modellhafte Verstärkung in der Spielhandlung (Beobachtungslernen; weil sehr viele verbale und nonverbale Verstärker enthalten sind.)

2. Nonverbale Verstärkung und Zuwendung in anderen Lernbereichen:

a) „Abrubbelmaschine". Beim Duschen stehen die Kinder in einer langen Reihe hintereinander. Jeder seift seinen Vordermann ein, trocknet ihn ab usw.

b) Gegenseitiges Helfen als sozialer Verstärker: Malkittel anziehen, Schleife binden usw.

---

167 Dies ist im übrigen für den Erzieher eine ausgesprochen interessante Informationsquelle über die Beziehungen zwischen den Kindern.

15. Spezielle Hinweise zur Elternarbeit

15.1 Verteilen der Elternbriefe 1 und 2 zum Programm „Sozialerziehung Konkret" (Bestell-Nr. Schroedel 62053)

15.2 Elternabende zu Themen aus dem Programm „Grundlagen der Sozialerziehung"

Wir empfehlen eine Einführung in die Problematik der Sozialerziehung anhand des vorliegenden Materials für die Kinder. Es gibt nach unseren Erfahrungen kaum einen anschaulicheren und motivierenderen Einstieg. Die Eltern sollten also gemeinsam einzelne Spiele durchspielen (bis hin zu Rollenspielen). In manchen Kindergärten sind solche Spielabende inzwischen zur beliebten Selbstverständlichkeit geworden. Sie haben nicht zuletzt mit dazu beigetragen, den Eltern zu verdeutlichen, daß Spielen und Lernen durchaus etwas miteinander zu tun haben.

Weitere Quellen, bei denen sich Spiele finden, die im Sinne der Selbsterfahrung in der Elternarbeit verwendet werden können:

Höper, C.-J. u. a.: Die spielende Gruppe, Wuppertal 1974 (Jugenddienst-Verlag)

Kelber, M. (Hrsg.): Schwalbacher Spielkartei, Wiesbaden-Dotzheim 1973 (Haus Schwalbach, Arbeitsstätte für Gruppenpädagogik)

nca-materialien 1, 2 und 3, o. J. (zu beziehen über: NCA, zandpad 28, maarssen — holland)

Bei der Verwendung von gruppendynamisch sehr intensiven Übungen sei eine gewisse Zurückhaltung geboten, zumal in Elterngruppen, die sich noch nicht so gut kennen. Bei ausgeprägtem Interesse für gruppendynamische Programme sollte auf jeden Fall ein ausgebildeter Psychologe hinzugezogen werden.

Ergänzend können auf solchen Elternabenden auch Fotos, Dias, Fallgeschichten aus dem Kindergarten, Tonband- und Filmaufnahmen verwendet werden, die den Umgang der Kinder mit den Materialien illustrieren.

15.3 Kleingruppendiskussionen

Diskussionsanreiz

Filme aus der Reihe „Elternbildung im Medienverbund". Zu diesen Filmen wird jeweils eine Broschüre mitgeliefert, in der praktische Hilfen zum Ablauf des Elternabends gegeben werden. Weiterhin enthält der „Medienkoffer" zusätzlich Elternbriefe zu der jeweiligen Problematik, die den Eltern mitgegeben werden. Die Filme sind entweder direkt beim Institut für Film und Bild (FWU)[168] zu beziehen oder über die Stadt-, Kreis- und Landesbildstellen auszuleihen. In Frage kommen vor allem folgende Filme:

- Lernt das Kind im Spiel – oder wozu ist Spiel sonst da?
- Sprache – da versteh einer die Erwachsenen
- Wollen wir mal Vater, Mutter, Kind spielen
- Zank und Streit in der Kindergruppe

Geeignet sind ferner einige Filme aus dem Medienverbund „Vorschulische Erziehung im Ausland" (ebenfalls zu beziehen über das Institut für Film und Bild (FWU)[168] und die amtlichen Bildstellen):

Kommunikation und Interaktion (Bestell-Nr.: 32 2502)

Rollenverhalten und Rollenspiel (Bestell-Nr.: 32 2505)

Sozialisation (Bestell-Nr.: 32 2508)

---

168 8022 Grünwald, Bavaria-Film-Platz 3.

15.4 Weitere Materialien, die in der Elternarbeit zur Verdeutlichung von Teilaspekten der Sozialerziehung verwendet werden können:

Kommunikationsprozesse und Schwierigkeiten

Frör, H.: Spiel und Wechselspiel, München 1974 (Chr. Kaiser Verlag)

Frör, H.: Spielend bei der Sache, München 1972 (Chr. Kaiser Verlag)

Schwäbisch/Siems: Anleitung zum sozialen Lernen für Paare, Gruppen und Erzieher, Reinbek 1974 (Rowohlt Taschenbuch Verlag Nr. 6846)

Teegen/Grundmann/Röhrs: Sich ändern lernen, Reinbek 1975 (Rowohlt-Taschenbuchverlag, Nr. 6931)

Kooperation

Brocher, T.: Gruppendynamik und Erwachsenenbildung, Braunschweig 1967 (Westermann), S. 160–168 (Spiel, das sehr gut als Diskussionsanreiz geeignet ist)

Antons, K.: Praxis der Gruppendynamik (Hogrefe), Göttingen 1973, S. 115 (Spiel)

Hilfreiches Zuhören

Gordon, T.: Familienkonferenz, Hamburg 1972 (Hoffmann und Campe)
Auf den Elternabenden sollten die praktischen Übungen im Anhang des Buches (Seite 291 ff.) unbedingt mit den Eltern durchgeführt werden. Die Texte müßten dazu vervielfältigt werden. Zur Einführung ist der Text auf Seite 55 ff. geeignet.

15.5 *Verteilen von Elternbriefen aus der Reihe „Elternbriefe vom 1. bis 8. Lebensjahr"* (zu beziehen über: Arbeitskreis Neue Erziehung e. V., 1 Berlin 15, Kurfürstendamm 67). Es sind dies die gleichen Elternbriefe, die innerhalb des Programms „Elternbildung im Medienverbund" verwendet werden (vgl. 15.3).

Literatur

Altenburg-Stralsunder Spielkarten: Hau-Ruck, Leinfelden b. Stuttgart, o. J.

Altenburg-Stralsunder Spielkarten: Kinderzimmertheater, Leinfelden b. Stuttgart, o. J.

Altenburg-Stralsunder Spielkarten: Mordsrabatz, Leinfelden b. Stuttgart, o. J.

Antons, K.: Praxis der Gruppendynamik, Göttingen 1973 (Hogrefe).

Arbeitsgruppe Vorschulerziehung: Anregungen I: Zur pädagogischen Arbeit im Kindergarten, München 1974 (Juventa).

Aust, S.: Tatsachen zum Nachdenken, Hannover 1975 (Schroedel).

Barth/Rohrer/Fischer: Malen, Spielen, Musikmachen, Gelnhausen 1973 (Burckhardthaus Verlag).

Beck, G.: Von den Richtlinien zur Unterrichtspraxis, in: Die Grundschule 5/1975.

Brocher, T.: Gruppendynamik und Erwachsenenbildung, Braunschweig 1967 (Westermann).

Calliess, E.: Spielen in der Schule – Motivationale Aspekte, in: Daublebsky, B.: Spielen in der Schule, Stuttgart 1973 (Klett).

Claus/Heckmann/Schmidt-Ott: Spiel im Vorschulalter, Frankfurt 1973 (EVA).

Daublebsky, B.: Spielen in der Schule, Stuttgart 1973 (Klett).

Die große Gripsparade, Schallplatte, Berlin 1973 (Wagenbach-Verlag).

Freudenreich, D./Gräßer, H./Köberling, J.: Rollenspiel: Rollenspiellernen für Kinder und Erzieher in Kindergärten, Vorklassen und ersten Schuljahren, Hannover 1976 (Schroedel).

Frör, H.: Spielend bei der Sache, München 1972 (Chr. Kaiser Verlag).

Frör, H.: Spiel und Wechselspiel, München 1974 (Chr. Kaiser Verlag).

Frommlet, W./Mayrhofer, H./Zacharias, W.: Eltern spielen, Kinder lernen, München 1972 (Weismann Verlag).

Gahagan, D. u. G.: Kompensatorische Spracherziehung in der Vor- und Grundschule, Düsseldorf 1971 (Schwann).

Gold, V. u. a.: Kinder spielen Konflikte, Neuwied u. Berlin 1973 (Luchterhand).

Gordon, T.: Familienkonferenz, Hamburg 1972 (Hoffmann und Campe).

Heilmeyer, J./Fröhlich, P.: modell kinderspielclub, Köln 1974 (Du Mont Schauberg Verlag).

Hielscher, H.: Erlernen von Kooperation, in: Hielscher, H. (Hrsg.): Materialien zur sozialen Erziehung im Kindesalter, Heidelberg 1976, 2. Aufl. (Quelle & Meyer).

Höper, C.-J. u. a.: Die spielende Gruppe, Wuppertal 1974 (Jugenddienst Verlag).

Kelber, M. (Hrsg.): Schwalbacher Spielkartei, Wiesbaden 1973 (Verlag Haus Schwalbach).

Keller, W.: Schallplatte; Ludi musici 2, Boppard 1972 (Fidula Verlag).

Kern, H. J.: Verhaltensmodifikation in der Schule, Stuttgart 1974 (Kohlhammer).

Kinder- und Jugendtheater „rote grütze": darüber spricht man nicht, München 1974.

Krantz, M.: Wir spielen Geschichten, München 1972 (Goldmann Taschenbuch Nr. 9523).

Krimm von Fischer, C. (Hrsg.): Musikalisch rhythmische Erziehung, Freiburg 1974 (Herder).

Leetz, M. u. a.: Korbacher Interaktionsspiel- und Übungskatalog, in: Der Spielkreis, Beiheft Nr. 2 1972.

Liermann, L./Müller, K.: Training zur Kooperation, in: betrifft: erziehung 5/1971 a.

Liermann, L./Müller, K.: Training zur Kooperation, in: betrifft: erziehung 6/1971 b.

Machado, J.: Warum einer barfuß kommt und was dann passiert, Hannover 1975 (Schroedel).

Mandel, A./Mandel, K. H.: Einübung in Partnerschaft durch Kommunikationstherapie und Verhaltenstherapie, in: Mandel, A. u. a.: Einübung in Partnerschaft durch Kommunikationstherapie und Verhaltenstherapie, München 1972 (Pfeiffer).

nca-materialien 1, 2 und 3, o. J. (zu beziehen über: NCA, zandpad 28, maarssen-holland).

Nemetschek, P./van Lessen, S. (Hrsg.): Ene mene miste Rappelkiste, Weinheim/Basel (Beltz).

Nickel, W.: Interaktionstraining – Vier Beispiele, in: Kunst und Unterricht 9/1973.

Patterson, G. R./Gullion, E.: Mit Kindern leben, Wien, Köln, Graz 1974 (Böhlau).

Pfeiffer, O./Osvatiċ, P.: Machen wir mal einen Sandsturm, Hannover 1976 (Schroedel).

Plohn, H.: Ratgeber Kinderspiele, Freiburg/Brsg. o. J. (Humboldt-Taschenbuchverlag).

Schmidt, H. J.: Was würdest Du tun? Hannover 1973 (Schroedel).

Schwäbisch, L./Siems, M.: Anleitung zum sozialen Lernen für Paare, Gruppen und Erzieher, Reinbek b. Hamburg 1974 (Rowohlt Taschenbuch Verlag, Nr. 6846).

Sesamstraße — Informationen für Eltern und Erzieher, Bd. I, Köln 1973 (Verlagsgesellschaft Schulfernsehen).

Sesamstraße, H. 3/1975.

Shaw, A.: Curriculumelement Rollenspiel, in: betrifft: erziehung 11/1970.

So bin ich! Das erste Buch von mir, Kinderkolleg Nr. 37, München 1974 (Schneider Verlag).

Stange, W.: Elternarbeit und Sozialerziehung, in: Hielscher, H. (Hrsg.): Materialien zur sozialen Erziehung im Kindesalter, Heidelberg 1974 (Quelle & Meyer).

Stange, W./Tiemann, D. (Hrsg.): Materialien zur sozialen Erziehung im Kindesalter 2, Heidelberg 1977 (Quelle & Meyer).

Teegen, F./Grundmann, A./Röhrs, A.: sich ändern lernen, Reinbek b. Hamburg 1975 (Rowohlt Taschenbuchverlag, Nr. 6931).

Tausch, A. M. u. a.: Effekte kindzentrierter Einzel- und Gruppengespräche mit unterprivilegierten Kindergarten- und Grundschulkindern, in: Psychologie in Erziehung und Unterricht, 20. Jg. 1973.

Tausch, R./Tausch, A. M.: Erziehungspsychologie, Göttingen 1973 (Hogrefe).

Vogt, W.: Bewegungsförderung, Hannover 1975 (Schroedel).

Waechter, F. K.: Brülle ich zum Fenster raus. . ., Weinheim, Basel 1973 (Beltz).

Watzlawick, P. u. a.: Menschliche Kommunikation, Bern, Stuttgart, Wien 1972 (Hans Huber Verlag).

Wölfel, U.: Du wärst der Pienek, Mühlheim 1973 (Anrich).

III. Kinder lösen Konflikte

E. Stange, W. Stange

1. Einleitung

Mit besonderem Nachdruck heben Erzieher im Elementar- und Primarbereich häufig hervor, daß Kinder Konflikte vielfach mit ungünstigen Strategien lösen. Ihr Problemlöserepertoire erschöpft sich oft in aggressiven Verhaltensweisen.

Zum einen stehen die Praktiker diesem Tatbestand mit Ratlosigkeit gegenüber, da kaum didaktische Hilfen vorhanden sind. Andererseits besteht eine gewisse Skepsis gegenüber der Planbarkeit des Konfliktlöseverhaltens.

Das vorliegende Konzept will deshalb einerseits didaktische Hilfen anbieten und außerdem versuchen, jener Skepsis gegenüber der Planbarkeit von Lernprozessen in diesem Bereich sozialen Lernens ein wenig den Boden zu entziehen.

1.1 Begriffserklärung

Wegen der ungeklärten Forschungslage zur Theorie der Konflikte (die Teilbereiche Schule und Kindergarten finden bei den gängigen Autoren kaum Berücksichtigung) kann hier nur eine grobe Skizzierung des Begriffes gegeben werden.

Die jüngere amerikanische Konfliktforschung versteht unter sozialen Konflikten „den Kampf um Werte und Statusansprüche, um Macht und knappe Ressourcen, in dem die Ziele der streitenden Parteien sich nicht nur auf die Erreichung der begehrten Werte beziehen, sondern auch auf die Neutralisierung, Verletzung oder Beseitigung ihrer Rivalen. Solche Konflikte können zwischen Individuen, zwischen Kollektiven oder zwischen Individuen und Kollektiven ausgetragen werden."[1]

Es sind an einem Konflikt also mindestens zwei, oft mehrere Personen beteiligt.

Ein Modell möglicher Konflikte beschreibt H.-J. Krysmanski:

„1. Konflikte zwischen Personen
2. Grenzkonflikte zwischen Gruppen (die räumlich getrennt sind)
3. Ökologische Konflikte zwischen Gruppen (die den gleichen Raum einnehmen)
4. Homogene Organisationskonflikte (zwischen Organisationen gleicher Art und gleichen Zwecks wie zwischen Staaten, Sekten, Gewerkschaften usw.)

---

1 Coser, L. A.: Conflict: Social aspects, in: Sills, D. L. (Hrsg.): International Encyclopedia of the Social Sciences, Bd. 3, New York 1968, S. 223; hier zitiert nach Lingelbach, K. C.: Konflikt, in: Wulf, C. (Hrsg.): Wörterbuch der Erziehung, München 1974, S. 337

5. Heterogene Organisationskonflikte (zwischen ungleichen Organisationen wie Staat gegen Kirche, Gewerkschaft gegen Unternehmen, Universität gegen den Staat usw.)
6. Konflikte zwischen einer Person und einer Gruppe (hauptsächlich Sozialisationskonflikte, z. B. Kind gegen Familie, Person gegen Peer-Gruppe, Person gegen Gruppe der Vorgesetzten oder Untergebenen usw.)
7. Konflikte zwischen Person und Organisation (hauptsächlich Rollenkonflikte)
8. Konflikte zwischen einer Gruppe und einer Organisation."[2]

Auftretende Konflikte, mit denen der Erzieher in der Eingangsstufe, in Vorklassen und Kindergärten konfrontiert wird, wären unter den Punkten 1., 6., 7. und 8. einzuordnen.

Zwischen einem *echten Konflikt* und einem *unechten Konflikt* differenziert L. A. Coser[3]. Bei einem *unechten Konflikt* kommt es nur zu einer Spannungsentladung bei einer oder mehreren Personen. Der auslösende Faktor ist hier kein interessenbezogener „Streitpunkt" gewesen.

Sind dagegen Konflikte ein Mittel, bestimmte Interessen und Forderungen gegenüber einem Partner durchzusetzen, handelt es sich um einen *echten Konflikt.* Um ein für alle Beteiligten befriedigendes Ergebnis zu erzielen, gibt es mehrere Entscheidungsmöglichkeiten. „Selbstverständlich darf Aggression als zum Index des Konflikts gehörig angesehen werden, aber das heißt nicht, daß jeder Konflikt von Aggressivität begleitet sein muß."[4]

Die Unterscheidung zwischen echten und unechten Konflikten läßt sich auch fruchtbar machen für eine Betrachtung unter dem Gesichtspunkt der Kommunikation.

Kommunikationskonflikte, bei denen keine wirklichen Interessenunterschiede vorhanden sind, die eigentlich nur aufgrund von Verständigungsschwierigkeiten entstehen (z. B. falsche Übersetzung nonverbaler Zeichen[5]), wären dann *unechte Konflikte.*

Es darf jedoch nicht außer acht gelassen werden, daß diese unechten Konflikte und jene echten Konflikte, die nur aufgrund von Interessenunterschieden (und ohne Kommunikationsschwierigkeiten) entstehen, kaum in dieser reinen, idealtypischen Form auftreten. Eine aufgrund von Interessenkonflikten entstandene Problemsituation z. B. verkompliziert sich in der Regel durch Überlagerungen von Verständigungs(Kommunikations)-schwierigkeiten.

---

2 Krysmanski, H.-J.: Soziologie der Konflikte, Reinbek b. Hamburg 1971, S. 13 – im Original z. T. hervorgehoben.

3 Coser, L. A.: Theorie sozialer Konflikte, Neuwied/Berlin 1972, S. 55 ff.

4 Ebd., S. 68.

5 Vgl. Kap. II, 3. Grundlagen der Sozialerziehung.

1.2 Konfliktsituationen

Man muß zum einen Konflikte aus dem Bereich der Elementar- und Primarerziehung (Kind – Kind, Kind – Gruppe, Gruppe – Gruppe, Kind – Erzieher, Gruppe – Erzieher) berücksichtigen, zum anderen familiäre Konfliktsituationen (mit Eltern, Verwandten, Geschwistern usw.) und Konflikte mit der näheren Umwelt (mit Nachbarn, Hausmeistern, Anwohnern, Passanten usw.).

Leider sind kaum präzise erforschte Daten über Konfliktsituationen greifbar. Einige Hinweise zu diesem Problem gibt Barres[6]:

Zwischen Kindern einer Gruppe verlaufen die Aggressionen meistens folgendermaßen:

- ein Kind verhält sich einem anderen Kind gegenüber aggressiv, ohne daß Gegenaggressionen hervorgerufen werden,
- ein Konflikt wird von beiden Parteien mit aggressiven Mitteln ausgetragen.

Barres fand in seiner Kindergartenuntersuchung, „daß während der Freispielsituationen etwa doppelt so häufig aggressive Verhaltensweisen oder aggressive Auseinandersetzungen zwischen Kindern stattfinden als in den drei anderen Organisationsphasen (Gelenktes Spiel, Frühstück, Aufräumen, d. Autoren) in denen solche Ereignisse etwa gleichhäufig verzeichnet wurden."[7]

Aggressives und trotzig/ungehorsames Verhalten von Kindern gegenüber dem Erwachsenen konnte am häufigsten während des Aufräumens registriert werden, am seltensten während des gelenkten Spieles.[8]

Das sehr breite inhaltliche Spektrum der *Konflikte in Kindergruppen* konnte auf mehreren Fortbildungsveranstaltungen für Lehrer und Sozialpädagogen in Vorklassen in Schleswig-Holstein erfragt werden.[9]

---

6 Vgl. Barres, E.: Erziehung im Kindergarten, Weinheim/Basel 1973.

7 Ebd., S. 149.

8 Ebd., S. 149.

9 Es sei verwiesen auf die Liste möglicher Konfliktsituationen bei Stange, E./Stange, W.: Training des Konfliktlöseverhaltens, in: Hielscher, H. (Hrsg.): Materialien zur sozialen Erziehung im Kindesalter, Heidelberg 1976, 2. Aufl., S. 57.

Einige Beispiele für Konfliktsituationen sind:

- Ärgern, Reizen, Provozieren eines Kindes
- Streit bei der Aufgabenverteilung (Blumengießen, Saft austeilen usw.)
- Störendes Einmischen ins Spiel von anderen
- Bevorzugung oder Benachteiligung eines Kindes durch den Erzieher
- Wettbewerbssituation
- Kinder müssen bestimmte Tätigkeiten ausführen, obwohl sie keine Lust dazu haben
- Spielregeln werden nicht beachtet
- Streit beim Aufräumen
- Ein Kind kann nicht verlieren
- Ein Kind macht mit Absicht Lärm und stört die anderen

Konflikte, die in der Familie und der familialen Umwelt denkbar sind, zeigt die Arbeitsgruppe Vorschulerziehung auf.[10]

Konflikte mit Eltern und Geschwistern:

- Streit beim Anziehen (welche Kleidung bei bestimmtem Wetter usw.)
- Konflikte beim Essen (wieviel und was wird gegessen)
- Schwierigkeiten bei der Wahl des Fernsehprogrammes
- Probleme wegen des Schlafengehens (Zeitpunkt, Schlafritual usw.)
- Kinder sollen Gespräche von Erwachsenen nicht unterbrechen, werden jedoch selbst oft gestört
- Andere Geschwister oder Kinder werden einem Kind als Vorbild hingestellt
- Eltern überfordern ein Kind, indem sie ständig Höchstleistungen verlangen
- Erwachsene verbieten sexuelle Spiele und Tätigkeiten
- Eltern behandeln die Kinder unterschiedlich (eins wird vorgezogen)
- Mutter wird wieder berufstätig und die Kinder sind dagegen.

Konflikte mit der näheren Umwelt:

- Die Nachbarn beschweren sich über die Kinder
- Den Eltern ist das Benehmen ihrer Kinder in der Öffentlichkeit peinlich
- Kinder erfahren bei gegenseitigen Besuchen ihre unterschiedlichen Wohnverhältnisse

---

10 In Anlehnung an Arbeitsgruppe Vorschulerziehung: Anregungen I: Zur pädagogischen Arbeit im Kindergarten, München 1974, S. 38 ff.

Diese Sammlung von Konfliktsituationen[11] aus der kindlichen Umwelt könnte noch erweitert werden, zeigt aber schon die Vielfältigkeit möglicher Konflikte in der familialen Umgebung auf.

2. Verhalten in Konfliktsituationen

Wie Kinder ihre Konflikte lösen, läßt sich nicht exakt belegen, da kaum Untersuchungen greifbar sind.

Einige Hinweise zum Problemlöseverhalten in Konfliktsituationen von Kindern im Elementar- und Primarbereich ergeben sich aus einer Untersuchung von Beck.[12] Die befragten Kinder schienen aggressive Lösungsformen zu bevorzugen.

Im folgenden soll versucht werden, typische Techniken der Konfliktlösung („Muster")[13] niederzulegen.

2.1 Konfliktlösemuster 1

Anja ist schüchtern und zurückhaltend. Im Kindergarten spielt sie meistens allein. Dabei würde sie so gern auch einmal mit anderen Kindern mit der Holzeisenbahn spielen. Eines Morgens kommt sie früher zum Kindergarten als die anderen Kinder. Nur Ralf ist gleichzeitig gebracht worden. Anja und Ralf fangen gemeinsam an, die Holzeisenbahn aufzubauen. Während die Kinder Bauklötze mit der Bahn transportieren, kommen Inge und Kalli hinzu und sagen: „He, damit spielen wir sonst immer!" Anja erschrickt und läßt das Spielzeug stehen. Inge nimmt die Eisenbahn und fährt weiter.

Diese Konfliktlöseform ist deshalb negativ zu bewerten, weil ein Kind so seine berechtigten Interessen nicht wahrnimmt. Zum anderen wird das provozierende Kind in seinem aggressiven Sozialverhalten verstärkt, da es erfolgreich war.

---

11 Verschiedene soziale und emotionale Probleme von Kindern, die sich weniger als Interessenkonflikte fassen lassen, erscheinen nicht als Teilbereich und werden ausgeklammert, z. B.:

- Tod oder schwere Krankheit eines Familienmitgliedes
- Umzug der Familie
- Scheidung der Eltern
- Kind muß zum Arzt oder ins Krankenhaus
- Kinder haben viele Ängste (z. B. vor Dunkelheit).

12 Vgl. Beck, G.: Autorität im Vorschulalter, Weinheim/Basel 1973, S. 76 f.

13 Vgl. zur theoretischen Begründung dieser Konfliktlösemuster Stange, E./Stange, W.: Training des Konfliktlöseverhaltens, in: Hielscher, H. (Hrsg.): Materialien zur sozialen Erziehung im Kindesalter, Heidelberg 1974, S. 58 ff.

Foto: Rolf B. Kalkstein

Einige Beispiele für dieses Konfliktlösemuster sind:

Ausweichen – Weglaufen – Zurückziehen aus der Kommunikation – Verzicht auf die Wahrnehmung der eigenen Interessen – Selbstvorwürfe – Aggressionen nach innen wenden – Regression – Verschieben der Reaktionen auf Objekte und Situation außerhalb des Konfliktes[14] – zu oft andere um Hilfe rufen – übertrieben unsichere Reaktionen, Hemmungen.

2.2 Konfliktlösemuster 2

Ulli, Peter, Karin und Ute verabreden sich zum „Memory-Spiel". Ute kennt dieses Spiel noch nicht, weil sie erst seit einigen Tagen im Kindergarten ist. Peter und Ulli bemühen sich eifrig, ihr die Spielregeln zu erklären. Karin verliert bald die Geduld und sagt: „Wenn du dich so doof anstellst, kannst du eben bei uns nicht mitspielen." Ute widerspricht: „Das finde ich aber nicht richtig von dir." Daraufhin wird Karin wütend und haut Ute mit der Faust ins Gesicht.

Dieses Verhalten ist als negativ zu bezeichnen, weil es körperliche und psychische Beeinträchtigungen anderer Kinder bewirkt und ihre freie Entfaltung und Rechte einschränkt.

Das typische Verhalten beim Konfliktlösemuster 2 ist impulsiv, aggressiv-destruktiv, z. B.:

Demütigungen – Bloßstellen – negative Affekte (Haß, Abneigung, Unfreundlichkeit) zeigen – Auslachen – unkontrollierte Aggressionen gegen Personen und Sachen – Provozieren durch Sprache und Mimik – Ausnutzen körperlicher Vorteile – Impulsivität und Unkontrolliertheit – wahllose Zerstörung von Spielzeug und aufgebautem Spielmaterial – verbal verletzen usw.

[14] Begleitende Affekte sind häufig Angstreaktionen – Furcht – Traurigkeit– übertriebene Schuldgefühle – Niedergeschlagenheit im Gesichtsausdruck.

2.3 Konfliktlösemuster 3

Petra, Carsten, Norman und Gülay bauen in der Sandkiste gemeinsam eine Autobahn. Petra schiebt mit dem Bagger Sand zusammen, Carsten legt Straßen an, Gülay transportiert mit dem Lastauto Sand und Norman baut einen Tunnel. Eigentlich würde Norman aber lieber mit dem Bagger oder Lastauto spielen. Vorsichtig fragt er an, ob man nicht mit den Aufgaben tauschen könnte. Die anderen Kinder reagieren gar nicht. Norman überlegt krampfhaft, wie er zu dem Bagger oder Lastauto kommen kann. Ihm wird klar, daß die Erfolgschancen bei Petra nicht besonders gut sind, denn Petra ist ziemlich groß und kräftig und läßt sich nicht alles gefallen. Dagegen ist Gülay am kleinsten und schwächsten. Er weiß, daß gerade sie sich nicht wehrt. Norman stellt sich also vor Gülay auf. „Nun will ich aber auch 'mal das Auto haben!" droht er. Als Gülay nicht reagiert, reißt Norman ihr das Lastauto aus der Hand. Gülay wehrt sich nicht gegen diese gezielt eingesetzte aggressive Verhaltensweise.

Dieses ungünstige Sozialverhalten geht nicht auf Defizite in der Persönlichkeitsstruktur zurück, sondern erfolgt kühl, geplant und ohne den „Affekt des Zorns". Es gleicht den psychischen Merkmalen der sog. „instrumentellen Aggression."[15]

Die Erfolgschancen werden genau eingeschätzt und richten sich oft gegen Schwächere. Häufig tritt instrumentelle Aggression bei tatsächlicher oder eingebildeter Bedrohung auf (z. B. gerade in Wettbewerbssituationen). Dieses Konfliktlösemuster kann u. a. auch an folgenden Erscheinungen beobachtet werden:

Auslachen und Lächerlichmachen gerade von schwachen, isolierten kleineren Kindern – Übervorteilen von Schwächeren im Spiel – Wegnahme von beliebtem und seltenem Spielzeug, aus Angst, man könnte es nicht mehr bekommen – Unterdrücken von Kindern minderen Gruppenranges (Außenseiter usw.) – Aggressionen von „Stars" gegen Neulinge – Erlangen von Aufmerksamkeit durch Lächerlichmachen anderer – Regelverletzungen bei Spielen – gezielt Angst erzeugen – falsche Anschuldigungen – Bloßstellen – Verpetzen – Aggressionen von Gruppen gegen Minderheiten usw.

Instrumentelle Aggression wird in unserer Gesellschaft allgemein als Problemlöseform akzeptiert („Der Erfolg heiligt die Mittel."). Hierbei handelt es sich um ein über Beobachtungs- und Verstärkungslernen erworbenes Problemlöseverhalten.

Da instrumentelle Aggression erlernbar ist, kann man dieses Verhalten auch modifizieren.

2.4 Konfliktlösemuster 4

Die Erzieherin legt das vorbereitete Bastelmaterial auf den Tisch. Nachdem sie den Kindern erklärt hat, wie man aus dem Faltpapier ein Körbchen anfertigt,

15 Vgl. Fürntratt, E.: Psychologie der Aggression, in: betrifft: erziehung 5/1972, S. 30 ff.

stürmen alle Kinder nach vorn, um sich Klebstoff, Faltpapier und Schere zu holen. Es gibt ein fürchterliches Gedränge. Im Durcheinander stößt Anna versehentlich die kleine Beate um. Beate fällt hin und fängt laut an zu weinen, weil sie sich den Kopf gestoßen hat. Plötzlich bleiben alle Kinder erschrocken stehen. Martin nimmt Beate in den Arm und sagt: „Wenn wir uns das nächste Mal anstellen, passiert so etwas nicht wieder!"

Dieses Konfliktlöseverhalten wird deshalb als „positiv" bezeichnet, weil es geeignet ist, die Interessen und Bedürfnisse anderer Gruppenmitglieder zu berücksichtigen. Es zielt ab auf die Achtung des Konfliktpartners und die Vermeidung einer Konflikteskalation.

Folgende Merkmale können Bestandteile positiver Konfliktlösemuster sein: Spielzeug teilen – Aufteilen der Spielfläche – Vorschläge machen – Entschuldigungen aussprechen – konstruktives Verhalten in Gruppendiskussionen – positive Affekte zeigen (Freundlichkeit, Wertschätzung, Zuneigung, Lächeln) – den anderen anhören – Verständnis zeigen über Verbalisierung: „Das war nicht deine Schuld." – sich als Ursache des Konflikts benennen – auf Regeln und Normen hinweisen – dem anderen helfen – in Schutz nehmen gegen die Gruppe oder den Erzieher – entlastende Momente nennen – trösten – an die Hand nehmen, in den Arm nehmen, streicheln – Verbalisieren der Gefühle anderer („Du hast dir sicher weh getan.") – Dritte um Vermittlung und Hilfe bitten – vermitteln – Ermutigung des Schwächeren – Kompromisse finden und schließen – Wiedergutmachung, Ersatz anbieten – Auswege verbalisieren – Durchsetzungsfähigkeit bei berechtigten Ansprüchen.[15a]

15a Weitere Beispiele sind:

Gespräche führen – etwas sagen, was das Einlenken erleichtert – Vermeiden von physischer und psychischer Gewalt – gemeinsames Handeln gegen Stärkere (Solidarität) – Aushandeln von Interessen – Integration in die Gruppe („Spiel mit.") – auf Beweggründe und Ursachen hinweisen (z. B. „Er ist doch gerade so traurig." „Es tut ihr doch so weh.") – bei starken Frustrationen harmlose Formen der Aggression wählen (auf den Boden stampfen) – eigene Emotionen ausdrücken („Ich bin wütend.") – Fehler zugeben – auf Regeln und Normen hinweisen („Es geht der Reihe nach.") – Konflikte durchstehen und sich nicht zurückziehen (auch wenn man dadurch in eine unangenehme Situation gerät und Nachteile hat) – Konflikte und Probleme möglichst allein lösen und ohne Hilfe von Erwachsenen usw.

3. Zur Lerngeschichte des Konfliktlöseverhaltens

Konfliktlösetechniken werden gelernt. Positives wie negatives Problemlöseverhalten entsteht zum erheblichen Teil während des familialen Sozialisationsprozesses. Das Zustandekommen bestimmter Verhaltensweisen läßt sich z. T. auch durch die Entstehungsgeschichte grundlegender psychischer Komponenten wie „Ich-Schwäche", „Ich-Stärke" erklären. Die Auseinandersetzung mit diesen Faktoren würde den Rahmen dieser Arbeit sprengen. Es sei deshalb auf die einschlägige Literatur verwiesen.[16]

Eine Übersicht über das Zustandekommen ungünstigen Konfliktlöseverhaltens während des familialen Sozialisationsprozesses geben Mandel/Mandel[17]:

1. Man lernt nicht, „wie man mit anderen als Gleichberechtigten in gegenseitigem Respekt und Vertrauen zusammenlebt, *wie man Probleme* gemeinsam bzw. *ohne Sieger und Verlierer löst".*[18]

2. Entscheidungen, die Interessenkonflikte zwischen Kindern und Eltern lösen sollen, werden häufig ohne Beteiligung der Kinder getroffen.[19]

3. „Die Eigeninteressen der Eltern werden verschleiert, das Kind lernt, es sei schlecht, etwas im Namen eigener Bedürfnisse mit einem *‚Ich möchte gerne'* zu erstreben. Es erfährt mehr Erfolg, wenn es altruistische Motive heuchelt und zur Erreichung seiner Ziele Tarnungstaktiken anwendet. Damit verliert nun die *Kommunikation* des Kindes auch infolge persönlichen Erleidens an Offenheit (. . .), wie sie auch keine Entfaltungsreize durch entsprechendes Modellverhalten der Eltern bekommt. *Verschleierung eigener Interessen* führt zu unklaren und widersprüchlichen Botschaften, Inhaltsaspekt und Beziehungsaspekt von Aussagen (. . .) stimmen nicht überein."[20]

4. Nicht selten weisen Familienstrukturen anstelle von Gegenseitigkeit und Achtung Kennzeichen von Zwang und Unterdrückung auf.

   Besonders verhängnisvoll ist nun, daß die Kommunikation meistens folgenden Verlauf nimmt:

   – Der Schwächere verstärkt den Stärkeren positiv, indem er dessen Wünsche (allerdings nicht freiwillig) erfüllt.

---

16 Vgl. etwa Sigrell, B.: Problemkinder in der Schule, Weinheim 1971, S. 62 ff./92 ff. – Gottschalch, W. u. a.: Sozialisationsforschung, Frankfurt/M. 1971, S. 146 ff. – Caesar, B.: Autorität in der Familie, Reinbek b. Hamburg 1972, S. 93 ff.

17 Vgl. zum folgenden:
Mandel, A./Mandel, K. H.: Einübung in Partnerschaft durch Kommunikationstherapie und Verhaltenstherapie, in: Mandel, A./Mandel, K. H./Stadter, E./Zimmer, D.: Einübung in Partnerschaft durch Kommunikationstherapie und Verhaltenstherapie, München 1972, S. 53 ff.

18 Mandel, A./Mandel, K. H., 1972, S. 53.

19 Ebd. S. 59.

20 Ebd. S. 56.

– Der Schwächere wird daraufhin verstärkt, weil etwa die verletzende Nörgelei beendet wird (auch „negative Verstärkung“ erhöht die Häufigkeit von Verhaltensweisen, wie hier das „Sich-Unterdrücken-Lassen“).

– Der Schwächere bekommt häufig für seine „Folgsamkeit“ einen positiven Verstärker, nach Ermessen des Stärkeren gewählt, der ihm nichts abverlangt und die Bedürfnisse des Schwächeren nicht berücksichtigt.[21]

„Dominiert in einer Familie der *vordergründig erfolgreiche Zwang* als Grundform sozialer Machtausübung, *übernehmen die Kinder* ein für heutige Partnerbeziehungen sehr *ungeeignetes Verhaltensmuster.* Die Wahrscheinlichkeit der *Übernahme* ist *um so größer,* je *weniger alternative Beobachtungsmodelle,* die ebenfalls erfolgreich sind, zur Verfügung stehen, sei es innerhalb oder außerhalb der Familie.“[22]

5. In vielen Familien können Kinder nur sozial fragwürdige Modelle beobachten: Aggressionen, psychische Gewalt (im Fernsehen, zwischen den Eltern oder zwischen Eltern und Kindern) oder Sticheleien, Intrigen zwischen Familienmitgliedern. Nur wenige Kinder haben Gelegenheit, offene Ärgeräußerungen, die nicht verletzen, zu beobachten.[23]

6. Wenn man überflüssige Konflikte abbauen möchte und ein angemessenes Verhalten in Konfliktsituationen anstrebt, erfordert dieses Gespräche *„zur Findung von Entscheidungen und Regeln des Zusammenlebens.* . . Entsprechende Lernsituationen sind für die meisten Kinder kaum gegeben. . . Die wenigsten Eltern können in einer beiderseits befriedigenden, also produktiven und nicht verletzenden Weise ihre Angelegenheiten miteinander aushandeln, vor den Kindern und mit den Kindern etwas versöhnlich ausstreiten.“[24]

7. In vielen Familien können auch notwendige rationale Streittechniken nicht erlernt werden, weil die Eltern ständig bemüht sind, einen „äußeren Scheinfrieden“ zu erhalten.
Drohende Auseinandersetzung werden unterdrückt, und dennoch schlagen sie sich in Affekten (Enttäuschung, Feindseligkeit usw.) nieder. Ein Lernprozeß im Hinblick auf das offene Austragen von Konflikten im Gespräch und die kritische Auseinandersetzung mit unerwünschten Konfliktlösetechniken findet nicht statt.[25]

---

21 Vgl. Mandel, A./Mandel, K. H., 1972, S. 60 f.

22 Ebd. S. 61.

23 Ebd. S. 56 f.

24 Ebd. S. 57 f.

25 Vgl. ebd. S. 59.

Foto: Rolf B. Kalkstein

8. Die charakteristische soziale Lernsituation in der Familie verhindert nur allzuoft das Erlernen eines umfassenden Bestandes von Verhaltensweisen des „Durchsetzens und Nachgebens"[26] und vor allem der wohl wichtigsten Problemlösemöglichkeit für Kommunikationskonflikte, der sog. „Metakommunikation", d. h. Aussprache über die Art und Weise der ausgeübten Kommunikation. Und genau dies ist in den meisten Familien unüblich; Gespräche über die Kommunikation zwischen den Eltern dürfen — falls sie nicht ganz entfallen — nicht mit angehört werden. Ebenso selten dürften Gespräche über die Eltern-Kind-Beziehung unter direkter Beteiligung des Kindes sein.[27]

26 Vgl. Mandel, A./Mandel, K. H., 1972, S. 59.

27 Ebd. S. 62.

Eltern ermutigen ihre Kinder kaum zur Mitteilung positiver oder negativer Gefühlsregungen und behindern auch damit die Lösung von Konflikten durch Metakommunikation.

„Ein Kind, das *Ängste* und Schwächen zugibt, wird (. . .) oft durch Bagatellisierungen und Hinweise auf ‚schneidige' Altersgenossen entmutigt. So wird es zu *Taktiken und Verleugnungen* gezwungen; es lernt, sich unklar, d. h. dementierbar auszudrücken, um nicht so verletzbar zu sein."[28]

4. Planung der Spiel- und Lernangebote

Im Hinblick auf das Konfliktlöseverhalten ist sowohl *Sozialerziehung als Lernprinzip* und *Sozialerziehung als eigenständiger Lernbereich* erforderlich.

Einerseits geht es um notwendige und angemessene Reaktionen des Erziehers innerhalb der unvermeidlich auftretenden aktuellen Konflikte auch in anderen Lernbereichen als der Sozialerziehung (z. B. Streit während der Bewegungserziehung).[29]

Andererseits scheint es wichtig und erforderlich zu sein, *im vorhinein,* zu einem Zeitpunkt, zu dem kein Konflikt ansteht, den Aufbau von positivem Konfliktlöseverhalten curricular anzugehen (d. h. Lernmöglichkeiten dafür in einer Situation ohne Problemdruck zu schaffen). Diese Aspekte bezeichnet man als *Verhaltensvoraufbau.*[30] Ziel ist das Erlernen eines Repertoires an positiven Konfliktlösetechniken, die den Kindern und der Gruppe in später auftretenden Konfliktsituationen zur Verfügung stehen. Übergreifendes Ziel dieses Programms ist die *Vermittlung von Handlungsfähigkeit in Konfliktsituationen,* d. h. die Vermittlung von Qualifikationen, die die Kinder in die Lage versetzen, *in derzei-*

---

28 Mandel, A./Mandel, K. H., 1972, S. 55.

29 Zum angemessenen Verhalten bei aktuellen Konflikten siehe: Tausch, R./Tausch, A. M.: Erziehungspsychologie, Göttingen 1970, S. 107 ff. (Extinktion negativen Verhaltens) und 292 ff. (Verhalten des Erziehers in Konfliktsituationen) – Ginott, H. G.: Gruppenpsychotherapie mit Kindern, Weinheim/Berlin/Basel 1971, S. 78 ff. (Abreaktion von Aggression) – Sigrell, B.: Problemkinder in der Schule, Weinheim 1971, S. 138.

30 Hiermit sind nicht jene Verfahren der Verhaltensmodifikation gemeint, wie sie etwa zur systematischen Beeinflussung von verhaltensgestörten Kindern eingesetzt werden. Vermutlich haben auch derartige verhaltenstherapeutische Methoden im Hinblick auf das Konfliktlöseverhalten zunehmende Bedeutung und eine Verbreitung dieser Methoden unter Erziehern scheint durchaus eine wichtige Aufgabe zu sein. Da hierzu in diesem Zusammenhang keine weiteren Ausführungen erfolgen können, sei auf die einschlägige Literatur verwiesen. Vgl. z. B. Belschner, W. u. a.: Verhaltenstherapie in Erziehung und Unterricht, Stuttgart 1973; Holtz, K.-L.: Verhaltensmodifikation in der Schule – ethische und methodische Aspekte, in: Die Grundschule, 5/1973, S. 309 ff.

tigen und zukünftigen Lebenssituationen Probleme rational zu lösen (rationales Reagieren in Konfliktsituationen durch *positive Konfliktlösetechniken).*

Es geht deshalb nicht darum, Konflikte gänzlich auszuschalten und zu vermeiden. Konflikte sind in gewissem Umfange durchaus auch als *soziales Übungsfeld* wichtig.

Diese Auffassung schließt die Vermittlung von Techniken der Anpassung und des Widerstandes ein.[31]

Einerseits geht es um rationales Handeln in Konfliktsituationen im Sinne der *Aufrechterhaltung der Funktionsfähigkeit der Gruppe* durch Ausschaltung von Störfaktoren.

Zum anderen geht es um Fähigkeiten im Sinne von *Durchsetzungsvermögen bei berechtigten Ansprüchen* (im Gegensatz etwa zum Zurückziehen, Verzichten auf die Wahrnehmung von Interessen) mit dem Ziel der Veränderbarkeit der Gruppe.

Wesentliche Konfliktlöseelemente – dies kann nicht häufig genug betont werden – bestehen aus Fähigkeiten wie:

Aushalten, Durchstehen von Konfliktsituationen, sich durchsetzen können bei berechtigten Ansprüchen, Belastbarkeit in Konfliktsituationen.

Eine *rationale Verfügung über Konfliktlösetechniken* – auch dies sei noch angemerkt – erleichtert durchaus das Erreichen politisch-sozialer Lernziele im Sinne des „strategischen Lernens".[32]

Dem Einwand „die Ziele seien zu hoch gesteckt" halten wir entgegen: Sozialerziehung nur während eines Jahres betrieben, erscheint auch uns völlig unzureichend. Hier lassen sich angestrebte Verhaltensweisen wohl nur „anbahnen".

Anzustreben ist deshalb die kontinuierliche Fortführung der Sozialerziehung über einen längeren Zeitraum hinweg.

Ein *Verhaltensvoraufbau* im Hinblick auf die Handlungsfähigkeit in Konfliktsituationen bezieht drei Bereiche ein:

1. Beeinflussung *allgemeiner Persönlichkeitsfaktoren,* die das Verhalten in Konfliktsituationen erheblich beeinflussen.[33]

   Eine positive Ausprägung der allgemeinen Persönlichkeitsfaktoren führt wahrscheinlich zu einer *Reduktion möglicher Konflikte* und zur häufigeren Anwendung rationaler Lösungsmöglichkeiten in Konfliktsituationen.

---

31 Vgl. Hielscher, H.: Thesen zur Sozialerziehung, in: Die Deutsche Schule, 6/1972, S. 396.

32 Rolff, H. G./Tillmann, K. J.: Strategisches Lernen durch gesellschaftsverändernde Praxis, in: päd. extra, 2/1974.

33 Vgl. Kap. II., u. a. Abschnitt 6 ff.

2. Vermittlung spezieller Kommunikationstechniken, z. B.: Metakommunikation[34], um unechte Konflikte möglichst auszuschalten und andererseits rational reagieren und handeln zu können in unvermeidbaren Konfliktsituationen.

3. Zur Vermittlung einer rationalen Handlungsfähigkeit in Konfliktsituationen sind weiterhin spezielle Qualifikationen nötig. Diese sind Gegenstand der Spiel- und Lernvorschläge in Abschnitt 6.

Zunächst erfolgt jedoch eine Aufzählung möglicher Lernziele.

5. Lernziele

1. Konfliktsituationen erkennen und verstehen können.
2. Über Konflikte reden können und mögliche Konfliktgefahren erkennen und ansprechen können.
3. Konfliktstrukturen (und -verläufe) wahrnehmen können.
4. Verstehen, daß Konflikte viele tieferliegende Ursachen haben.[35]
5. Die unter 2.1, 2.2, 2.3 beschriebenen Konfliktlösemuster negativ bewerten (und gefühlsmäßig ablehnen).
6. Die unter 2.4 aufgeführten Konfliktlösetechniken kennen, verstehen und anwenden können.[36]
7. Neue Konfliktlösungsmöglichkeiten suchen und entwickeln können (soziale Kreativität).
8. Verstehen, daß negative Lösungstechniken bestimmte Wirkungen und Folgen haben (und darüber reden können).[37]

---

34 Vgl. Kap. II., Abschnitt 11 ff.

35 Z. B.: unbeabsichtigtes Umstoßen von Spielzeug – häusliche Belastungen können zu aggressivem Verhalten des anderen Kindes geführt haben – Raum ist zu eng – Individuen haben verschiedene Wertvorstellungen und Lebensweisen – Gruppenmitglieder haben verschiedene Interessen und Bedürfnisse – Rollendifferenzierung in Gruppen (Star, Außenseiter) – Gruppenprozesse (z. B. Gruppendruck) – Einschränkung der Bedürfnisbefriedigung – Konkurrenzsituation – Eifersucht, Neid – Angst verursacht oft Aggression – aggressive Zerstörungslust – Überbelastung des Erziehers – psychologische Mechanismen wie Verschiebung von Aggressionen nach Frustrationen auf andere (vor allem Schwächere) – Vorurteile, feindselige Einstellungen – Kommunikationsstörungen (vgl. Watzlawick, P. u. a.: Menschliche Kommunikation, Bern/Stuttgart/Wien 1972, S. 72 ff.) wie z. B.: Fehler in der Entschlüsselung von Botschaften (etwa Übersetzung von nichtsprachlicher Sprache in Botschaften).

36 Und eine positive gefühlsmäßige Einstellung ihnen gegenüber entwickeln.

37 Aggressionen haben meistens Aggressionen zur Folge – Aggressionen werden nicht belohnt – Aggressionen stören das Gruppenleben – Aggressionen behindern das Erreichen von Lernzielen und Leistungen – Frustrationen können z. B. Aggressionen bewirken –

9. Die positiven Wirkungen prosozialer Konfliktlösemuster verstehen.[38]
10. Verstehen und psychisch aushalten können, daß es nicht lösbare Konfliktsituationen gibt (bei einander ausschließenden Interessen).
11. Verstehen und als Norm verinnerlichen (internalisieren), daß alle Gruppenmitglieder gleiche Rechte und Pflichten haben, über diese Normen diskutieren können und in Konfliktsituationen darauf hinweisen können.
12. Einfühlen in Konfliktsituationen, z. B. emotionales Empfindungsvermögen (Sensibilität) gegenüber Konfliktfolgen, Mitfühlen mit Benachteiligten usw.

13. Sich Konfliktsituationen gegenüber desensibilisiert verhalten (d. h. mit vermehrter emotionaler Ruhe und Sicherheit und ohne störende Affekte wie Furcht, Angst und nicht immer mit dem Gefühlsausdruck des Zorns reagieren, sondern vor allem kühl, rational).
14. Konflikte annehmen und aushalten können.
15. Durchsetzungsfähigkeit.[39, 40]

Abneigung erzeugt Abneigung — Angst kann Aggression hervorrufen — es gibt den Vorgang der Verschiebung von Aggressionen auf andere (vor allem Schwächere) — Auslösen intensiver Gefühlswirkungen wie: Traurigsein — Unglücklichsein — Schmerzen — Weinen — Gefühle des Zurückgesetztseins — Gehemmtheit — Angst.

38 Prosoziale Konfliktlösungen bereichern in der Regel das Gruppenleben — steigern den Gruppenzusammenhalt — beschleunigen das Erreichen gemeinsamer Ziele — fördern das seelische Wohlbefinden (Freude usw.) — Freundlichkeit erzeugt in der Regel Freundlichkeit — Sympathie erzeugt im allgemeinen Sympathie und entspanntes Verhalten erzeugt im allgemeinen entspanntes Verhalten (Scherzen, Lachen).

39 Z. B. auf berechtigten Ansprüchen bestehen können, Widerstandsfähigkeit gegenüber unberechtigten Ansprüchen (einschl. negativen Gruppendruck), nicht Zurückweichen gegenüber unberechtigten Ansprüchen, die mit Drohungen durchgesetzt werden sollen, sondern deutliche nichtaggressive sprachliche Zurückweisung usw.

40 Weitere Lernziele, die als zusätzliche Voraussetzungen eines günstigen Konfliktlöseverhaltens gelten, können sein: Befähigung zum realitätsgerechten Handeln bei Enttäuschungen und Versagungen (Frustrationstoleranz), Belastbarkeit, eine positive Grundhaltung gegenüber anderen haben, nichtunterdrückende Kommunikation als angenehm empfinden, Befähigung zur optimalen Kommunikation (vgl. Kapitel 11 ff.) um den Teil der Konflikte auszuschalten, die *unecht* sind, d. h. nicht auf Interessenkonflikten beruhen (vgl. Abschnitt 1.1.), sondern lediglich auf Kommunikationsschwierigkeiten zurückzuführen sind.

6. Spiel- und Lernvorschläge

6.1 Puppenspiel

(214) *Streit ums Spielzeug*

Material: Handpuppen, Gehäuse eines Fernsehers (bzw. Kaspertheater)

Spieler: Groß- oder Kleingruppe

Spieldauer: etwa 15–25 Minuten

Inhalt:
Zwei Handpuppen suchen ein Spielzeug, mit dem sie gemeinsam spielen können, und entdecken dabei eine Lokomotive, die anscheinend ganz neu ist. Nun möchte jede Puppe die Lokomotive für sich haben.

Es kommt zu einem heftigen Streit, und beide Puppen zerren an der Lokomotive. Sie schreien sich an und prügeln sich. Dabei fällt die Lokomotive herunter, und die Puppen stehen erschrocken da.

„Wir haben uns wirklich dumm benommen! Was hätten wir besser machen können?"

(Die Kinder werden angesprochen, und es werden gemeinsam Konfliktlösungen gesucht. Die Vorschläge der Kinder werden von den Handpuppen aufgegriffen.)

Spielanleitung:
Die Kinder sitzen im Halbkreis, der Erzieher führt das Puppenspiel vor und versucht, die zusehenden Kinder (Beobachtungslernen – Identifikation mit den Handpuppen) in einen Dialog mit den Puppen einzubeziehen. Im Gespräch werden konstruktive Lösungsmöglichkeiten verstärkt und durch die Puppen dargestellt.

Abschließend wird die Szene im Rollenspiel von den Kindern nachgespielt. Dabei werden möglichst viele Lösungsmöglichkeiten durchprobiert.[41]

Lernziele: 1, 4, 5, 6, 7, 8, 9, 11, 13

6.2 Konfliktbilder (Einzelszenen, Bilderfolgen)

Verwendungsmöglichkeiten:
a) Zur visuellen Verdeutlichung von Problemgeschichten

b) Als Rollenspielvorlage

c) Zum Geschichten erfinden, um Problemlösungen selbst zu erarbeiten, als Gesprächsanreiz

41 Alle denkbaren Situationen (vgl. die Aufzählung möglicher Konfliktsituationen im Kap. III, 1.2, S. 209 ff.) können durch ein Kasperspiel dargestellt und durch die Kinder gelöst werden.

(215) *Ulla und Peter*

Material: Bilderfolge III/1

Spieler: Groß- oder Kleingruppe

Spieldauer: etwa 20 Minuten

Spielanleitung:
Der Erzieher zeigt der Gruppe die Bilderfolge mit der Konfliktsituation und ermuntert die Kinder zur Interpretation.

Gemeinsam wird über das Problem gesprochen, Konfliktursachen und -folgen diskutiert und Lösungsmöglichkeiten erarbeitet.

Konstruktive Lösungen der Kinder werden verstärkt und aggressive Techniken nicht beachtet.

Falls die Kinder keine weiteren Vorschläge der Konfliktlösung entwickeln, bietet der Erzieher Alternativlösungen an wie:

a) Beide Kinder beschließen, einen noch größeren Turm zu bauen.

b) Beide räumen auf und fangen ein anderes Spiel an.

c) Peter ist nicht mehr böse und baut allein einen neuen Turm.

Lernziele: 1, 4, 6, 7, 8

(216) *Der Bagger*

Material: Bilderfolge III/2

Spieler: Groß- oder Kleingruppe

Spieldauer: etwa 20 Minuten

Inhalt: Die Gruppe hat ein neues Spielzeug (Bagger) bekommen. Nun möchten viele Kinder damit spielen.

Bild 1: Hans hat sich als erster den Bagger geholt und spielt.

Bild 2: Regine kommt herbei und sieht Hans beim Spielen zu.

Bild 3: Schüchtern fragt Regine, ob sie vielleicht auch einmal mit dem Bagger spielen dürfe. Hans willigt ein und gibt ihr den Bagger.

Bild 4: Als weitere positive Lösungmöglichkeit ist hier zu nennen, daß die Kinder gemeinsam mit dem Bagger spielen. Hans hat sich ein Lastauto dazugeholt und transportiert die Bauklötze.

Spielanleitung:
Der Erzieher bespricht mit den Kindern die ersten beiden Bilder. Dabei sollen die Kinder versuchen, die Gefühle der dargestellten Modelle in Worten auszudrücken

und zu erklären, um möglichst verschiedene Alternativen kennenzulernen. Der Erzieher muß darauf achten, daß die Kinder den Versuch machen, eigene Fragestellungen zu entwickeln („Darf ich auch mitspielen?" oder „Leihst du mir den Bagger für einen Augenblick?" oder „Hast du etwas dagegen, wenn ich das Lastauto hole und wir zusammen spielen?"). Eventuell muß er diese Möglichkeiten anbieten, damit die Kinder für reale Situationen entsprechende Techniken kennenlernen.

Damit die entwickelten Handlungsstrategien in der Anwendung geübt werden können, sollte sich ein Rollenspiel anschließen.

Lernziele: 6, 9, 13

(217) *Das Haus*

Material: Bilderfolge III/3

Spieler: Groß- und Kleingruppe

Spieldauer: etwa 20 Minuten

Inhalt:
Bild 1: Drei Jungen stehen vor einem großen Kasten mit Legosteinen.

Bild 2: Zwei Kinder bauen an einem Haus, das dritte Kind transportiert Steine mit einem Lastauto.

Bild 3: Die Jungen streiten sich. Peter stößt gegen das halbfertige Haus und ein Teil fällt zusammen.

Bild 4: Alle Kinder bauen gemeinsam an einem großen Haus.

Erzählung:[42]
Drei Jungen wollen gemeinsam ein großes Haus aus Legosteinen bauen und überlegen, wie man am sinnvollsten vorgehen könne. Nach längerer Diskussion macht Hans den Vorschlag, daß Peter zunächst mit dem Lastauto die Legosteine heranfährt und die anderen beiden erst einmal mit dem Bau anfangen. Sie einigen sich dann noch darauf, ein Haus mit Garage und großem Garten zu bauen. Das Haus soll weiß werden, ein rotes Dach und viele Fenster bekommen, während die Garage aus blauen Steinen erbaut werden soll.

Nach geraumer Zeit ist Peter mit dem Transport der Steine fertig und bekommt von Hans und Franz den Auftrag, mit dem Gartenzaun anzufangen. Damit ist er aber nicht einverstanden und besteht darauf, jetzt auch beim Hausbau mitzuhelfen.

---

42 Stange, E./Stange, W.: Training des Konfliktlöseverhaltens, in: Hielscher, H. (Hrsg.): Materialien zur sozialen Erziehung im Kindesalter, Heidelberg 1974, S. 73.

Beim Streiten stößt Peter versehentlich gegen das halbfertige Haus und ein Teil fällt zusammen. „Nun darfst du überhaupt nicht mehr mithelfen!" bestimmen die anderen Jungen und rempeln und knuffen Peter, damit er weggeht. (Hier sollte die Geschichte zunächst abgebrochen werden, damit die Kinder eigene Vorschläge zum Ausgang des Konfliktes machen können.)

Möglicher Schluß der Geschichte:
Peter versucht den Spielkameraden zu erklären, daß er nicht mit Absicht gegen das Haus gestoßen sei und wie leid es ihm täte. „Vielleicht können wir noch einmal von vorn anfangen und ein viel schöneres und größeres Haus bauen mit Doppelgarage. Autos holen wir uns auch!" Die beiden anderen Kinder lenken ein, weil sie den Vorschlag ganz gut finden. Und böse sind sie auf Peter auch nicht mehr, denn schließlich hat er sich ja entschuldigt und einen guten Vorschlag gemacht.

Spielanleitung:
Der Erzieher erzählt die Konfliktgeschichte, unterbricht an der Stelle, an der es zum Streit kommt, und fordert die Kinder auf, einen eigenen Schluß zu finden. Die jeweiligen Lösungsmöglichkeiten werden diskutiert, und konstruktive Vorschläge können im Rollenspiel nachvollzogen werden.

Der Erzieher kann schließlich auch seine Geschichte noch zu Ende erzählen, um den Kindern auch hier eine konstruktive Lösungsmöglichkeit aufzuzeigen. Entscheidend ist, daß durch die Geschichte und durch das Rollenspiel positive Modelle angeboten werden, die über das Beobachtungslernen in das Verhaltensrepertoire aufgenommen werden. Sehr wichtig ist es auch, daß die positiven Lösungstechniken verstärkt werden, durch verbale Erzieheräußerungen oder Nicken usw. und auch durch den Erfolg, den die Modellkinder verbuchen können (stellvertretende Verstärkung).

Lernziele: 1, 4, 5, 6, 7, 8, 9, 13

(218) *Wen schlägt Regine?*

Material: Bilderfolge III/4

Spieler: Groß- oder Kleingruppe

Spieldauer: etwa 20 Minuten

Inhalt:
Bild 1: Der Vater schimpft Sven aus, weil er sein Spielzeug zerbrochen hat.

Bild 2: Sven brüllt seinen kleinen Bruder Klaus an und versucht, ihn zu schlagen.

Bild 3: Klaus ist im Kindergarten und wird aggressiv gegen Regine (zieht wütend an ihrem Haar).

Frage: Wen schlägt Regine?

Spielanleitung:
Die Bilder werden der Gruppe gezeigt und gleichzeitig die entsprechende Handlung erzählt.

Das darf als Rollenspielvorlage und als Gesprächsanreiz betrachtet werden. Sehr wichtig ist, daß sie nur eine Reizfunktion haben. Die Kinder sollen ihre konkreten Erfahrungen einbringen. Die Spielhandlung sollte nicht ausschließlich auf dem Material fußen.

Lernziele: 1, 4, 5, 8, 12

(219) *Kinderzimmer aufräumen*

Material: Bilderfolge III/5

Spieler: Groß- oder Kleingruppe

Spieldauer: etwa 20 Minuten

Inhalt:
Bild 1: Es zeigt ein Kinderzimmer, in dem Spielzeug, Kleidungsstücke usw. herumliegen.

Bild 2: Die Mutter kommt ins Zimmer.

Bild 3: Mutter unterhält sich mit den Kindern.

Frage: Wie einigen sich Mutter und Kinder?

Spielanleitung:
Den Kindern wird die Bilderfolge gezeigt. Sie werden ermuntert, eine Geschichte dazu zu erzählen und über eigene Erfahrungen zu berichten. Die Gruppe nennt Lösungsvorschläge, wie die Kinder sich mit der Mutter einigen.

Die genannten Handlungsalternativen werden im Rollenspiel durchprobiert.

Lernziele: 1, 4, 5, 6, 7, 8, 9

(220) *Auf dem Rasen: Spielen verboten*

Material: Bilderfolge III/6

Spieler: Groß- oder Kleingruppe

Spieldauer: etwa 20 Minuten

Inhalt:
Bild 1: Mehrere Kinder spielen auf dem Rasen Fußball.

Bild 2: Ein Mann (Hausmeister, Vater, Passant o. ä.) kommt hinzu und droht den Kindern.

Bild 3: Viele Kinder und Erwachsene reden miteinander.

Bild 4: (Lösungsbild)
Die Kinder dürfen auf einem bestimmten Rasenstück spielen.

Spielanleitung:
Zunächst wird die Gruppe mit dem Problem bekannt gemacht; das Lösungsbild wird zurückgehalten. Im Gespräch sollen die Kinder möglichst über ähnliche Erfahrungen berichten. Gemeinsam wird dann nach Lösungen gesucht (z. B. alle Kinder planen eine Aktion; es findet ein Gespräch statt mit den Eltern, Kindern und dem Hausmeister usw.). Im Rollenspiel werden die gefundenen Konfliktlösungsmöglichkeiten durchgespielt.

Abschließend wird das Lösungsbild gezeigt und über diese Möglichkeit diskutiert.

Lernziele: 1, 4, 5, 6, 7, 8, 9, 13

(221) *Dürfen Erwachsene schlagen?*

Material: Einzelbild III/7

Spieler: Groß- oder Kleingruppe

Spieldauer: 15–20 Minuten

Inhalt: Das Bild zeigt eine Frau, die ein Mädchen schlägt.

Spielanleitung:
Die Kinder sollen durch das Bild angeregt werden, über derartige Erfahrungen zu berichten (z. B.: Von wem werden sie geschlagen? Welches sind die Gründe? Wie fühlen und empfinden die Kinder, wenn sie geschlagen werden [Wut, Trauer, Angst usw.]?). Im Gespräch sollen die Wirkungen und Folgen solcher negativer Lösungstechniken erkannt werden.

Es sollten aber auch prosoziale Konfliktlösungen gesucht und über deren Wirkungen gesprochen werden, damit die Kinder eine positive Einstellung gegenüber diesen Lösungen entwickeln.

Lernziele: 8, 9, 12

(222) *Das Bild*

Material: Bilderfolge III/8

Spieler: Groß- oder Kleingruppe

Spieldauer: etwa 20 Minuten

Inhalt:
Bild 1: Zwei Kinder malen getrennt an der Tafel.

Bild 2: Im Laufe der Zeit kommen sie sich in die Quere.

Es gibt mehrere Lösungsmöglichkeiten, die die Gruppe zuordnen kann:
Bild 3: Die Kinder tragen ihren Streit aggressiv aus.

Bild 4: Sie ziehen in der Mitte einen Strich und grenzen ihre Bereiche ab.

Bild 5: Sie entschließen sich, gemeinsam ein Bild zu malen.

Spielanleitung:
Die ersten beiden Bilder werden den Kindern gezeigt. Im Gespräch sucht die Gruppe Lösungen.

Danach zeigt der Erzieher die Bilder, die positive und negative Konfliktlösungsmöglichkeiten aufweisen. Die Kinder müssen über die verschiedenen Möglichkeiten sprechen, sich entweder einigen oder eine Entscheidung herbeiführen, wie dieses Problem gelöst werden soll.

Lernziele: 1, 2, 3, 8, 9

6.3 Problemgeschichten

Verwendungsmöglichkeiten:
a) Anreiz zum Erzählen eigener Erfahrungen und Erlebnisse.

b) Als Rollenspielvorlage.

c) Problemlösungen selbst zu erarbeiten.

(223) *Immer Ärger mit Oliver*

Material: ohne

Spieler: Groß- oder Kleingruppe

Spieldauer: etwa 30 Minuten

Inhalt:
Oliver ist der Stärkste in der Gruppe und fast einen Fußball größer als Peter. Er ist ja auch schon älter als die anderen — fast sechs schon. „Ich bin stark wie ein Bär!" sagt Oliver, „und wer mir nicht gehorcht, den fresse ich — grrr!"

Alle Kinder müssen immer das tun, was er will. Sie fürchten sich. Sie haben Angst vor ihm. Olivers Vater sagt immer: „Oli, du hast aber schon einen ganz schönen Blizeps — Bizeps oder wie das Ding heißt." Jedenfalls meint er Olis Muskeln damit.

Und das stimmt! Neulich hat Oli den Jan verhauen, so daß der ganz blaue Flecken am Körper hatte und die Nase blutete. Er hat entsetzlich geweint. Es muß furchtbar weh getan haben. Und das alles nur, weil er nicht mitmachen wollte, die alte Frau Hansen zu ärgern, die Oliver so gern als „Hexe" bezeichnet. Ja, so ist das! Wer nicht tut, was Oliver will, der bekommt seine Fäuste zu spüren. Da liegt der Grund, weshalb alle Angst vor ihm haben.

Björn meint: „Oli ist ein Schuft! Es macht keinen Spaß, mit ihm zu spielen."

Jetzt ist gerade Pause. Die Kinder stürmen auf den Spielhof. Dort darf man richtig toben, denn Frau Ingwersen ist eine wirklich nette Dame. Unter den riesenhaften Lindenbäumen stehen einige Kinder. Peter schlägt vor: „Laßt uns das Hinkerspiel beginnen. Das ist Klasse!" „Ja", ruft Niko, „Super". Alle schauen Oliver an. Er runzelt die Stirn, wirft Peter einen stechenden, bösen Blick zu und grunzt: „Quatsch! Was soll das blödsinnige Hinkerspiel. Wir spielen ‚Fangen'! Los, auf geht's!" Peter stammelt ärgerlich: „Du willst ja nur deshalb ‚Fangen' spielen, weil du da gewinnst und beim Hinkerspiel immer verlierst!" Drohend ballt Oliver die Faust: „Du bekommst eins in die Fresse, mein Lieber."

Peter zuckt zusammen. Er denkt: Das ist nicht richtig! Er darf mich nicht verhauen, wir haben alle die gleichen Rechte, sagt Frau Ingwersen immer. Deshalb spiele ich, was ich will. Man darf sich nicht einschüchtern lassen. „Ich spiele das Hinkerspiel – und wenn du dich auf den Kopf stellst!" „Und ich spiele mit", meint Klaus , sein bester Freund. Oli wird wütend. Doch sicherheitshalber wirft er einen prüfenden Blick zu Frau Ingwersen hinüber. Sie beobachtet die aufgeregte Gruppe aus der Ferne. „Na, warte", droht Oliver, „nachher setzt es was!" „Los", so fährt er die anderen an, „wir spielen jetzt ‚Fangen'." Und schon läuft er davon. Erst zögernd, dann sehr eilig folgen die anderen. Nur Peter und Klaus fangen mit dem Hinkerspiel an. „Weißt du was", ruft Peter, „so geht es nicht weiter. Man darf sich nicht alles gefallen lassen. Das ist ja eine richtige Unterdrückung. Jawohl! Mein Großvater sagt immer: Einigkeit macht stark! Da lernen auch die Größten das Fürchten. Wenn wir uns zusammentun, wird Oli sich wundern!" „Genau richtig!" pflichtet Klaus ihm bei, und seine Wangen röten sich vor Aufregung: „Wir holen uns noch Jan, Björn und Kalli." Sie stoßen ihre Freunde heimlich an und tuscheln unauffällig. Beifälliges, entschlossenes Nicken.

Der Kindergarten ist zu Ende.

Hinter dem Haus ist ein kleiner Park. Dort wartet Oli. Lässig lehnt er an einem Baum. „Hallo, Peter!" so grinst er hämisch, „wir haben noch eine kleine Rechnung zu begleichen. Du weißt doch, wer mich ärgert, der bekommt die da zu spüren!" Drohend ballt er seine Fäuste. Klaus schreckt ein wenig zurück. Dann faßt er sich ein Herz und antwortet ein wenig erregt, doch fest entschlossen: „Es stimmt, Oli, du bist der Stärkste. Aber der Stärkste hat noch lange nicht immer recht. Und: Hast du starker Bär schon einmal gegen fünf Wölfe gleichzeitig gekämpft? Jawohl, das mußt du wohl nun!"

Oliver zuckt zusammen, verwirrt, verwundert. Das kann doch nicht sein? Doch! Da stehen sie – fünf Freunde! Langsam kommen sie auf ihn zu. Oliver wird bleich. Er beginnt zu stammeln: „Nein, nein, so habe ich das doch nicht gemeint . . ." „Oh, es ist schon so spät, jetzt muß ich mich aber beeilen." Und husch, schon ist er weg.[43]

Spielanleitung:
Kreissituation. Die Problemgeschichte wird erzählt. Die Geschichte kann entweder nach Olivers Drohung abgebrochen werden mit der Aufforderung, eigene Lösungen zu finden, oder sie kann vollständig erzählt werden.

Wichtig ist ein anschließendes Rollenspiel, das an den entscheidenden Punkten abgebrochen werden kann, um verschiedene Lösungen auszuprobieren.

Lernziele: 7, 8, 11, 12, 14, 15

(224) *Jana und Helge*

Material: ohne

Spieler: Groß- oder Kleingruppe

Spieldauer: etwa 20 Minuten

Inhalt:
In der Gruppe gibt es viele Kinder, so wie bei euch. Eigentlich verstehen sich alle recht gut; ab und zu gibt es natürlich etwas Streit, aber hinterher vertragen sich alle wieder.

Ganz besonders freuen sich die Kinder jeden Morgen auf die Frühstückspause. Dann ist es immer sehr gemütlich. Manchmal werden auch Kerzen angezündet und die Vorhänge zugezogen. Das mögen die Kinder besonders gern.

Am Montag sammelt Frau Bellmann, die Erzieherin, Geld für Saft und Kakao ein und vor der Frühstückspause bekommt jedes Kind einen Becher Saft oder Kakao.

Dann fragt Frau Bellmann immer: „Wer von euch möchte helfen?"

Darauf drängeln sich die Kinder, schubsen und rangeln. „Ich, ich" rufen sie, und jeder will der erste sein. Häufig fangen sie richtig an zu streiten, weil sie sich nicht einigen können.

In der letzten Woche am Freitag fragte Frau Bellmann wieder: „Wer hilft heute beim Saftausteilen?"

Die Kinder drängelten sich, alle wollten helfen. Jana und Helge nahmen das Tablett mit den Saft- und Kakaobechern. Weil jeder das Tablett gern getragen hätte, zerrten sie daran.

---

43 Stange, E./Stange, W.: Training des Konfliktlöseverhaltens, in: Hielscher, H. (Hrsg.): Materialien zur sozialen Erziehung im Kindesalter, Heidelberg 1974, S. 70.

„Ich will heute mal die Becher tragen!" sagte Jana, aber Helge meinte: „Nein, heute bin ich dran!"

So stritten sie sich.

Dabei vergaßen sie ganz, daß das Tablett nur aus Pappe war. Plötzlich reißt es auseinander!

Die Saft- und Kakaobecher fallen auf den Fußboden. Einige Becher zerbrechen und der Saft läuft auf den Boden.

Jetzt ist es ganz still geworden im Raum. Die Kinder stehen erschrocken da.

Bemerkung: Hier wird die Geschichte abgebrochen und die Kinder werden aufgefordert, nach Möglichkeiten zu suchen, wie das Problem gelöst werden könnte.

Möglicher Schluß:
Jan sagt in die Stille hinein: „So geht das auch nicht, wir müssen uns mal einigen, wer jeden Tag dran ist. Am besten ist es, wenn die Kinder tischweise an der Reihe sind."

Spielanleitung:
Die Gruppe sitzt im Stuhlkreis. Die Erzieherin erzählt die Problemgeschichte und unterbricht an der oben angegebenen Stelle.

Nun werden die Kinder ermuntert, selbst das Problem zu lösen und sich Handlungsalternativen zu überlegen. Im Gespräch werden diese Lösungen diskutiert.

Lernziele: 7, 8, 11, 12, 14, 15

6.4 Kurze Problemsituationen als Gesprächsvorgabe

(225) *Was würdest du tun?*

Material: eventuell Kasperpuppen

Spieler: Dieses Spiel wird möglichst in kleinen Gruppen (bis 12 Kinder) durchgeführt, damit alle Kinder sich verbal äußern können.

Spieldauer: etwa 15 Minuten

Inhalt:
Als Problemsituationen, die den Kindern mit der Frage „Was würdest du tun?" vorgegeben werden, sind denkbar:

– Ein Kind hat seine Wachsmalstifte vergessen.
– Ein Kind fängt an zu weinen, weil es kein Frühstücksbrot mitbekommen hat.
– Alle Kinder wollen basteln, und es fehlen einige Scheren.

- Auf dem Spielhof sind einige größere Kinder, die den kleineren immer die Mütze vom Kopf reißen.
- Ein kleines Mädchen holt sich den Lastwagen zum Spielen. Da kommt ein anderes Kind und nimmt dem Mädchen das Spielzeug weg.
- Ein Kind hat Angst vor zwei großen, drohenden Jungen.
- Ein Junge ist hingefallen und weint nun, weil die Knie blutig sind.
- Die Mutter bringt Bonbons für ihre drei Kinder mit. Beim Verteilen geht es nicht genau auf, und zwei Bonbons bleiben übrig.
- Die Erzieherin hat manchmal schlechte Laune und schimpft dann ohne Grund.
- Peter hat Geburtstag und freut sich auf die Feier in der Gruppe. Doch alle vergessen seinen Geburtstag.
- Die Erzieherin hat ein Spiel vorbereitet. Die Kinder haben alle keine Lust dazu.

Außerdem wären alle Situationen denkbar, die in Kapitel 1.2 aufgeführt worden sind.

Spielanleitung:
Die Kinder sitzen im Stuhlkreis. Der Erzieher gibt eine Problemsituation vor und stellt die Frage: „Was würdest du tun?"

Im Gespräch sollen die Kinder die vorgegebenen Problemsituationen lösen und ihre Lösungsalternativen begründen.

Spielerweiterung:
Die Problemsituation könnte von einigen Kindern im Rollenspiel oder im Kasperspiel gelöst werden.

Lernziele: 1, 2, 3, 5, 6, 12

6.5 Spielkarten

(226) *Wer nicht schlägt, gewinnt!*

Material: Spielplatte 1, 1 Bilderquartett (daraus die Karten mit dem roten Symbol und dem grünen Symbol), Setzsteine, Würfel

Zur Spielplatte:
Die Spielplatte ist absichtlich ohne Start und Ziel angefertigt, um eine Konkurrenzsituation zu vermeiden.

Am Anfang des Spieles muß sich die Spielgruppe einigen, wo der Startpunkt liegt.

Bildkarten:
Auf den Bildkarten sind positive und negative Szenen abgebildet, z. B.:
- zwei Kinder prügeln sich,
- spielen gemeinsam mit Bausteinen,
- teilen sich etwas,
- zeigen provozierende Mimik.

Spieler: 2 bis 6

Spieldauer: etwa 20 Minuten

Spielanleitung:
Die Bilder des Bilderquartetts werden gut gemischt und verdeckt im Stapel hingelegt.

Zu Anfang einigt sich die Spielgruppe, wo auf der Spielplatte der Startpunkt liegt. Die Kinder würfeln der Reihe nach und setzen entsprechend der gewürfelten Zahl ihren Spielstein. Gelangt ein Kind auf ein rot-gelbes Feld, nimmt es eine Karte auf.

Bei einem prosozialen Bild (grünes Symbol) darf das Kind zwei Felder weiterrücken, bei einem antisozialen Bild (rotes Symbol) bleibt es auf seinem Platz (also kein Zurücksetzen).

Die Spielregel kann so erweitert werden, daß die Kinder beim Abheben der Bildkarte die dargestellten Situationen beschreiben und erklären müssen.

Lernziele: 5, 6

(227) *Ursachen, Folgen, Lösungen*

Material: Bilderquartett, Karten markiert mit farbigen Symbolen:

Ursachenkarte	– gelbes Symbol
Konfliktkarte	– blaues Symbol
Lösungskarte	– grünes Symbol (positive Lösung)
Lösungskarte	– rotes Symbol (negative Lösung)

Kartensatz „Traurig, fröhlich, frech" (Folgen/Wirkungskarten)

Spieler: Möglichst in Kleingruppen (höchstens 6 bis 8 Kinder) durchführen.

Spieldauer: Für die Teileinheiten unterschiedlich (von 15–30 Minuten).

Inhalt:
Auf den Karten des Bilderquartetts sind verschiedene Konfliktszenen (Kind–Kind, Kind–Gruppe, Gruppe–Gruppe, Kind–Erwachsener, Gruppe–Erwachsener) abgebildet. Es werden deren *Ursachen, Folgen* und *Lösungen* dargestellt.

Beispiel
Ursache: (mehrere Bildkarten möglich) – Inge provoziert Kalli

Konflikt: Kalli schlägt Inge
Unmittelbare Wirkung auf den Konfliktpartner:
Karte aus „Traurig, fröhlich, frech" – (Gefühlsausdrücke)[44]

Lösung: – negativ: Kinder prügeln sich weiter
– positiv: Kinder vertragen sich (umarmen sich)

Spielanleitung:
1. Stufe: Einstimmung

a) Die Kinder sprechen über eigene Konflikterlebnisse, die sie mit Eltern, Geschwistern, Bekannten, Verwandten, Freunden usw. hatten.

b) Es werden Problemgeschichten mit Konflikterlebnissen vorgetragen und besprochen.

2. Stufe:

a) Der Erzieher stellt der Spielgruppe einen Satz des Bilderquartetts mit dem blauen Symbol zur Verfügung mit der Aufforderung, daß jedes Kind die Bildkarte heraussuchen möchte, die mit dem eigenen Konflikt Ähnlichkeit hat.

b) Es findet ein Gespräch über das Geschehen auf den Bildkarten statt.

c) An dieser Stelle kann anfangs zur nächsten Stufe (also Stufe 3) übergegangen werden.

d) Später sollten sich die Kinder weitere Bildkarten mit Konfliktszenen wählen, die nicht mit ihrem eigenen Konflikt zu vergleichen sind. Die dargestellten Problemszenen werden besprochen.

3. Stufe: Ursachen, Gründe finden („Was war davor?")
Die Kinder ordnen ihren Konfliktkarten (blaues Symbol) Ursachenkarten (gelbes Symbol) zu (Gruppen- bzw. Einzelgespräche, Aufarbeitung der eigenen Erfahrungen).

Beispiel:
Konfliktkarte: Kalli ist aggressiv (verprügelt Inge)
Ursachenkarte: Mutter hatte Kalli ausgeschimpft

4. Stufe: Unmittelbare Wirkung auf die Konfliktpartner – Ausdruck der Gefühle
Aus dem Kartensatz „traurig, fröhlich, frech" werden Bildkarten mit traurigen, weinenden, wütenden. . . Gesichtern den einzelnen Personen zugeordnet (auf allen Stufen anwendbar).

5. Stufe: Konfliktlösung
Den Konfliktszenen werden Lösungskarten (positive oder negative) zugeordnet.

---

44 Z. B. Spiel Nr. 18.

Beispiel:
Kinder vertragen sich, umarmen sich usw.

Entscheidend ist die Verbalisierung und Begründung der gewählten Lösungsmöglichkeiten.

6. Stufe: Legen von vollständigen Konfliktabläufen mit den Spielkarten des Bilderquartetts und des Kartensatzes „Traurig — fröhlich — frech" zunächst nur mit Karten des gleichen Symbols, später auch aus Karten mit verschiedenen Symbolen (Geschichten erfinden)

Ursachen — Konflikt — Wirkungen auf den Konfliktpartner — Lösung — Wirkungen

Auf allen Stufen ist der Einsatz eines Rollenspiels möglich!

Lernziele: 1, 3, 4, 5, 6, 8, 11, 12, 13

(228) *So oder so!*

Material: Spielplatte 2, Spielmarken, Bilderquartett (Lösungskarten mit dem roten und dem grünen Symbol)

Spieler: Kleingruppe/Großgruppe

Spieldauer: 15—20 Minuten

Spielanleitung:
Die Kinder sitzen am Tisch (oder im halboffenen Stuhlkreis).

Der Erzieher legt links und rechts an die Spielplatte 2 jeweils ein Kartenpaar, das eine negative und eine positive Konfliktlösung darstellt. Die Kinder bekommen je 4 Spielmarken.

Der Erzieher nennt kurze Konfliktsituationen, z. B.:

Auf dem Tisch liegt ein Apfel. Zwei Kinder wollen ihn gleichzeitig haben. Wie die Geschichte weitergeht, könnt ihr hier auf dem Spielplan sehen:

Entweder so oder so!

Die Frage an die Kinder lautet nun:

Wie würdest du dich verhalten? Was würdest du tun?

Die Kinder legen nacheinander jeweils eine Spielmarke ab, je nach Einschätzung mehr zur rechten oder zur linken Konfliktkarte. Dann wird der nächste Konflikt an Hand des zweiten Kartenpaares auf Spielplatte 2 geschildert. Ein Gespräch schließt sich an.

Variation:
Die Kinder schätzen nicht die eigene Person ein, sondern auch andere Personen: Die Eltern, ein anderes Kind, den Erzieher, die Gruppe usw.

Lernziele: 1, 2, 8, 12

(229) *Wie fühlt sich einer, der geschlagen wird?*

Material: Spielplatte 2, Spielmarken, Kartensatz „Traurig – fröhlich – frech"

Spieler: Kleingruppe/Großgruppe

Spieldauer: 15–20 Minuten

Spielanleitung:
Die Kinder sitzen am Tisch (oder im halboffenen Stuhlkreis). Der Erzieher legt aus dem Kartensatz „Traurig – fröhlich – frech" rechts und links an den Spielplan 2 Gegensatzpaare wie z. B. fröhlich – traurig

Vorschlag:
linke Seite: Nr. 1, 3, 7, 9
rechte Seite: Nr. 2, 4, 15, 18 oder 6, 10, 11, 17

Die Kinder bekommen je 2 Spielmarken in zwei Farben.

In diesem Spiel geht es um die Wahrnehmung und Einschätzung von Gefühlen in Konfliktsituationen. Der Erzieher nennt kurze Konflikte.

Beispiel:
Petra holt sich den Lastwagen zum Spielen, da kommt Konrad und nimmt ihr das Spielzeug weg. Wie fühlt sich Petra? Welche Gefühle hat Konrad? Was denkt er?

Die Kinder legen nacheinander zunächst für Petra die Spielmarken auf Spielplatte 2 (in einer Farbe) – je nach Einschätzung in eine der vier Reihen auf die rechte oder linke Seite. Dann wird mit der anderen Spielmarke das Gefühl von Konrad gelegt. Haben alle Kinder ihre Spielmarke abgelegt, schließt sich ein Gespräch an.

Kommen drei oder vier Personen in der Konfliktsituation vor, werden auch 3 oder 4 Spielmarken an die Kinder verteilt.

Die Konfliktsituationen können aus dem Bilderquartett und aus Spiel Nr. 225 entnommen werden oder sich auf Erlebnisse in der eigenen Gruppe beziehen.

Lernziele: 1, 2, 8, 12

(230) *Was paßt zusammen?*

Material: Bilderquartett (daraus Konfliktkarten — blaues Symbol, Lösungskarten [positiv] — grünes Symbol)

Spieler: Kleingruppe

Spieldauer: 15—20 Minuten

Spielanleitung:
Die Kinder sitzen um einen Tisch. Auf dem Tisch liegen die Karten gut gemischt und verdeckt. Der Reihe nach darf jeder Mitspieler zwei Karten aufdecken. Passen die Karten nicht zusammen, werden sie zurückgelegt. Das Spiel geht weiter. Der nächste ist an der Reihe. Findet ein Spieler zwei passende Karten, sollte er möglichst erzählen, warum dieses Paar zusammengehört, und den Konfliktverlauf erklären. (Man erkennt die Kartenpaare leicht an den Symbolen.)

Wem es gelingt, ein Kartenpaar zu finden, der darf es behalten.

Lernziele: 1, 6

(231) *Vier müssen's sein*

Material: Bilderquartett

Spieler: Kleingruppe

Spieldauer: 15—20 Minuten

Spielanleitung:
Es spielen 3 oder mehr Personen. Die Karten werden gut gemischt und gleichmäßig verteilt. Die Aufgabe für die Spieler besteht darin, möglichst viele *Quartette* durch Umfrage zu bekommen.

Zunächst fragt der Kartengeber einen seiner Mitspieler nach der gesuchten Karte. Hat dieser sie, muß er die Karte abgeben. Es darf solange nach Karten gefragt werden, bis der Befragte die entsprechende Karte nicht hat. Dann darf der Befragte weiterspielen.

Variation:
1. Die Kinder begründen jeweils, weshalb die geforderte Karte zu der bereits vorhandenen paßt.

2. Zum Abschluß des Spiels erklären die Kinder die Inhalte der aufgedeckten Quartette.

Lernziele: 1, 3

6.6 Puzzle

(232) *Unlösbarer Konflikt?*[45]

Material: Farbige Pappteile (Puzzleteile), die bis auf ein Teil doppelt vorhanden sind. Das Puzzle ergibt ein Haus. Es fehlt eine Hälfte vom Dach.

Das Puzzle kann nach der auf Seite 238 abgebildeten Zeichnung leicht selbst hergestellt werden.

Spieler: Kleingruppe

Spieldauer: etwa 30 Minuten

Spielanleitung:
Zwei kleine Gruppen von Kindern sitzen sich an einem Tisch gegenüber. Der Erzieher sitzt zwischen den beiden Gruppen und hat vor sich die Pappteile liegen. Den Kindern wird erklärt, daß man aus den Pappteilen Häuser herstellen kann.

Die Gruppe soll sich jeweils einigen, welches Teil sie wann haben will.

Das einzige nicht doppelte Teil hält der Erzieher unsichtbar zurück. Das Haus ist leicht zusammenzubauen, und es kommt schnell zur Situation, daß beiden Gruppen nur noch das entscheidende letzte Teil fehlt. Beide haben die gleichen Ansprüche und beide die gleichen Rechte. Doch nur eine Gruppe kann in dieser Situation das Haus vollenden. Es gibt in diesem Fall keine positiven, beide Gruppen gleichermaßen zufriedenstellenden Einzellösungen. Eine kooperative, positive Konfliktlösung wäre, wenn beide Gruppen gemeinsam ein Hochhaus mit einem Dach legen würden.

Diese schwierige Situation wird im Gespräch aufgearbeitet (z. B. Folgen wie Ärger, Wut usw.).

Variationsmöglichkeiten:
Puzzlespiel: zweiseitig bemalte Pappteile, die auf der Vorderseite einen Elefanten und auf der Rückseite einen Fisch ergeben.

a) Alle Teile werden in die Tischmitte gelegt, freie Auswahl für beide Gruppen.

b) Das Puzzlespiel wird geteilt, so daß jede Gruppe eine Hälfte ihres Tieres legen kann.

Lernziele: 10, 13, 14

---

45 Stange, E./Stange, W.: Training des Konfliktlöseverhaltens, in: Hielscher, H. (Hrsg.): Materialien zur sozialen Erziehung im Kindesalter, Heidelberg 1974, S. 69.

7. Weitere Hinweise für Spiele und Materialien

Potthoff, W./Wolf, A.: Pädagogische Konflikte in der Schule, Freiburg im Breisgau 1975 (Herder)

Bartnitzky, H.: Konfliktspiele im Unterricht, Essen 1975 (Neue Deutsche Schule)

Nemetschek, P./van Lessen, S. (Hrsg.): Ene mene miste Rappelkiste, Weinheim/Basel 1975, S. 45 ff. (Beltz)

Longardt, W.: Wenn wir uns gestritten haben, Freiburg im Br. 1972 (Christophorus-Verlag)

Friese, U. u. P./van Hanxleden, H. u. R.: ... und damit basta!, Reinbek bei Hamburg 1973 (Rowohlt)

Wüpper, E.: Immer Streit mit Tim, Neunkirchen im Odenwald 1976 (Anrich), darin: Vorfall im Bus (S. 5 ff.), keine Zeit! Basta! (S. 35 ff.), Ein Geschenk für Angela (S. 60 ff.)

Kuhnke, K. (Hrsg.): Baggerführer Willibald, Reinbek bei Hamburg 1973, S. 8 (Rowohlt), darin: Stempel, H./Ripkens, M.: Bescherung, Fuhrmann, J.: Ix ax ux, S. 20, Ludwig, V.: Einer ist keiner, S. 37 ff.

Spielen und Lernen, Friedrich Verlag Velber (Zeitschrift)

Grips Theater: Mannomann (Schallplatte Wagenbach) Berlin 1973

Schmidt, H. J.: Was würdest Du tun?, Hannover 1973 (Schroedel)

Aust, S.: Tatsachen zum Nachdenken, Hannover 1975 (Schroedel)

Pfeiffer, O./Osvatic, P.: Machen wir mal einen Sandsturm, Hannover 1976 (Schroedel)

Ekholm, G. und P.: Ich hab so eine Wut im Bauch, Hannover 1976 (Schroedel)

Achtnich, E. u. a.: Konflikte in der Kindergruppe, Freiburg i. Br. 1975 (Christophorus-Verlag)

Dornette, W./Pulkowski, H. B.: Konfliktspiele, München 1974 (Ernst Reinhardt Verlag)

Pikas, A.: Rationale Konfliktlösung, Heidelberg 1974 (Quelle & Meyer)

8. Spezielle Hinweise zur Elternarbeit

Verteilen der beiden zu diesem Thema gehörenden Elternbriefe

- Elternabend zum Thema „Kinder lösen Konflikte"

  Empfohlen wird eine Einführung in die Arbeitsweise mit dem Material des vorliegenden Programms. Es hat sich als spannend und anregend erwiesen, mit den Eltern die Materialien selbst durchzuspielen (bis hin zu Rollenspielen). Ergänzend können auch Fotos, Dias, Tonband- und Filmaufnahmen verwendet werden, die Kinder beim Umgang mit den Materialien zeigen.

- Kleingruppendiskussionen auf Elternabenden zum Thema „Konflikte in der Kindergruppe"

Möglicher Diskussionsanreiz:

Film aus dem Medienverbund „Vorschulische Erziehung im Ausland", „Konfliktverarbeitung", Institut für Film und Bild (FWU), 8022 Grünwald, Bavaria-Film-Platz 3 (Bestell-Nr. 32 2503). Der Film ist auch auszuleihen über die amtlichen Stadt-, Kreis- und Landesbildstellen.

Weiterer möglicher Diskussionsanreiz: Film „Zank und Streit in der Kindergruppe" aus der Reihe „Elternbildung im Medienverbund", Institut für Film und Bild (FWU), 8022 Grünwald, Bavaria-Film-Platz 3 (Nr. 370259). Zu diesem Film wird eine Broschüre mitgeliefert, in der praktische Hilfen zum Ablauf des Elternabends gegeben werden. Weiterhin enthält der „Medienkoffer" auch Elternbriefe zu dieser Problematik, die den Eltern mitgegeben werden können.
Der Film kann direkt beim Institut für Film und Bild (FWU) bestellt oder über die Stadt-, Kreis- und Landesbildstellen ausgeliehen werden.
Der Film ist als Diskussionsanreiz sehr gut geeignet. Er enthält jedoch Szenen mit unserer Meinung nach äußerst problematischem Erzieherverhalten. Deshalb sollte man sich den Film auch vorher ansehen und auf seine spezielle Verwendbarkeit innerhalb der eigenen Institution noch einmal kritisch prüfen.

- Elternabende zum Thema „Die Lösung von Konflikten zwischen Eltern und Kind" anhand des Buches „Familienkonferenz" von Gordon, T. (Hamburg 1972, Hoffmann und Campe Verlag).

  Wichtig ist es, daß die entscheidenden Passagen den Eltern vollständig oder in Form einer Zusammenfassung schriftlich vorliegen. Eine Einführung in die Methode könnte auch in einem Elternbrief erfolgen. Günstig wäre es auch, wenn das Buch in einer kleinen Elternbibliothek enthalten wäre, die den Eltern in der betreffenden Institution ständig zur Verfügung stünde.

Das würde gerade den „lesefernen" Elterngruppen die Beschäftigung mit dieser Problematik erleichtern. (Weiterer Literaturhinweis: Feierfeil, R.: Eltern lernen, Probleme mit ihren Kindern zu lösen, in: Kindergarten heute, 4/1975, S. 162 ff.)

- Elternabende zum Thema „Konflikte" anhand des Buches Schwäbisch, L./ Siems, M.: Anleitung zum sozialen Lernen für Paare, Gruppen und Erzieher, Reinbek 1974 (rororo Nr. 6846), S. 118 ff., S. 211 ff., S. 288 ff., S. 304 ff.

  Unserer Meinung nach eignen sich solche Programme noch nicht so sehr für Elterngruppen, die sich kaum kennen und in denen noch ein hoher Grad der Unsicherheit vorherrscht, sondern eher für bereits weiter entwickelte Gruppen.

- Verwendung gruppendynamischer Übungen zum „Streittraining" nach Bach, G. R./Bernhard, Y.: Aggression Lab. Das Trainingsmanual für faires Streiten um Veränderung, München 1972. Geeignet wäre z. B. das Kapitel 18 „Familienstreite und Familienkonferenzen", S. 121 ff.

  Bei derartigen Übungen wie auch bei allen anderen gruppendynamischen Programmen ist es unbedingt empfehlenswert, einen ausgebildeten Psychologen einzuladen.

- Weitere Literaturempfehlungen für die Eltern:

  Happel, H.: Wie vermeide ich Konflikte? Ein Trainingsprogramm zum Aggressionsabbau und zur produktiven Konfliktlösung. Mit Fallbeispielen. München 1976 (Heyne-Kompaktwissen Nr. 59).
  Bielicki, P./Meyer, H.: Streiten, schlagen, sich vertragen. Köln 1975. Kiepenheuer und Witsch. (Begleitbuch zur Fernsehserie „Elternschule '75".)
  Bach, G. R./Wyden, P.: Streiten verbindet. Gütersloh 1970. Bertelsmann Sachbuchverlag.

- Verteilen von Elternbriefen aus der Reihe „Elternbriefe vom 1. bis zum 8. Lebensjahr" (zu beziehen über: Arbeitskreis Neue Erziehung e. V., Kurfürstendamm 67, 1 Berlin 15).

Literatur

Arbeitsgruppe Vorschulerziehung: Anregungen I: Zur pädagogischen Arbeit im Kindergarten, München 1974 (Juventa).

Bach, G. R./Bernhard, Y.: Aggression Lab. Das Trainingsmanual für faires Streiten um Veränderung, Hamburg/München 1972 (Partnerschafts- und Familienberatung Altmann).

Bach, G. R./Wyden, P.: Streiten verbindet, Gütersloh 1970 (Bertelsmann Sachbuchverlag).

Barres, E.: Erziehung im Kindergarten, Weinheim/Basel 1973 (Beltz).

Beck, G.: Autorität im Vorschulalter, Weinheim/Basel 1973 (Beltz).

Belschner, W. u. a.: Verhaltenstherapie in Erziehung und Unterricht, Stuttgart 1973 (Kohlhammer).

Bielicki, P./Meyer, H.: Streiten, schlagen, sich vertragen, Köln 1975 (Kiepenheuer und Witsch).

Caesar, B.: Autorität in der Familie, Reinbek b. Hamburg 1972 (Rowohlt).

Coser, L. A.: Theorie sozialer Konflikte, Neuwied-Berlin 1972 (Luchterhand).

Coser, L. A.: Conflict: Social aspects, in: Sills, D. L. (Hrsg.): International Encyclopedia of the Social Sciences, Bd: 3, New York 1968.

Feierfeil, R.: Eltern lernen Probleme mit ihren Kindern zu lösen, in: Kindergarten heute, 4/1975.

Fürntratt, E.: Psychologie der Aggression, in: betrifft: erziehung 5/1972.

Ginott, H. G.: Gruppenpsychotherapie mit Kindern, Weinheim/Berlin/Basel 1971 (Beltz).

Gordon, T.: Familienkonferenz, Hamburg 1972 (Hoffmann und Campe).

Gottschalch, W. u. a.: Sozialisationsforschung, Frankfurt/M. 1971 (Fischer Taschenbuch Nr. 6503).

Happel, H.: Wie vermeide ich Konflikte? Ein Trainingsprogramm zum Aggressionsabbau und zur produktiven Konfliktlösung, München 1976 (Heyne-Kompaktwissen Nr. 59).

Hielscher, H.: Thesen zur Sozialerziehung, in: Die Deutsche Schule, 6/1972.

Holtz, K.-L.: Verhaltensmodifikation in der Schule – ethische und methodische Aspekte, in: Die Grundschule, 5/1973.

Krysmanski, H. J.: Soziologie des Konflikts, Reinbek b. Hamburg 1971 (Rowohlt).

Lingelbach, K. C.: Konflikt, in: Wulf, C. (Hrsg.): Wörterbuch der Erziehung, München 1974 (Piper).

Mandel, A./Mandel, K. H.: Einübung in Partnerschaft durch Kommunikationstherapie und Verhaltenstherapie, in: Mandel, A./Mandel, K. H./Stadter, E./Zimmer, D.: Einübung in Partnerschaft durch Kommunikationstherapie und Verhaltenstherapie, München 1972 (Pfeiffer).

Rolff, H. G./Tillmann, K. J.: Strategisches Lernen durch gesellschaftsverändernde Praxis, in: päd. extra, 2/1974.

Schwäbisch, L./Siems, M.: Anleitung zum sozialen Lernen für Paare, Gruppen und Erzieher, Reinbek b. Hamburg 1974 (Rowohlt).

Sigrell, B.: Problemkinder in der Schule, Weinheim 1971 (Beltz).

Stange, E./Stange, W.: Training des Konfliktlöseverhaltens, in: Hielscher, H. (Hrsg.): Materialien zur sozialen Erziehung im Kindesalter, Heidelberg 1974 (Quelle & Meyer).

Tausch, R./Tausch, A.-M.: Erziehungspsychologie, Göttingen 1970 (Hogrefe).

Watzlawick, P. u. a.: Menschliche Kommunikation, Bern/Stuttgart/Wien 1972 (Huber).

IV. Entwicklung flexibler Geschlechtsrollen

H. Kölln-Atencio, S. Stein, D. Tiemann

Ein Frauenzimmer, das denkt, ist ebenso ekel wie ein Mann, der sich schminkt.

Gotthold Ephraim Lessing

Die Geister unter den Weibern haben keine Leiber und die Leiber keine Geister.

Franz Grillparzer

Je edeler und vollkommener eine Sache ist, desto später und langsamer gelangt sie zur Reife. Der Mann erlangt die Reife seiner Vernunft und Geisteskräfte kaum vor dem achtundzwanzigsten Jahre, das Weib mit dem achtzehnten. Aber es ist auch eine Vernunft danach: eine gar knapp bemessene.

Arthur Schopenhauer

1. Einleitung und Begründung

1.1 Vorbemerkung

Die Liste diffamierender Äußerungen deutscher Dichter und Denker der Vergangenheit über „die Frau" ließe sich beliebig fortsetzen – man könnte mit einem amüsierten Lächeln, Verwunderung, leichtem oder größerem Zorn darüber hinweggehen, beherrschten nicht ähnliche Einstellungen noch immer die Gegenwart.

In einer Untersuchung wurden Grundschullehrer nach den Gründen der geringen Zahl von Mädchen an höheren Schulen befragt. 33 % der Lehrer gaben an, das läge an „mangelnder Begabungslage". Nach der technischen Begabung von Mädchen befragt, meinten 39 %, Mädchen seien „von Natur aus" unbegabt. 40 % der Befragten bezeichneten nur ganz wenige Mädchen als für das Gymnasium geeignet, 43 % antworteten, „Naturwissenschaften" kämen für Frauen nicht in Frage.[1]

Christa Meves behauptet noch 1971, zum Wesen der Frau gehöre mehr die Welt des Gefühls, der Innerlichkeit, der Schönheit, des Sorgens, des Hegens, Pflegens und Bergens, während der Mann mehr sachbezogen sei, er habe zu erobern, zu entdecken, zu erforschen und expansiv zu sein.[2]

Die überwältigende Macht jahrhundertealter Ideologien und Vorurteile über das „Wesen" der Geschlechter hat dazu geführt, daß die Mehrheit der Frauen die Rolle von Menschen „zweiter Klasse" verinnerlicht hat.

„In einem Experiment gab man zwei Gruppen von Soziologiestudentinnen denselben Fachartikel zur Beurteilung. Für die eine Gruppe wurde der Autor des zu beurteilenden Artikels mit einem männlichen Namen bezeichnet. Die andere Gruppe glaubte, der betreffende Artikel sei von einer Soziologin verfaßt. Ergebnis dieses Experiments war eine schlechte Beurteilung des Artikels von ‚Joan Miller' durch die Mehrheit der Studentinnen der einen Gruppe und andererseits ein hervorragendes Zeugnis für die fachliche Qualifikation des Herrn ‚Joe Miller' durch die Mehrheit der anderen Gruppe."[3]

Das nicht nur Frauen, sondern auch Männer unter den ihnen mit dem Prädikat „natürlich" auferlegten Rollenzwängen zu leiden haben, soll nun an einigen wenigen ausgewählten Beispielen aufgezeigt werden.

---

1 Lochmann, R.: Soziale Lage, Geschlechtsrolle und Schullaufbahn von Arbeitertöchtern, Weinheim 1974, S. 199.

2 Vgl. Meves, C.: Manipulierte Maßlosigkeit, Freiburg 1971, S. 58.

3 Treinen, H./Brothun, M.: Die Stellung der Frau in Industriegesellschaften, in: Bönner, K. H. (Hrsg.): Die Geschlechterrolle, München 1973, S. 261.

1.2 Frühe Kindheit und Geschlechtsrollenvorurteile

„Eltern warten neun Monate gespannt darauf, ob ihr Kind ein Mädchen oder ein Junge ist. Sie denken selten daran, daß sie damit auch auf ein entscheidendes Signal warten, wie sie sich ihrem Baby gegenüber verhalten sollen."[4]

Dieses Signal – das Aussehen der Geschlechtsteile – entscheidet z. B. darüber, ob zu der vorsorglich in neutralem weiß gehaltenen Babyausstattung nun rosa oder blaue Kleidung hinzugekauft wird. Von wesentlich größerer Bedeutung ist jedoch die Festlegung des elterlichen Erzieherverhaltens, soll aus dem kleinen Jungen doch einmal ein aktiver, produktiver, logisch denkender und durchsetzungsfähiger Mann werden, während es gilt, aus dem Mädchen eine eher passive, schöne, gefühlsbetonte und zärtliche Frau zu machen.

So werden Mädchen dann von Geburt an behutsam, Jungen eher robust behandelt.

Bemerkenswert ist die Sicherheit, mit der viele Eltern ihre Kinder geschlechtsstereotyp erziehen. Sie hat ihre Wurzeln sicherlich in der überlieferten ideologischen „Wesensbestimmung" dessen, was eine Frau, einen Mann ausmacht. Dies kann in dem Merkmalspaar *herrschen – dienen* zusammengefaßt werden.[5]

Mann	Frau
herrschend, autoritär	dienend, demütig, gehorsam
aktiv, beweglich	passiv, ruhig
aggressiv bis sadistisch	duldend bis masochistisch
kämpferisch	friedliebend
hart, energisch	weich
fordernd, sich durchsetzend	gebend, sich zurückziehend
überlegen	unterlegen

4 Money, J./Ehrhardt, A. A.: Männlich – Weiblich – Die Entstehung der Geschlechtsunterschiede, Reinbek 1975, S. 24.

5 Vgl. Plenge, I.: Die Emanzipation des Mannes, Stuttgart 1969, S. 32.

Foto: Ingeborg Ullrich

Mann	Frau
initiativ	ausharrend, erfüllend
standhaft	flexibel, anpassungsfähig
mutig	ängstlich
polygam	monogam

Es wird oft angenommen, daß diese Merkmale Mann und Frau gleichsam von der Natur gegeben seien. Wer so denkt, muß sich allerdings beharrlich weigern, die z. T. schon jahrzehntealten Ergebnisse kulturanthropologischer Forschung wahrzunehmen.[6]

Die Vielfalt höchst unterschiedlicher Eigenschaften, die Mann und Frau in verschiedenen Gesellschaften als „natürliche" zugeschrieben werden, verbietet es, von „der" Geschlechtsnatur des Menschen zu sprechen – demnach sind alle Aussagen über das „Wesen" von Frau und Mann, alle Urteile über „Naturanlagen" nicht systematisch überprüfte Meinungen, sondern häufig Vorurteile.

Äußerst problematisch ist nun, daß Kinder den auf Vorurteilen beruhenden Verhaltensweisen ihrer Eltern weitgehend ausgeliefert sind: Aufgrund ihrer Stellung in der Familie müssen sie die Rollenzuweisungen akzeptieren – ein lebhaftes kleines Mädchen wird ruhiger werden müssen, ein ängstlicher kleiner Junge „härter", um ständigen Konflikten mit den Eltern zu entgehen.

Geschlechtsrollenvorurteile bestimmen in hohem Maße die Auswahl des Spielzeugs, das Eltern ihren Kindern schenken. Jungen bekommen eher technisches Spielzeug, Autos, Stabilbaukästen, in erschreckender Zahl auch Kriegsspielzeug; Mädchen hingegen eher Puppen und Haushaltsminiaturen.[7]

Amerikanische Untersuchungen haben gezeigt, daß Kinder schon im Alter von drei Jahren beginnen, Spielzeug für Jungen und Mädchen zu unterscheiden. So ist es nicht verwunderlich, daß sich das Spielverhalten von Jungen und Mädchen mit zunehmendem Alter immer mehr unterscheidet.

„Geschlechtsspezifische Vorlieben im frühkindlichen Spiel werden – was immer ihre Ursprünge sein mögen – in den geschlechtsspezifischen Spielen der späteren Kindheit weiter bestärkt und ausgebaut."[8]

Nach Belotti unterscheidet sich auch der „spielerische Stil" von Jungen und Mädchen. Einmal sei eine größere Aggressivität beim Spiel festzustellen, auch würden Jungen körperbetonte Spiele vorziehen, während Mädchen ein ruhiges Spielverhalten zeigten, Regelspiele liebten.[9]

6 Eine gute Übersicht bietet Mead, M.: Jugend und Sexualität in primitiven Gesellschaften, München 1970.

7 Die Vorliebe von Kindern für traditionell einem Geschlecht zugeordnetes Spielzeug können Sie mit Hilfe des Spiels „Adam und Eva" (Spielblätter IV 1–6) überprüfen.

8 Money, J./Ehrhardt, A. A.: Männlichkeit – Weiblichkeit – Die Entstehung der Geschlechtsunterschiede, Reinbek 1975, S. 173.

9 Vgl. Belotti, E. G.: Was geschieht mit kleinen Mädchen? München 1975, S. 82 f.

1.3 Verfestigung von Geschlechtsrollenstereotypen in Kindergarten und Schule

Dieses unterschiedliche Spielverhalten ist auch in Kindergärten beobachtet worden; dies ist insbesondere deshalb betrüblich, weil nach Befragungen der Verfasser diesem Trend bisher wenig entgegengesetzt wird.

Eine Untersuchung von 162 „Freispielphasen" in 54 Kindergärten ergab, daß in 60,6 % der Spielphasen Jungen beim Spiel mit „Verkehrsspielzeug" beobachtet wurden, hingegen nur in 4,9 % aller Phasen Mädchen. Dafür sah man in 78,1 % der Spielphasen Mädchen mit Puppen, in nur 6,2 % Jungen.[10]

Eine eigene kleine Untersuchung in Schleswig-Holstein ergab, daß Jungen Spiele wie „Cowboy und Indianer", „Räuber und Polizist" usw. bevorzugten, Mädchen hingegen am liebsten mit Puppen spielten.[11]

Die Funktion der Schule bei der Festschreibung starrer Geschlechtsrollen soll hier lediglich an einem Beispiel aufgezeigt werden.[12]

Im Jahre 1968 wurde der Zusammenhang von sozialer Lage, Geschlechtsrolle und Schullaufbahn von 121 Stuttgarter Arbeitertöchtern mit einem überdurchschnittlichen Mindestintelligenzquotienten von 110 untersucht. Neben den Mädchen wurden deren Väter und Lehrer bzw. Lehrerinnen befragt. Zusammenfassend führt Lochmann aus, daß stets ein statistisch abgesicherter Zusammenhang zwischen der traditionellen Ausprägung der Geschlechtsrollenerwartung und einer Bildungsentscheidung für Haupt- oder Realschule bestanden habe.

„Es sind in erster Linie Geschlechtsrollen-Erwartungen der Arbeiterväter, dann der Töchter selbst und an dritter Stelle der Klassenlehrer, für die sich enge Zusammenhänge mit dem Bildungsweg der Schülerinnen nachweisen lassen.[13]

---

10 Vgl. Barres, E.: Erziehung im Kindergarten, Weinheim 1973, S. 61 f.

11 Die Geschlechtsrollenverfestigung wird noch verstärkt durch viele „Elternratgeber" und „Traktate", obwohl in letzter Zeit eine Wendung zum Positiven nicht zu verkennen ist.

12 Zur genaueren Information vgl. Claußen, B.: Theoretische Grundlegung sowie ansatzweise Entwicklung und Evaluation einer emanzipatorischen Lerneinheit als Baustein zur Förderung alternativer Geschlechtsrollenerwartungen, Hamburg 1975, S. 174 ff. und Reitz, G.: Die Rolle der Frau in der Lebensplanung der Mädchen, München 1974.

13 Lochmann, R.: Soziale Lage, Geschlechtsrolle und Schullaufbahn von Arbeitertöchtern, Weinheim 1974, S. 237 f.

Ergebnis der Untersuchung ist, daß nur 1/3 der hochintelligenten Mädchen aus Arbeiterfamilien eine ihrer Intelligenz angemessene Schule besuchen. Die Mehrzahl der Mädchen wird durch Geschlechtsrollenvorurteile an der Ausbildung ihrer Fähigkeiten gehindert.

Zur Illustration einige Beispiele aus der Untersuchung:

Nach der Berufszukunft der Mädchen befragt, antworteten 31 % der Arbeiterväter, sie dächten an qualifizierte Berufe, 69 % hingegen dachten an einfache Berufe.[14]

Die vielfältig belegte Unterdrückung der Mädchen durch ein – von ihren Vätern letztlich nicht zu verantwortendes – Frauenbild findet ihren Niederschlag in Einstellungen der Mädchen selbst. Die drei bevorzugten Freizeitaktivitäten der Mädchen waren Basteln, Nähen und Kochen bzw. Backen. 74 % der befragten Arbeitertöchter bevorzugten in Rollenspielen das traditionelle weibliche Verhaltensmuster: Familienspiele, Krankenschwester.[15]

Unterstützt wird dieser Traditionalismus durch Einstellungen der befragten Lehrer.[16]

78 % der befragten Lehrer hielten es für eine gute Idee, besonders solche Schulen auszubauen, in denen Fächer wie Hauswirtschaft, Krankenpflege und Sozialkunde für die Mädchen im Mittelpunkt ständen.[17]

Ergebnisse einer Kölner Schüleruntersuchung aus dem Jahre 1967 bestätigen die Festlegung junger Mädchen auf die traditionelle Frauenrolle. Sowohl die Ansprüche der männlichen Schüler an ihre zukünftige Ehefrau als auch das in die Zukunft projizierte Selbstbild der befragten Mädchen lassen deutlich die weite Verbreitung von Geschlechtsrollenvorurteilen in der bundesrepublikanischen Jugend erkennen.[18]

1.4 Die Situation der Erwachsenen: Leiden unter Rollenzwang

Viele erwerbstätige Frauen arbeiten an unqualifizierten und schlecht bezahlten Arbeitsplätzen. Auch nach dem Verbot von speziellen Frauenlohngruppen ist die Frau durch die Einführung von „Leichtlohngruppen" der Mehrheit der Männer gegenüber benachteiligt. „Qualifizierte Arbeitsplätze sind für Frauen nur durch

---

14 Lochmann, R.: Soziale Lage, Geschlechtsrolle und Schullaufbahn von Arbeitertöchtern, Weinheim 1974, S. 148.

15 Ebd., S. 219.

16 Vgl. dazu die derselben Untersuchung entnommenen Lehreräußerungen auf S. 246.

17 Ebd., S. 206.

18 Vgl. Johnson, M.: Schüler – Studie: Köln – Ansichten und Zukunftspläne von Schülern und Schülerinnen (Manuskript), Köln o. J.

Aufwendung überproportionaler Energien (im Vergleich zu den Männern) erreichbar. Von einer Chancengleichheit für Frauen im beruflichen Aufstieg kann keine Rede sein."[19]

Dem Heer von Köchinnen stehen relativ wenige Chefköche gegenüber, den vielen Fabrikschneiderinnen wenige Couturiers (Modemacher). Selbst in diesen der traditionellen Frauenrolle zuzuordnenden Tätigkeiten sind die Spitzenpositionen von Männern besetzt!

Besonders hart ist das Los berufstätiger Ehefrauen und Mütter. 1970 waren immerhin 55,8 % der erwerbstätigen Frauen verheiratet.[20]

Da die Hausarbeit traditionell zu den Aufgaben der Frau gehört, leiden diese Frauen unter einer extremen Doppelbelastung: Ihnen ist ihre berufliche Tätigkeit nur möglich, wenn sie weiterhin ihre Aufgaben im Haus erfüllen.[21]

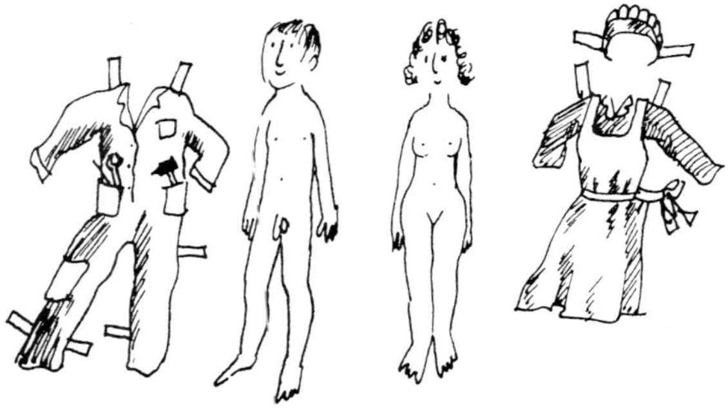

Doch auch die Situation der nichterwerbstätigen Hausfrau ist nach einer für die Bundesrepublik repräsentativen Untersuchung von H. Pross nicht gerade als glücklich zu bezeichnen. 62 % der befragten Hausfrauen bezeichneten sich als ständig nervös und gereizt, 49 % litten unter Kreislaufbeschwerden.[22]

Eine Hausfrau schildert in einer Gruppendiskussion ihre Lage:

„Man lebt ein Leben aus zweiter Hand. Man ist nur noch die Frau des Mannes. Wenn Sie einen Arzt heiraten, sind Sie im Milieu des Mannes, da können Sie machen, was Sie wollen. Wenn Sie vorher jemand waren, mit der Heirat ist es aus. Nur wenn Sie wieder in den Beruf reinkommen, dann sind Sie wieder ein Individuum. Sonst sind Sie im Schatten des Mannes."[23]

---

19 Menschik, J.: Gleichberechtigung oder Emanzipation? Frankfurt a. M. 1973, S. 137.

20 Ebd., S. 101.

21 Das gilt auch besonders für die osteuropäischen staatskapitalistischen Länder, in denen zwar eine größere Zahl von Frauen berufstätig ist, die Rollenverteilung in der Familie sich jedoch kaum verändert hat. Vgl. Schrader-Klebert, K.: Die kulturelle Revolution der Frau, in: Kursbuch 17/1969, S.1 ff.

22 Pross, H.: Die Wirklichkeit der Hausfrau (Tabellenband), Reinbek 1975, Frage 120.

23 Pross, H.: Die Wirklichkeit der Hausfrau, Reinbek 1975, S. 142.

H. E. Richter fand heraus, daß sich Frauen durchschnittlich als ängstlicher, erotisch gehemmter und stimmungsmäßig bedrückter als Männer erlebten. „Dabei glauben sie, daß sie sich besonders viel Mühe im Leben schaffen, und sie beschreiben sich auch als ordentlicher und als fürsorglicher als die Männer."[24]

Es ist bemerkenswert, daß in den letzten Jahren seltener über die Emanzipation des Mannes als die der Frau diskutiert worden ist.[25] Das hat sicher zum einen seinen Grund darin, daß die Misere der Frau offensichtlicher ist, zum anderen wird es an der *Scheingesundheit* des Mannes liegen.

„Dafür, daß es den Männern nur scheinbar besser geht, sprechen nun in der Tat sehr gewichtige Hinweise. Männer haben eine gesichert geringere Lebenserwartung. Sie sterben also im Durchschnitt früher als Frauen. Und dieser Unterschied vergrößert sich zur Zeit noch in vielen Ländern, in denen die weibliche Lebenserwartung rascher zunimmt als die männliche."[26]

Erinnern wir uns an die Merkmale, die Plenge, s. S. 247 f., als charakteristisch für den Mann in unserer Kultur nennt:

Herrschend, autoritär, aktiv, beweglich, kämpferisch, hart, energisch, fordernd, sich durchsetzend, initiativ usw.

Diese Eigenschaften finden sich in den Merkmalslisten wieder, die verschiedene Mediziner zur Klassifizierung der Herzinfarkt-Persönlichkeit benutzen.[27]

Dieser Persönlichkeitstyp zeigt ein besonders intensives und ausdauerndes Erfolgsstreben. Herzinfarkt-Persönlichkeiten halten hartnäckig an selbstgewählten Zielen fest, sind besonders ehrgeizig, hungrig nach Erfolg und sozialer Bestätigung. Sie stehen unter fortgesetztem Aktivitätsdruck, sind daher ungeduldig und immer bemüht, ein möglichst großes Pensum zu schaffen.[28]

Weitere Herzinfarkt-Persönlichkeits-Eigenschaften sind: Aktivität, Tatkraft, Expansivität, Abenteuerlust, Vorliebe für Risiken, Energie, Strebsamkeit, kühne, offene Lebensart.[29]

„Studiert man das Merkmalsbild der Herzinfarkt-Persönlichkeit genauer, so fällt auf, daß es eigentlich ziemlich exakt mit dem Leitbild des supermännlichen Mannes der Leistungsgesellschaft übereinstimmt. Es ist nahezu identisch mit dem

---

24 Richter, H. E.: Lernziel Solidarität, Reinbek 1974, S. 35.

25 Zur Männeremanzipation vgl. die lesenswerten Artikel von Schneider, P.: Gibt es eine Emanzipation der Männer? in: Kursbuch 35/1974 und Schmidbauer, W.: Die Emanzipation des Mannes, in: Vorgänge 19/1976.

26 Richter, H. E.: Lernziel Solidarität, Reinbek 1974, S. 39.

27 Zur genaueren Klassifizierung der „Herzinfarkt-Persönlichkeit" vgl. die Tabellen in Richter, H. E.: Lernziel Solidarität, Reinbek 1974, S. 41.

28 Ebd., S. 40.

29 Ebd., S. 41.

Inbegriff derjenigen Eigenschaften, die Aufstieg und maximales männliches Prestige verheißen und fortwährend in der Erziehung des Jungen verherrlicht werden."[30]

Anders formuliert: Die gesamte Sozialisation des Mannes in unserer Gesellschaft ist konsequent auf das Ziel der Herzinfarkt-Persönlichkeit ausgerichtet. Wer also traditionellen Geschlechtsrollenvorurteilen gemäß seinen Sohn erzieht, bereitet ihn auf eine sehr wahrscheinliche Verkürzung seines objektiv möglichen längeren Lebens vor.

Hinzu kommt, daß eine Erziehung nach dem „Supermann-Leitbild" zu großen Frustrationen führen muß, weil immer weniger Männer eine Berufsposition bekleiden, die eine Entfaltung der Supermann- bzw. Herzinfarktpersönlichkeits-Eigenschaften gestattet.

Zu den krankmachenden psychischen Konsequenzen starrer Geschlechtsrollenattribute gesellt sich beim Mann noch eine immer größere Belastung im Produktionsprozeß, von der allerdings auch berufstätige Frauen betroffen sind: Erhöhung der Arbeitsgeschwindigkeit (besonders am Fließband), zunehmendes Unfall- und Todesrisiko bei der Arbeit, drohende Invalidität vor dem Rentenalter.[31]

Dies sind die materiellen Ursachen der zunehmenden „männlichen" Verschleißerscheinungen — was auch zugleich deutlich macht, daß zu einer pädagogischen Strategie zur Entwicklung flexibler Geschlechtsrollen die demokratische Veränderung der Gesellschaft mit dem Ziel weiterer Demokratisierung aller Teilbereiche kommen muß.[32]

1.5 Leitidee: Emanzipation von Mann und Frau

Mann *und* Frau leiden also unter den bestehenden starren Geschlechtsrollen. Es ist müßig darüber zu streiten, wem es nun schlechter geht.

„Beide Geschlechter sind in einer unheilvollen Weise auf Rollenbilder eingeengt, die ihnen auf sehr unterschiedliche Weise schlecht bekommen. Dabei wissen die Frauen offensichtlich besser, daß sie es schlecht haben. Sie zeigen dies durch ihre negativen Äußerungen über ihr psychisches und körperliches Befinden sowie durch ihre Emanzipationsbewegung. Die Männer täuschen sich weit mehr über

---

30 Richter, H. E.: Lernziel Solidarität, Reinbek 1974, S. 41.

31 Osterland, M. u. a. liefern zu diesem Problem eine Fülle detaillierter Daten. Vgl. Osterland, M. u. a.: Materialien zur Lebens- und Arbeitssituation der Industriearbeiter in der BRD, Frankfurt 1973, S. 70 ff.

32 Vgl. besonders Vilmar, F.: Strategien der Demokratisierung, Bd. I und II, Darmstadt/Neuwied 1973.

ihre schlechte Situation. Noch fest haftend an den Normen der expansionistischen Konkurrenz – und Wachstumsgesellschaft, verteidigen sie die illusionären Vorteile ihrer äußeren Angepaßtheit."[33]

Nicht *Frauenemanzipation,* sondern die *Emanzipation von Mann und Frau* kann deshalb allein Ziel der im Abschnitt 3. beschriebenen Lerneinheiten sein. Damit ist nicht eine simple Umkehrung der Stereotype gemeint, sondern eine *prinzipielle Offenheit* der Geschlechtsrolle. Wir meinen, daß Emanzipation nur möglich ist, wenn Angehörige beider Geschlechter zusammenarbeiten.

„Die Vorstellung, daß Emanzipation im Geist von Konkurrenz, Vorwürfen, Rivalität oder Isolierung geschehen kann, füllt nur Prinzipien der patriarchalischen Leistungsgesellschaft mit anderen Inhalten, so verständlich Rebellion und Protest sein mögen."[34]

Wenn sich nun stereotype Geschlechtsrollen in der Kindheit entwickeln, so sollte die Geschlechtsrollendefinition möglichst früh beeinflußt werden, d. h. daß die *Beeinflussung der Entstehung von Einstellungen* späteren (möglichen) *Einstellungsänderungen* vorgezogen wird – die Verfestigung von Geschlechtsrollenvorurteilen soll also durch eine systematische Sozialerziehung im Elementar- und Primarbereich verhindert werden.[35]

Emanzipation von Mann *und* Frau heißt nicht, daß Rollenmerkmale des jeweils anderen Geschlechts unkritisch übernommen werden, Ziel der Spiel- und Lerneinheiten dieses Kapitels ist vielmehr die Entwicklung eines flexiblen, selbstbestimmten Rollenverhaltens. Kinder sollten nicht mehr nur nach Vorstellungen von gestern für eine statische Gesellschaft erzogen werden, sondern für eine Welt, die sich in stetiger Wandlung befindet.

---

33 Richter, H. E.: Lernziel Solidarität, Reinbek 1974, S. 51.

34 Schmidbauer, W.: Die Emanzipation des Mannes, in: Vorgänge 19/1976, S. 35.

35 Vgl. Tiemann, D.: Politische Erziehung im Elementar- und Primarbereich, in: Hielscher, H. (Hrsg.): Materialien zur sozialen Erziehung im Kindesalter, Heidelberg 1976, 2. Auflage.

„Um in einer solchen Welt zu bestehen, brauchen die Kinder einen Spielraum, sich möglicherweise anders zu entwickeln, als die Eltern sind."[36]

Nun ist oben deutlich gemacht worden, daß alle Sozialisationsinstanzen an der Reproduktion stereotyper Geschlechtsrollen beteiligt sind. Der Versuch, mit Hilfe systematischer Sozialerziehung diesen Prozeß zu beeinflussen, wird deshalb zweifellos auf Widerstand stoßen.

Einmal können Einwände von seiten der Eltern erwartet werden, denen es schwerfallen dürfte, ihre Meinungen und Einstellungen ohne weiteres zu ändern. Es sollte versucht werden, die notwendige Diskussion in rationale Bahnen zu lenken. (Siehe dazu die Hinweise zur Planung eines Elternabends im Abschnitt 5.)

Möglicherweise werden auch Kollegen mit den Zielen emanzipatorischer Sozialerziehung nicht einverstanden sein. Deren Bedenken können vielleicht ausgeräumt werden, wenn sie das vorliegende Buch lesen. Massive Einwände gegen unübliche Vorstellungen über das Verhalten von Mädchen und Jungen werden auch die Kinder selbst vorbringen, die ja schon einen Teil des „Geschlechtsrollen-Indoktrinierungsprozesses" durchlaufen haben. In den ersten Spielen wird versucht, diesen Einwänden möglichst behutsam Rechnung zu tragen, d. h. Kinder werden nicht sofort mit Alternativen zu ihrer alltäglichen Situation konfrontiert, sondern können erst einmal ihre Erwartungen an das eigene und das andere Geschlecht verbalisieren.

In den darauffolgenden Spielen werden Abweichungen von Rollenklischees entwickelt, schließlich flexibles, selbstbestimmtes Rollenhandeln geübt. Die Abfolge der im Abschnitt 3. erläuterten Spiele entspricht der nach unserer Erfahrung am besten geeigneten Reihenfolge, das im Abschnitt 3.5 empfohlene zusätzliche Material kann flexibel eingesetzt werden.

In diesem Zusammenhang sei noch einmal an Grundsätze erinnert, die für die Verwendung des Projekts „Sozialerziehung Konkret" von Bedeutung sind:

1. Das Material soll lediglich als Anregung für selbstbestimmte Aktionen der Kinder dienen, d. h. die einzelnen Spiele sollten nur den Ausgangspunkt für weitere Handlungen der Kindergruppe bilden.

2. Das Erzieherverhalten sollte spontan und flexibel sein, d. h., daß besonders auf Spielvorschläge und Ideen der Kinder eingegangen werden sollte.

3. Neben dem vorliegenden Material sollten eigene Geschichten, Puppen- und Rollenspielszenen entwickelt werden. Als besonders günstig hat sich eine Kombination von Puppenspiel mit offenem Ende und anschließender Verarbeitung im Rollenspiel erwiesen.

---

36 Kilian, H.: Frauenrolle und Mädchenerziehung aus sozialpsychologischer Sicht, in: Bönner, K. H. (Hrsg.): Die Geschlechterrolle, München 1973, S. 127.

2. Lernziele

Von der Leitidee der Emanzipation von Mann *und* Frau ausgehend, kann als wesentliches Ziel der Lerneinheit „Entwicklung flexibler Geschlechtsrollen" gelten:

Erkennen, ablehnen und abbauen von Geschlechtsstereotypen und entwickeln eines selbstbestimmten, flexiblen Rollenhandelns

Aus diesem Ziel lassen sich als Lernziele mittlerer Abstraktionsebene ableiten:

Kennenlernen eigener und fremder Geschlechtsrollenstereotype

Erkennen, daß stereotype Geschlechtsrollenerwartungen Spiele und Auswahl des Spielzeugs bestimmen.

Verbalisieren von Erwartungen an das eigene und das fremde Geschlecht. Verbalisieren von Vorstellungen über Rollenverteilung in der Familie.

Ablehnen und abbauen von Geschlechtsrollenstereotypen

Erkennen, daß Spiele, die traditionell dem anderen Geschlecht zugeordnet werden, Spaß machen.

Erkennen, daß Familien- und Berufsrollen nicht starr strukturiert sein müssen, daß es Alternativen gibt und diese Alternativen praktiziert werden.

Es nicht lächerlich finden, Spiele zu spielen und Emotionen zu äußern, die bisher meist dem anderen Geschlecht vorbehalten waren.

Entwickeln und praktizieren von selbstbestimmtem, flexiblem Rollenhandeln

Flexiblem Rollenhandeln positiv gegenüberstehen.

Durchsetzen eigener Rollenvorstellungen gegen fremde Einflüsse.

Bejahen des eigenen, akzeptieren des anderen Geschlechts.

3. Spiel- und Lernvorschläge

3.1 Zuordnungsspiele

(233) *Figuren zuordnen*

Für das Zuordnungsspiel ist kein aufwendiges Material notwendig. Da wir meinen, daß es recht einfach herzustellen ist, wird es hier lediglich beschrieben.

Material: Es werden verschiedene Bildvorlagen benötigt, auf denen Situationen aus dem Haushalt, aus der Berufswelt und der Welt der Kinder abgebildet sind. Auf diesen Bildvorlagen sollten keine Personen abgebildet sein. Solche Szenen können entweder selbst gezeichnet oder aus Versandhauskatalogen oder Zeitschriften entnommen werden. Ferner werden vier Figuren benötigt (ein Mann, eine Frau, ein Junge, ein Mädchen), die den oben beschriebenen Situationen zugeordnet werden sollen. Das heißt, sie müssen größenmäßig auf die Bildvorlagen abgestimmt sein. Die Figuren können ebenfalls aus Katalogen oder Zeitschriften ausgeschnitten werden. Falls das Spiel mehrmals genutzt werden soll, wird es sich als sinnvoll erweisen, sowohl die Bildvorlagen als auch die Figuren auf Pappe zu kleben.

Spieler: Groß- oder Kleingruppe

Spieldauer: 10–20 Minuten

Spielanleitung und Lernziele:
Die Kinder sitzen im Kreis zusammen. Die Bildvorlagen sowie die vier Figuren liegen in der Mitte auf dem Tisch oder auf dem Fußboden. Der Erzieher erzählt eine kurze selbst erfundene Geschichte zu einer der Szenen. Anschließend fordert er die Kinder auf, die Figuren bzw. eine der Figuren der Szene zuzuordnen. Diejenigen Kinder, die eine Zuordnung getroffen haben, sollen ihre Entscheidung nach Möglichkeit begründen bzw. erläutern. Ziel des Spiels ist es, Vorstellungen der Kinder über die Rollenteilung zwischen Mann und Frau sichtbar zu machen. Die Kinder sollen mit Hilfe des Spiels erkennen, daß es z. B. im Haushalt eine klare Rollenteilung gibt. Im weiteren Verlauf der Einheit ‚flexible Geschlechtsrollen' wird diese Erkenntnis zunehmend problematisiert.

(234) *Adam und Eva (Klebespiel)*

Material: Spielblätter IV/1 – 6

Das Spiel besteht aus drei Bildvorlagen, die für jedes Kind zweifach vorhanden sein müssen. Auf den Vorlagen sind Kinder abgebildet.

1. Vorlage – Mädchen (Eva)
2. Vorlage – Junge (Adam)
3. Vorlage – Mädchen und Junge

Als zusätzliches Material werden Spielzeugkataloge, Spielzeugreklame, Kataloge großer Versandhäuser mit Spielzeugabteilung o. ä. sowie Scheren und Klebstoff benötigt.

Spieler: Groß- und Kleingruppe

Spieldauer: 20–30 Minuten

Spielanleitung und Lernziele:
Die Kinder sollen zunächst einer der Vorlagen Spielzeug zuordnen. Dazu schneiden sie Spielzeug ihrer Wahl aus den vorhandenen Materialien aus und kleben es auf die Bildvorlage, die vor ihnen liegt. Die drei Bildvorlagen bieten eine Reihe unterschiedlicher Einsatzmöglichkeiten.

1. Mädchen erhalten die Vorlage mit dem Mädchen, Jungen erhalten die Vorlage mit dem Jungen und werden aufgefordert, Eva bzw. Adam Spielzeug ihrer Wahl zuzuordnen und auf die jeweilige Bildvorlage zu kleben. Aufgrund der Untersuchungsergebnisse bezüglich der Spielinteressen von Kindern (vgl. S. 250), erwarten wir bei diesem Spiel folgendes Ergebnis: Die Mehrzahl der Mädchen wird Eva reines „Mädchenspielzeug" (Puppen und Puppenzubehör) zuordnen. Die Mehrzahl der Jungen wird Adam reines „Jungenspielzeug" (Autos, Eisenbahnen. . .) zuordnen. Ein solches Ergebnis bietet ein gutes Gesprächsangebot. Die Kinder können mit Hilfe ihrer eigenen Arbeitsergebnisse über die Spielinteressen von Jungen und Mädchen reden. Gezielte Einwände der Erzieherin können den Kindern die Möglichkeit eröffnen,

- ihre eigenen Spielinteressen zu erkennen,
- zu erkennen, daß diese Spielinteressen geschlechtsspezifisch sind,
- zu erkennen, daß auch das Spielzeug geschlechtsspezifisch ist.

Sofern es notwendig erscheint, kann auch hier schon über Spiele bzw. Spielzeug gesprochen werden, die bzw. das Jungen und Mädchen in gleicher Weise lieben (Versteckspiel, Rollerfahren, Kartenspiele . . .).

2. Mädchen erhalten die Vorlage mit dem Jungen, Jungen erhalten die Vorlage mit dem Mädchen. Die Kinder werden wiederum aufgefordert, Adam bzw. Eva Spielzeug zuzuordnen und auf die jeweilige Vorlage zu kleben. Diese Aufgabenstellung enthält eine weitere Schwierigkeit, sie fordert Einfühlungsvermögen in einen anderen. Die Mädchen müssen sich in die Rolle der Jungen versetzen. Die Jungen müssen sich in die Rolle der Mädchen versetzen. Auch in diesem Fall sollten die Arbeitsergebnisse sowie Erfahrungen und Gefühle der Kinder während des Spiels besprochen werden. Es kann sich herausstellen, daß es einigen Kindern sehr schwer fällt, sich in die Rolle des anderen hineinzuversetzen. Eine andere Möglichkeit besteht darin, daß z. B. ein Mädchen sehr viel Freude daran gehabt hat, dem Adam Spielzeug zuzuordnen. Der Grund für ein solches Gefühl kann darin liegen, daß dieses Mädchen hier endlich einmal ihren ‚heimlichen' Spiel-

interessen nachgehen durfte. Ziel eines solchen Gespräches sollte es sein, diese Spielinteressen aus ihrer Heimlichkeit herauszuholen.

3. Jungen und Mädchen erhalten die Bildvorlage, auf der Adam und Eva abgebildet sind. Sie werden aufgefordert, diesen beiden gemeinsames Spielzeug zuzuordnen und aufzukleben. Das Klebespiel mit dieser Spielregel kann zu sehr unterschiedlichen Zeitpunkten innerhalb der Einheit ‚flexible Geschlechtsrollen' eingesetzt werden. Im Folgenden werden nur zwei Möglichkeiten beschrieben.

a) Das Spiel wird am Anfang der Einheit eingesetzt. In diesem Fall werden die Kinder gezwungen, Spiele zu finden, die nach ihren bisherigen Erfahrungen von Jungen und Mädchen gleichermaßen geliebt werden.

b) Das Spiel wird ziemlich am Ende der Einheit eingesetzt. In diesem Fall scheint es möglich zu sein, erste Lernerfolge der Kinder festzustellen. Es könnte z. B. sein, daß die Kinder in der Lage sind, ihre Erfahrungen, die sie während der letzten Zeit bezüglich ihrer Geschlechtsrollen gemacht haben, bei diesem Spiel einzusetzen. Das heißt, sie teilen das große Angebot für Spielzeug nicht mehr nach Jungen- und Mädchenspielzeug ein, sondern gestehen jedem Kind (gleichgültig ob Junge oder Mädchen) dasselbe Spielzeug zu. Die fertiggestellten Bildvorlagen würden dann eine zufällige Auswahl aus dem Spielzeugangebot darstellen. Adam und Eva spielen z. B. zusammen mit Autos, mit Puppen, oder sie fahren Roller. . .

(235) *Das Labyrinthspiel*

Material: Spielblätter IV/7 – 10

Das Spiel besteht aus vier unterschiedlichen Spielvorlagen, auf denen Mädchen und Jungen abgebildet sind, von denen verschlungene Wege zu einem „verkehrten" Spielzeug führen. Als zusätzliches Material werden Buntstifte, Filzstifte o. ä. benötigt.

Spieler: Einzelspiel, Groß- oder Kleingruppe

Spieldauer: 5–10 Minuten

Spielanleitung und Lernziele:
Jedes Kind erhält zunächst eine Spielvorlage. Die Aufgabe lautet, herauszufinden mit welchem Spielzeug die auf den Vorlagen abgebildeten Jungen und Mädchen spielen. Die Kinder folgen den verschlungenen Linien zwischen den dargestellten Kindern und dem jeweiligen Spielzeug zunächst mit dem Finger, danach mit Filz- oder Buntstiften. Die Kinder werden erstaunt feststellen, daß die Lösungen dieses Spiels nicht mit ihren bisherigen Vorstellungen über Spielgewohnheiten von Jungen und Mädchen übereinstimmen. Diese Gelegenheit sollte die Erzieherin aufgreifen und ein Gespräch daran anknüpfen. Neben den Erfahrungen aus dem

Labyrinthspiel können auch andere Erfahrungen und Erlebnisse in das Gespräch einbezogen werden. Die Kinder berichten z. B. von ihren eigenen Spielsachen und von denen ihrer Geschwister oder Freunde.

Es ist zu überlegen, ob die Kinder die Vorlagen bunt anmalen sollen.

3.2 Kartenspiele

(236) *Timm und Tine*

Material: Kartenspiel „Tim" und „Tine"

Das Spiel besteht aus 18 Kartenpaaren. Auf den Spielkarten sind Jungen und Mädchen in unterschiedlichen Situationen (Alltag u. Spiel) und Gefühlslagen abgebildet. Je ein Junge und ein Mädchen in der gleichen Situation bzw. Gefühlslage bilden ein Paar.

Spieler: Groß- oder Kleingruppe

Spieldauer: 10–20 Minuten

Spielanleitung und Lernziele:
1. Wir halten es für sinnvoll, die Spielkarten den Kindern zunächst ohne Spielregeln vorzustellen. Auf diese Weise haben die Kinder die Möglichkeit, ganz spontan auf die Karten zu reagieren. Erst wenn die Kinder mit den Spielkarten hinreichend vertraut sind, können die folgenden Spielregeln gegeben werden.
Mit Hilfe der Spielkarten erhalten die Kinder eine Reihe von Informationen über das Verhalten von anderen Kindern in Alltags- und Spielsituationen, und sie erfahren etwas über die Gefühle dieser Kinder. Einige dieser Verhaltensweisen haben die Kinder wahrscheinlich noch nie kennengelernt. Es ist zu erwarten, daß sie erstaunt darüber sind, daß ein Junge strickt oder ein Mädchen mit dem Hammer an der Werkbank arbeitet. Andere Verhaltensweisen bzw. Gefühlsregungen dagegen werden die Kinder z. B. mit Äußerungen ablehnen wie: „Ein Junge weint doch nicht!" „Mädchen sind gar nicht so stark wie Jungen!"
Hier ergibt sich wahrscheinlich eine Fülle von Gesprächsstoff.

2. Die Kinder haben sich um einen Tisch versammelt. Auf dem Tisch liegen die gemischten Karten mit dem Bild nach oben. Der Reihe nach darf sich nun jedes Kind ein Kartenpaar heraussuchen. Sofern die Kinder dazu in der Lage sind, sollte jedes Kind erzählen, welche Karte es zunächst aufnimmt und welche Karte es noch dazu braucht.
Beispiel: Ich nehme mir die Karte, auf der zu sehen ist, wie ein Junge Fußball spielt. Ich brauche jetzt also noch eine Karte, auf der zu sehen ist, wie ein Mädchen Fußball spielt.
Es ist erlaubt, daß die anderen Mitspieler dem Kind, das gerade an der Reihe ist, bei der Suche nach der zweiten Karte helfen.

3. Die Kinder haben sich um einen Tisch versammelt. Die Spielkarten liegen gemischt und verdeckt auf dem Tisch. Der Reihe nach nimmt jedes Kind zwei Karten hoch. Wenn diese Karten ein Paar bilden, darf es sie behalten. Ist das nicht der Fall, werden die Karten herumgezeigt, so daß sich jeder das Bild merken kann. Danach werden sie wieder verdeckt auf ihren alten Platz zurückgelegt. Die Kinder versuchen so zu erfahren, wo zusammengehörige Karten liegen. Wem es gelingt, ein Kartenpaar aufzunehmen, der darf es behalten. Sieger ist derjenige, der am Schluß die meisten Kartenpaare vor sich liegen hat.

4. Eine Gruppe von Kindern hat sich um den Tisch versammelt. Die Karten werden gleichmäßig an alle Mitspieler verteilt. Ziel des Spieles ist es, möglichst viele Kartenpaare ablegen zu können. Wer unmittelbar nach dem Verteilen der Karten schon ein Paar in der Hand hält, darf dieses ablegen. Wenn alle Kinder ihre Karten daraufhin überprüft haben, beginnt das eigentliche Kartenspiel. Der Reihe nach darf jedes Kind von seinem Nachbarn eine Karte ziehen. Kartenpaare, die sich so finden, werden ebenfalls abgelegt. Das Spiel ist beendet, wenn alle Karten abgelegt sind.
Es ist auch denkbar, im Rahmen dieses Spiels die sprachlichen Fertigkeiten der Kinder zu fördern. Die beschriebene Spielregel ist in diesem Fall leicht abzuwandeln. Die Karten werden nicht gezogen, sondern von den Kindern beschrieben und angefordert.

(237) *Buntes Petrinchen*

Material: Kartenspiel „Buntes Petrinchen"

Das Spiel besteht aus 16 Kartenpaaren und dem „Bunten Petrinchen". Auf den Karten sind Männer und Frauen in verschiedener Berufskleidung dargestellt. Jeweils ein Mann und eine Frau in der gleichen Berufskleidung bilden ein Paar.

Spieler: Groß- und Kleingruppe

Spieldauer: 10–15 Minuten

Spielanleitung und Lernziele:
Die Kinder erhalten mit Hilfe der Spielkarten eine Reihe von Informationen über die Berufe der Erwachsenen. Vermutlich sind den Kindern viele dieser Berufe bekannt. Sie kennen den Maurer und die Krankenschwester. Die Tatsache jedoch, daß Mann und Frau jeweils in der gleichen Berufskleidung dargestellt sind, wird den Kindern fremd sein. Es ist möglich, daß sich hieraus vielfältige Gespräche unter den Kindern entwickeln. Wir halten es daher für sinnvoll, diese Spielkarten (wie bei den Karten ‚Timm und Tine') den Kindern zunächst ohne Spielregeln vorzustellen. Wenn die Kinder hinreichend mit den Karten vertraut sind, bieten sich die gleichen Spielregeln an, die für ‚Timm und Tine' aufgestellt worden sind. Wenn nach den Regeln 2 und 3 gespielt wird, muß das bunte Pe-

trinchen aus dem Kartensatz herausgenommen werden. Bei der Spielregel 4 bleibt das bunte Petrinchen im Spiel.

Hier wird es nicht jedem Kind gelingen, alle Karten abzulegen. Ein Kind wird das bunte Petrinchen übrigbehalten. Es bekommt dann einen farbigen Fleck auf die Nase gemalt.

3.3 Rollenspiele nach Bildvorlagen

(238) *Der dicke Baum*

Material: 4 Einzelbilder (grün umrandet)

Bild 1: Konfliktsituationen: Zwei Jungen spielen im Baum „Klettern" und „Tarzan". Zwei Mädchen spielen unter dem Baum mit ihren Puppen. Der Konflikt besteht darin, daß die Jungen den Baum für sich allein beanspruchen.

Bild 2: Lösungsmöglichkeit: Die Mädchen geben nach und gehen weg.

Bild 3: Lösungsmöglichkeit: Die Mädchen behaupten sich und die Jungen verlassen den Baum.

Bild 4: Lösungsmöglichkeit: Jungen und Mädchen spielen gemeinsam im Baum „Klettern" und unter dem Baum mit den Puppen.

Spieler: Groß- oder Kleingruppe

Spieldauer: 10–15 Minuten

Spielanleitung und Lernziele:
Das Bild 1 wird für alle Kinder gut sichtbar gezeigt. Der Erzieher erzählt zum Bildinhalt eine Geschichte und verdeutlicht den Konflikt. Er fragt die Kinder nach dem Ausgang der Geschichte, sammelt Vorschläge und fordert die Kinder dann auf, die Szene anzuspielen. Daraufhin werden den Kindern die Bilder mit den drei verschiedenen Lösungsmöglichkeiten vorgestellt. Im Gespräch können sie sich darüber äußern, welche Möglichkeit sie für die wahrscheinlichste halten und versuchen, das zu begründen.

Wir nehmen an, daß sie die erste Lösung wählen (Bild 2), da Jungen immer noch als die Stärkeren gelten, die sich in derartigen Situationen besser behaupten können als Mädchen.

Um den Kindern jedoch auch die umgekehrte Möglichkeit nahe zu bringen, sammelt der Erzieher Handlungsstrategien und Argumente, mit denen die Mädchen es schaffen können, die Jungen zu vertreiben.

An dieser Stelle – und insbesondere für die folgende „Modellösung" – ist die Umsetzung in eine szenische Handlung unbedingt erforderlich, denn das Spiel ist die erste Gelegenheit, die alternativen Handlungsweisen auch konkret zu erfahren.

Das vierte Bild (die „Modellösung") stellt eine kooperative Lösungsmöglichkeit dar: Die Jungen und Mädchen erfahren, daß weder die eine noch die andere Gruppe siegt, sondern daß Jungen und Mädchen Spaß am gemeinsamen Spiel finden; das bedeutet auch: Mädchen haben Spaß am Bäumeklettern und Jungen finden Spaß daran, mit Puppen zu spielen.

(239) *Wir spielen Vater – Mutter – Kind*

Material: 3 Einzelbilder (rot umrandet)

Bild 1: Ausgangssituation: Ein Junge spielt gemeinsam mit Mädchen in der Puppenecke.

Bild 2: Konfliktsituation: Ein weiterer Junge kommt hinzu und lacht den anderen aus.

Bild 3: Lösungsvorschlag: Der neu hinzugekommene Junge wird in das Spiel einbezogen.

Spieler: Groß- oder Kleingruppe

Spieldauer: 10–20 Minuten

Spielanleitung und Lernziele:
Die Kinder erhalten zunächst nur Bild 1 und Bild 2. Sie schauen sich die Bilder an und erzählen frei, was sie sehen, was ihnen dazu einfällt und bringen eigene Erlebnisse mit ins Gespräch. Wenn die Kinder mit der Situation genügend vertraut sind, kann der Erzieher die Kinder anregen, diese in einem Spiel darzustellen. Hieran schließt sich ein Gespräch an, in dem der Konflikt deutlich herausgearbeitet wird und Vorschläge gesammelt werden, wie der ausgelachte Junge reagieren könnte.

Da wir vermuten, daß die Kinder in erster Linie aggressive bzw. resignative Lösungsmöglichkeiten sehen, werden sie mit dem dritten Bild konfrontiert.

Sie äußern ihre Vermutungen darüber, auf welche Weise der hinzugekommene Junge ins Spiel einbezogen worden ist.

Jeder Vorschlag, der von den Kindern kommt, sollte möglichst sofort in eine szenische Handlung umgesetzt werden, um daran die Nähe zur Wirklichkeit zu prüfen.

Der Erzieher unterstützt hierbei Lösungsmöglichkeiten, die die Argumente des hinzugekommenen Jungen entkräften bzw. lächerlich machen und dagegen die stabile Haltung und konstruktiven Vorschläge des ausgelachten Jungen hervortreten lassen.

Bei der Verteilung der Rollen gilt es zu beachten, daß der ausgelachte Junge nicht von einem Kind gespielt wird, das ohnehin in einer Außenseiterrolle steht oder über geringe Ich-Stabilität verfügt. Kinder in Außenseiterpositionen sollten die Rolle des sich-lustig-machenden Jungen übernehmen, damit sie in das Spiel einbezogen werden können.

(240) *Im Spielwarenladen*

Material: 3 Einzelbilder (blau umrandet); Handpuppen (liegen dem Materialkasten *nicht* bei).

Bild 1: Ausgangssituation: Eine Oma möchte ihrem Enkel ein Spielzeug schenken. Sie betreten beide einen Spielwarenladen.

Bild 2: Konfliktsituation: Der Junge darf sich ein Spielzeug aussuchen. Er liebäugelt mit einer Puppe, während die Oma es auf eine Eisenbahn abgesehen hat.

Bild 3: Lösungsvorschlag: Der Junge kann seinen Wunsch durchsetzen, und die Oma kauft ihm die Puppe. Der Junge ist froh.

Spieler: Groß- und Kleingruppe

Spieldauer: 10–15 Minuten

Spielanleitung und Lernziele:
Der Erzieher läßt die Kinder sich frei zur dargestellten Ausgangssituation äußern, so daß sie eigene Erlebnisse miteinbeziehen können. Falls das Gespräch zu sehr abschweifen sollte, umreißt der Erzieher mit einer kurzen Erzählung die Situation. Er läßt die Kinder raten, für welches Spielzeug sich der Junge entscheiden wird. Anschließend wird Bild 2 vorgestellt. Die gegensätzlichen Interessen des Jungen und seiner Oma können die Kinder anhand des Bildes leicht beschreiben.

Noch bevor das Gespräch auf mögliche Lösungen des Konflikts hinausläuft, verteilt der Erzieher Handpuppen, und die Kinder proben jeweils in Zweier-Gruppen einen möglichen Ausgang der Geschichte. Nach einer Weile bittet der Erzieher die Kinder, sich ihre Geschichten gegenseitig vorzuspielen. Zwischen den einzelnen Spielen findet jeweils ein kurzes Gespräch statt. Dann zeigt er den Kindern das Bild 3. Sie tragen nun gemeinsam die Argumente zusammen, mit denen der Junge erreichen konnte, daß die Oma ihm die Puppe und nicht die Eisenbahn gekauft hat. Anschließend wird der beste Lösungsvorschlag in mehreren Durchgängen im Handpuppenspiel dargestellt (evtl. auch durch den Erzieher). Dabei sollte die Freude des Jungen über das Geschenk – über die Befriedigung seines Bedürfnisses – deutlich hervortreten.

3.4 Ideen für Puppenspiele, Rollenspiele, Geschichten

(241) *Anton und Antonia*

Anton und Antonia langweilen sich. Sie wissen nicht, was sie spielen sollen. Anton hat es satt, mit seinen Autos zu spielen – er kennt sie sowieso schon in- und auswendig.

Mürrisch wirft er seine Spielsachen in die Spielkiste zurück.

Antonia ist ebenfalls die Lust vergangen, ewig mit den gleichen Puppen zu spielen, sie schiebt den Puppenwagen in die Ecke.

Anton und Antonia treffen sich auf dem Spielplatz und klagen sich ihr Leid. Doch dann hat Antonia plötzlich eine tolle Idee:

„Ganz einfach!" ruft sie, „ich spiele Anton und du spielst Antonia!"

(242) *Wochenende*

Heute ist Wochenende. Familie Putzmann will einen Ausflug ins Grüne machen. Doch vorher müssen sie noch einiges vorbereiten: das Auto waschen, den Picknickkorb packen, und in der Küche ist noch abzuwaschen. Christian und Christine helfen auch mit. „Christian, du kannst dem Vater beim Autowaschen helfen und Christine, du kommst mit mir in die Küche", sagt die Mutter. Doch Christine mault. Sie hat keine Lust, der Mutter bei der Hausarbeit zu helfen. Sie möchte viel lieber mit Christian tauschen und draußen das Auto waschen. „Jungen können auch ruhig mal die Mädchenarbeit machen!" sagt sie zur Mutter.

(243) *Im Park*

An einem schönen Sommernachmittag geht der Vater mit den Kindern in den Stadtpark, wo es eine herrliche Spielwiese gibt. Während der Vater auf der Parkbank sitzt und sich mit einem Freund unterhält, turnen und toben die Kinder mit den anderen auf der Wiese herum.

Doch schon nach kurzer Zeit kommt der Junge heulend zum Vater gelaufen. Er ist mit seinem Roller auf dem Kiesweg hingefallen und hat sich das Knie aufgeschlagen. Die anderen Kinder haben ihn ausgelacht, weil Jungen doch nicht weinen, aber der Vater nimmt den Jungen zu sich und tröstet ihn. Er erzählt ihm, wie schön er doch auf der weichen Wiese spielen könne und zeigt dabei auf das Mädchen, das sich gerade mit anderen Kindern balgt.

Der Freund des Vaters schüttelt darüber den Kopf und murmelt: „Was sind das nur für Kinder – die Jungen weinen und die Mädchen raufen sich. . .!" Doch das hören der Junge und sein Vater schon gar nicht mehr, denn sie laufen lachend zu den anderen Kindern auf die Wiese.

(244) *Kurzszenen*

- Ein Junge soll seine kleine Schwester mit dem Kinderwagen ausfahren. Auf der Straße trifft er seine Freunde.
- Zwei Geschwister – ein Junge und ein Mädchen – wollen den Eltern einen Streich spielen. Sie tauschen ihre Sachen aus und spielen nun die Rolle des Bruders bzw. der Schwester.
- Ein Mann will sich in der Frühstückspause im Büro einen Knopf annähen. Seine Kolleginnen lachen ihn aus und wollen die Arbeit für ihn machen, denn sie meinen, sie würden davon mehr verstehen. Doch der Mann läßt sich nicht davon abbringen, den Knopf selbst anzunähen.
- Eine Frau sitzt mit ihrem Mann am Frühstückstisch und liest die Zeitung. Der Mann möchte mit ihr reden, doch die Frau bemerkt nichts davon.
- Ein Mädchen beobachtet in einem Kaufhaus einen Mann, wie er gerade aus der Einkaufstasche einer alten Frau ein Portemonnaie entwendet. Das Mädchen ist mutig und verfolgt den Mann, der gerade in einem Hinterhof verschwindet.

3.5 Zusätzliches Material

Lieder und Geschichten

Volker Ludwig: Wer sagt, daß Mädchen dümmer sind. . .

Wer sagt, daß Mädchen dümmer sind
wer sagt, daß Mädchen immer albern sind
wer sagt, daß Mädchen schüchtern sind
der spinnt, der spinnt, der spinnt!
Wer sagt, die Mädchen trau'n sich nicht
wer sagt, sie seien immer weinerlich
und meckerig und zappelig
der hat 'n Stich, 'n Stich, 'n Stich!

Mädchen sind genauso schlau – wie Jungen
Mädchen sind genauso frech – und schnell
Mädchen haben so viel Mut wie Jungen
Mädchen haben auch ein dickes Fell.

Wer sagt, daß Mädchen schwächer sind
wer sagt, daß Mädchen immer zickig sind
wer sagt, daß Mädchen affig sind
der spinnt, der spinnt, der spinnt!
Wer sagt, die Mädchen fürchten sich
und petzen und sind immer zimperlich
sind also blöd und hinderlich
der hat 'n Stich, 'n Stich!

Mädchen sind genauso schlau – wie Jungen
Mädchen sind genauso frech – und schnell
Mädchen haben so viel Mut wie Jungen
Mädchen haben auch ein dickes Fell.

aus: Volker Ludwig: „Wer sagt, daß Mädchen dümmer sind", entnommen dem Stück: „Balle, Malle, Hupe und Artur", enthalten im Band „3mal Kindertheater I", Verlag Heinrich Ellermann/Verlag der Autoren, München/Frankfurt am Main 1969, 1970, 1971, 1975.

Ingrid Bergmann: Ullis Puppe

Angelika geht mit ihrem kleinen Bruder einkaufen. Der kleine Ulli hat eine große Puppe im Arm. Manchmal hält er sie nur an einem Bein fest und zieht sie hinter sich her. Er nimmt sie immer mit. Die Puppe ist sein liebstes Spielzeug. Oft kommen Leute vorbei, die Ulli mit der Puppe im Arm sehr niedlich finden. „Ach, ist die Kleine süß, mit der Puppe im Arm!" oder „Goldig, dieses Blondschöpfchen! Die Puppe ist ja größer als das ganze Mädchen!" „Das ist aber kein Mädchen", sagt Angelika.
Die Dame guckt auf einmal gar nicht mehr so freundlich. „Es wird ja immer verrückter! Ein Junge spielt mit Puppen!" Dabei blitzt sie Angelika an. „Wisch dem Bengel mal lieber die Rotznase!"

aus: Gelberg H. J. (Hrsg.): Menschengeschichten, Drittes Jahrbuch für Kinderliteratur, Weinheim 1975, S. 64 (Beltz & Gelberg)

Sverre Brun – Gulbrandsen: Test mit achtjährigen Kindern (leicht abgewandelt)

Wer ärgert andre Kinder mehr? Junge oder Mädchen?

Kinder: Junge!

Wer ist hilfsbereiter? Junge oder Mädchen?

Kinder: Mädchen!

Wer hilft zu Hause mehr? Junge oder Mädchen?

Kinder: Mädchen!

Wer ist ungehorsamer zu den Eltern? Junge oder Mädchen?

Kinder: Junge!

Wer ist fauler? Junge oder Mädchen?

Kinder: Junge!

Wer schummelt mehr in der Schule? Junge oder Mädchen?

Kinder: Junge!

Also, eines Morgens kam die Mutter zu Peter und Karin und weckte die beiden. Jetzt müßt ihr aufstehen, sagte sie, aber vergeßt nicht, eure Betten zu machen! Sie standen auf, aber nur einer machte das Bett. Wer war das?

Karin!

Auf'm Schulweg, da sind sie langgegangen und da hat einer von ihnen rumgetrödelt. Und der kam fast zu spät. Wer war das?

Peter!

In der Stunde ging alles gut. Allerdings, einer von beiden hat unheimlich Krach gemacht. Wer war das?

Peter!

Und in der letzten Stunde, da hat die Lehrerin was diktiert. Und plötzlich ertappte sie einen von den beiden beim Schummeln. Wer war denn das?

Peter!

Auf'm Rückweg kamen sie am Kino vorbei. Es gab einen Film, den wollten sie beide gerne sehen. Sie beschlossen, nach Hause zu gehn, um die Mutter um Geld für's Kino zu bitten. „Und wenn sie uns nichts gibt, dann nehm ich's mir einfach aus der Kasse." Wer hat denn das gesagt?

Peter!

Anschließend gingen sie dann ins Kino. Da wurde viel rumgeschossen, und es war'n doller Krach. Hinterher sagte einer von ihnen: „Solche Filme seh ich überhaupt nicht gern. Ich seh lieber Filme über Tiere und Kinder, die lieb und fleißig sind. Wer hat denn . . .

Karin!

Als sie sich dann auszogen, um ins Bett zu gehen, da sagte einer von ihnen: Morgen müssen wir wieder in die Schule. Ich geh überhaupt nicht gern in die Schule!" Wer war denn das?

Peter!

Und dann schliefen beide ein. Aber kurz vorher, da sprach noch einer das Abendgebet. Wer von ihnen war denn das?

Karin!

aus: Novak H. M./Karasek H. (Hrsg.): Lesebuch 3 – Texte zur Emanzipation und Mündigkeit, München/Gütersloh/Wien 1972, S. 10 f. (Bertelsmann).

4. Hinweise auf Spiele, Materialien und empfehlenswerte Bücher

Bild- und Spielmaterial

Wolde, G.: Totte und Monika, Reinbecker Kinderbuch im Carlsen Verlag o. J.
Becker, G. u. a. (Hrsg.): Bunte Drucksachen 3, Düsseldorf 1974, darin: Die Peanuts, S. 96 (Pro Schule)

Buck/Wolf (Hrsg.): Texte und Fragen 2. Schuljahr, Frankfurt a. Main 1974, darin Bildergeschichte, S. 48 (Diesterweg)

Esselte –Studium – Puzzle Nr. 22 (Vater und Tochter beim Abwaschen)

Esselte – Studium – Puzzle Nr. 28 (Nackte Kinder)

Spielen und Lernen, Velber Verlag (Zeitschrift) 10/1973, S. 16/17, 3/1976, S. 49 und 51

Geschichten

Berger, P.: Wir gründen einen Fußballclub, Stuttgart 1969, darin: Hau ab hier, davon verstehst du nichts (Schwaben)

Bernhard, M./von Luttiz, M.: Bumfidel lacht sich krank, Reinbek 1975, darin: Bumfidel wünscht sich eine Puppe, S. 25 f. (Rowohlt)

Gelberg, H. J. (Hrsg.): Geh und spiel mit dem Riesen, Erstes Jahrbuch der Kinderliteratur, Weinheim 1971, darin: Drr drr drr – düüt düüt! (Beltz + Gelberg)

Gelberg, H. J. (Hrsg.): Menschengeschichten, Drittes Jahrbuch der Kinderliteratur, Weinheim 1975, darin: Barthelmeß-Weller, U.: Gegen dieses blöde „Jungen gegen Mädchen", S. 95 (Beltz + Gelberg)

Heckmann, H.: Geschichten vom Löffelchen, Köln 1970, darin: Löffelchens Rede über die Mädchen (Middelhauve)

Nemetschek, P./ van Lessen, S. (Hrsg.): Ene mene miste – Rappelkiste, Weinheim/Basel 1975, darin: Die müde Frieda, S. 29, Nicht immer lassen sich Eltern scheiden, S. 42, Von einem, der auszog, das Weinen zu verlernen/Von einer, die auszog, das Weinen zu lernen, S. 55 (Beltz)

Wandrey, U. (Hrsg.): Mein Vater ist aber stärker, Reinbeck 1973, darin: Gangster und Polente, S. 8, Jungs sind blöd, S. 8, Wir tauschen, S. 10 (Rowohlt)

Theaterstücke

Dorsten, D. u. a.: Balle, Malle, Hupe und Artur, in: 3mal Kindertheater I, München/ Frankfurt/M. 1975[3] (Ellermann)

Fröhlich, P./Heilmeyer, J.: Modell Kinder Spielklub, Köln 1974, darin: Thomas und Susanne, Szenische Verarbeitung eines Konflikts, S. 223–258 (Dumont Schauberg)

Kinder- und Jugendtheater Rote Grütze: Darüber spricht man nicht, München 1973 (Weismann)

Ludwig, V. u. a.: Mannomann, in 3mal Kindertheater II, München/Frankfurt a. M. 1975[2] (Ellermann)

Reisner, S. u. a.: Mensch Mädchen, in: 3mal Kindertheater III, München/Frankfurt a. M. 1975 (Ellermann)

Schallplatten

Grips — Ensemble: Balle Malle Hupe und Artur, Wagenbachs Quartplatte 9, Bestellnr. WA 9

Grips — Ensemble: Mannomann, Wagenbachs Quartplatte 8, Bestellnr. WA 8

Kinder — Und Jugendtheater Rote Grütze: Darüber spricht man nicht, Rotkehlchen 2, Rotbuch Verlag

Grips — Ensemble: Die große Gripsparade (Lieder), Wagenbachs Quartplatte 10, Bestellnr. WA 10

Lieder und Szenen aus der Rappelkiste, Poly 2432 117

Der Springpunkt (20 Kinderlieder), Pläne K 20 901

Der Fuchs (Kinderlieder), Pläne K 20 902

Bücher zur weiteren Information

Belotti, E.: Was geschieht mit kleinen Mädchen?, München 1975 (Frauenoffensive)

Bönner, K. H.: Die Geschlechterrolle, München 1973 (Nymphenburger)

Menschik, J.: Gleichberechtigung oder Emanzipation?, Frankfurt a. Main 1971 (Fischer)

Richter, H. E.: Lernziel Solidarität, Reinbek 1974 (Rowohlt)

Schneider, P.: Gibt es eine Emanzipation der Männer?, in: Kursbuch 35/1974 (Kursbuch/Rotbuch Verlag)

Wyss, H.: Das rosarote Mädchenbuch, Frankfurt a. Main 1976 (Fischer)

5. Spezielle Hinweise zur Elternarbeit

Es ist zu empfehlen, den Elternbrief I zu diesem Thema zu verteilen, wenn Sie mit dem Spiel- und Lernmaterial zu arbeiten anfangen. Im Elternbrief I werden die Eltern vorwiegend über Sinn und Ziel dieser Lerneinheit informiert; er enthält auch Literaturhinweise. Hier sei noch einmal besonders auf „Lernziel Solidarität" von Horst E. Richter hingewiesen.

Da das Thema „Entwicklung flexibler Geschlechtsrollen" unserer Erfahrung nach die Eltern emotional stark beschäftigt, möchten wir Ihnen raten, einen *Elternabend* zu diesem Thema durchzuführen, eventuell in Verbindung mit einer anderen Lerneinheit des Projekts „Sozialerziehung Konkret". Zu Beginn eines solchen Elternabends sollten die Eltern Gelegenheit haben, mit dem Spielmaterial zu spielen – hierfür eignen sich die Spiele „Timm und Tine" und „Buntes Petrinchen" besonders gut.

Nach einem solchen Spiel läßt sich über die Nachteile starrer Geschlechtsrollen und die Vorteile einer systematischen Sozialerziehung mit dem Ziel der Entwicklung flexibler Geschlechtsrollen in entspannter Atmosphäre diskutieren.

Ausführliche Argumente für die Diskussion finden Sie in den Büchern zur weiteren Information (S. 271).

Einen guten „Einstieg" in die Diskussion bietet auch der Film „Wollen wir mal Vater, Mutter, Kind spielen" aus der Reihe „Elternbildung im Medienverbund", der über alle Bildstellen zu beziehen ist.[37]

Am Ende des Elternabends sollte der Elternbrief II verteilt werden, in dem weitere Begründungen für diese Lerneinheit und Spielanregungen für die Eltern zu finden sind.

---

37 „Wollen wir mal Vater, Mutter, Kind spielen" – Ein Film aus der Reihe „Elternbildung im Medienverbund", zu beziehen über: Institut für Film und Bild in Wissenschaft und Unterricht (FWU), 8022 Grünwald – München, Bavaria-Film-Platz 3, und über alle Bildstellen.

Literatur

Barres, E.: Erziehung im Kindergarten, Weinheim 1973 (Beltz).

Belotti, E. G.: Was geschieht mit kleinen Mädchen? München 1975 (Frauenoffensive).

Claußen, B.: Theoretische Grundlegung sowie ansatzweise Entwicklung und Evaluation einer emanzipatorischen Lerneinheit als Baustein zur Förderung alternativer Geschlechtsrollenerwartungen, Hamburg 1975 (Lüdke).

Johnson, M.: Schüler — Studie: Köln — Ansichten und Zukunftspläne von Schülern und Schülerinnen (Manuskript), Köln o. J.

Kilian, H.: Frauenrolle und Mädchenerziehung aus sozialpsychologischer Sicht, in: Bönner, K. H. (Hrsg.): Die Geschlechterrolle, München 1973 (Nymphenburger).

Kölln, H./Tiemann, D.: Entwicklung flexibler Geschlechtsrollen, in: Hielscher, H. (Hrsg.): Materialien zur sozialen Erziehung im Kindesalter, Heidelberg 1976, 2. Aufl. (Quelle & Meyer).

Lochmann, R.: Soziale Lage, Geschlechtsrolle und Schullaufbahn von Arbeitertöchtern, Weinheim 1974 (Beltz).

Mead, M.: Jugend und Sexualität in primitiven Gesellschaften, Bd. I—III, München 1970 (dtv).

Menschik, J.: Gleichberechtigung oder Emanzipation? Frankfurt a. M. 1973 (Fischer).

Meves, C.: Manipulierte Maßlosigkeit, Freiburg 1971 (Herder).

Money, J./Ehrhardt, A. A.: Männlich — Weiblich — Die Entstehung der Geschlechtsunterschiede, Reinbek 1975 (Rowohlt).

Osterland, M. u. a.: Materialien zur Lebens- und Arbeitssituation der Industriearbeiter in der BRD, Frankfurt a. M. 1973 (Europäische Verlagsanstalt).

Plenge, I.: Die Emanzipation des Mannes, Stuttgart 1969 (Bonz).

Pross, H.: Die Wirklichkeit der Hausfrau, Reinbek 1975 (Rowohlt).

Pross, H.: Die Wirklichkeit der Hausfrau (Tabellenband), Reinbek 1975 (Rowohlt).

Reitz, G.: Die Rolle der Frau in der Lebensplanung der Mädchen, München 1974 (Juventa).

Richter, H. E.: Lernziel Solidarität, Reinbek 1974 (Rowohlt).

Schmidbauer, W.: Die Emanzipation des Mannes, in: Vorgänge 19, 1976.

Schneider, P.: Gibt es eine Emanzipation der Männer? in: Kursbuch (Rotbuch) 35/1974.

Schrader-Klebert, K.: Die kulturelle Revolution der Frau, in: Kursbuch (Suhrkamp) 17/1969.

Tiemann, D.: Politische Erziehung im Elementar- und Primarbereich, in: Hielscher, H. (Hrsg.): Materialien zur sozialen Erziehung im Kindesalter, Heidelberg 1976, 2. Aufl., (Quelle & Meyer).

Treinen, H./Brothun, M.: Die Stellung der Frau in Industriegesellschaften, in: Bönner, K. H. (Hrsg.): Die Geschlechterrolle, München 1973 (Nymphenburger).

Vilmar, F.: Strategien der Demokratisierung, Bd. I und II, Darmstadt/Neuwied 1973 (Luchterhand).

Dormann-Baumgarten, Ina, Lehrerin; geb. 1951; Studium an der Christian-Albrechts-Universität Kiel und an der Pädagogischen Hochschule Kiel; Lehrtätigkeit an einer Grundschule.

Hielscher, Hans, Dr. phil., o. Professor; geb. 1938; Studium an den Universitäten Freiburg und Kiel und an der Pädagogischen Hochschule Kiel; 1. und 2. Prüfung für das Lehramt an Volksschulen, Promotion mit „Pädagogik" im Hauptfach; 1962 bis 1966 Lehrer an einer einklassigen Landschule, 1966 bis 1975 Assistent, Dozent bzw. Professor an der Pädagogischen Hochschule Kiel, seit 1975 Lehrstuhl für Allgemeine Didaktik und Schulpädagogik an der PH Rheinland, Abteilung Bonn; Arbeitsschwerpunkte: Allgemeine Didaktik, Vorschulpädagogik, Sozialerziehung, Elternbildung, Grenzgebiete zwischen Sozial- und Schulpädagogik.

Kölln-Atencio, Hermine, Lehrerin; geb. 1952; Studium an der Pädagogischen Hochschule Kiel, Vorbereitung auf das Diplom in Erziehungswissenschaft; Lehrtätigkeit an einer Sonderschule, zwei Jahre Lehrauftrag für Spielpädagogik an der Fachhochschule Kiel, Mitwirkung in der Lehrerfortbildung.

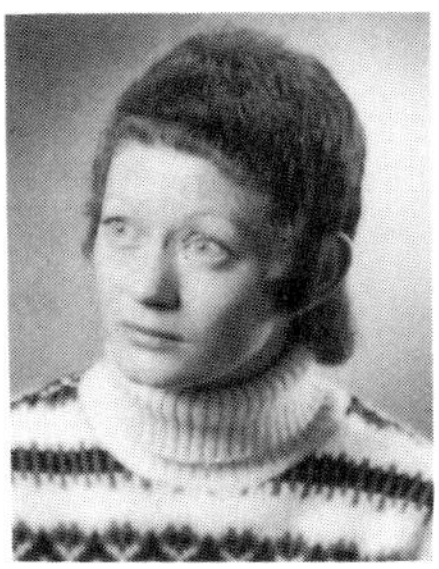

Krull, Heidrun, Lehrerin; geb. 1947; Studium an der Pädagogischen Hochschule Kiel, 1. und 2. Lehrerprüfung; Lehrtätigkeit an einer Grund- und Hauptschule.

Krull, Werner, Lehrer; geb. 1948; Studium an der Pädagogischen Hochschule Kiel, 1. und 2. Lehrerprüfung; Lehrtätigkeit an einer Grund- und Hauptschule.

Seehausen, Antje, Dipl.-Päd. und Lehrerin; geb. 1952; Studium an der Pädagogischen Hochschule Kiel; Arbeitsschwerpunkte: Sozialerziehung und Elternarbeit.

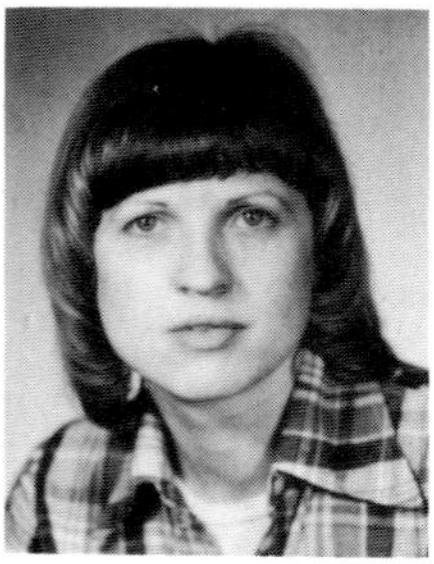

Stange, Elke, Lehrerin; geb. 1947; Berufstätigkeit im medizinischen Bereich, Studium an der Pädagogischen Hochschule Kiel, 1. und 2. Lehrerprüfung; Lehrtätigkeiten in der Sonderschule, in Vorschulklassen, in der Grundschule und in der integrierten Gesamtschule; Mitwirkung in der Lehrerfortbildung.

Stange, Waldemar, Dipl.-Päd., Professor bei einer Fachhochschule; geb. 1946; Studium an der Pädagogischen Hochschule Kiel; Tätigkeit in der Schule, im Elementarbereich und in der Erzieher- und Lehrerfortbildung, seit 1973 hauptamtliche Lehrtätigkeit an den Fachhochschulen Kiel, Emden und Lüneburg; Arbeitsschwerpunkte: Elternarbeit, soziales und politisches Lernen im Elementar- und Primarbereich, Didaktik der Elementarerziehung.

Stein, Silke, Dipl.-Päd. und Lehrerin; geb. 1950; Studium an der Pädagogischen Hochschule Kiel, Lehrtätigkeit an Grund-, Haupt- und Sonderschulen.

Tiemann, Dieter, Lehrer; geb. 1948; Studium an der Universität Hamburg und an der Pädagogischen Hochschule Kiel, Vorbereitung auf die Promotion in Erziehungswissenschaft; Lehrauftrag an der Fachhochschule Kiel, Mitwirkung in der Erzieher- und Lehrerfortbildung; Arbeitsschwerpunkte: Soziales und politisches Lernen im Elementar- und Primarbereich, Ökologische Erziehung, Zukunftserziehung.

Etwa 50 Erzieher und Sozialpädagogen; geb. zwischen 1920 und 1955; Studium an Fachschulen und Fachhochschulen alter und neuer Art; Tätigkeit an Kindergärten, Schulkindergärten und Vorklassen in Schleswig-Holstein und Hamburg; Arbeitsschwerpunkte: Soziale Erziehung, Bemühung um enge Theorie-Praxis-Bezüge, Integration sozialpädagogischer und didaktischer Ansätze.

Autoren der Spiele und Materialien „Grundlagen der Sozialerziehung"

Kartensatz A: E. u. W. Stange

Kartensatz B: I. Dormann-Baumgarten, H. u. W. Krull, A. Seehausen

Spielplatte A: E. Stange

Spielplatte B: W. Stange

Darstellungen 1–25: I. Dormann-Baumgarten, H. u. W. Krull, A. Seehausen

Spielblätter 1–18: I. Dormann-Baumgarten, H. u. W. Krull, A. Seehausen

Spielblätter 19–20: E. u. W. Stange

Fotos (Idee): E. u. W. Stange

Elternbrief 1: E. u. W. Stange

Elternbrief 2: E. u. W. Stange, I. Dormann-Baumgarten, H. u. W. Krull, A. Seehausen

Autoren der Spiele und Materialien „Kinder lösen Konflikte"

E. u. W. Stange

Autoren der Spiele und Materialien „Entwicklung flexibler Geschlechtsrollen"

H. Kölln-Atencio, S. Stein, D. Tiemann